中国の資本主義をどうみるのか

国有・私有・外資企業の実証分析

甲斐成章

日本経済評論社

目次

序章　中国経済の「あの手この手」……………………………………… 1

第1章　国有企業制度と「放権譲利」型改革……………………………… 9

    1.　毛沢東時代の国有企業　9
        (1)　なぜ国有企業が必要なのか　10
        (2)　国有企業の多重目標，政策的負担とソフトな予算制約　12
        (3)　国有企業の所有　14
        (4)　毛沢東時代の国有企業制度の変化　15
    2.「放権譲利」型改革　17
        (1)　改革の経緯　17
        (2)　改革の実態　22
        (3)　改革の評価　24
    3.「双軌制」と「南巡講話」　29
        (1)「双軌制」　29
        (2)「南巡講話」と「社会主義市場経済」の提起　31

第2章　国家資本の戦略的再編……………………………………………… 35

    1.「社会主義市場経済」が目指した国有企業改革　35
    2.　民営化は必要か：「所有権無関係論争」　37
        (1)　張維迎の民営化論　37
        (2)　林毅夫の「所有権無関係説」　38
        (3)　論争の検討　39
    3.　国家資本の戦略的再編の提起：「公有制主導論争」　40

　　　　(1)　「万言書」　40

　　　　(2)　「国有経済の戦略的改組」　42

　　　　(3)　多様な国有企業　43

　　　　(4)　国家資本政策の転換：戦略的分野と「管制高地」　45

　　4.　国家資本の戦略的再編　　　　　　　　　　　　　　　　　49

　　　　(1)　再編政策　49

　　　　(2)　再編の実態と成果　54

第3章　私有企業の成長……………………………………………　67

　　1.　毛沢東時代：私的資本の「消滅」　　　　　　　　　　　　67

　　　　(1)　公私合営と合作社化　68

　　　　(2)　社隊企業と自営業　72

　　2.　体制移行期：私的資本の台頭　　　　　　　　　　　　　　75

　　　　(1)　自営業，私営企業とレッドキャップ企業　75

　　　　(2)　国有企業の民営化　79

　　　　(3)　郷鎮企業　89

　　3.　政府の役割　　　　　　　　　　　　　　　　　　　　　　93

　　4.　「国進民退」　　　　　　　　　　　　　　　　　　　　　　96

第4章　外資の導入……………………………………………… 101

　　1.　外資の導入：経済特区，「南巡」とWTO加盟　　　　　 101

　　　　(1)　経済特区と「南巡講話」　102

　　　　(2)　WTO加盟　103

　　2.　戦略的分野と外資参入　　　　　　　　　　　　　　　 106

　　3.　外資導入と技術・知識のスピルオーバー　　　　　　　 116

　　　　(1)　産業高度化　117

　　　　(2)　技術と知識のスピルオーバー　121

　　4.　「外資脅威論」　　　　　　　　　　　　　　　　　　　 125

第5章 国有，私有と外資企業の「陣地」……………………………… 129
―第2次経済センサス個票データベースに基づく分析―

1. なぜ経済センサス個票データベースの利用が望ましいか　130
2. 国有，私有と外資企業の「陣地」　133
    (1) 戦略的分野　134
    (2) 国有企業の支配分野　140
    (3) 外資企業の支配分野　140
    (4) 外資が脅威になっている業種　141
    (5) 国有企業と民間企業の「陣地」争奪　142
3. 国有，私有と外資企業のプレゼンス：産業連関の視点から　142
    (1) データの説明　143
    (2) GDPに占める各種資本のシェア　143
    (3) 仮説的抽出法　144
    (4) 「管制高地」　151

第6章 国有企業と民間企業の「進退」……………………………… 155
―規模以上鉱工業企業個票データベースに基づく分析―

1. マクロ的「進退」　156
2. 鉱工業企業の参入退出　163
3. 参入退出と生産性　172
4. 「国進民退」の真実　180

終章 結論と展望……………………………………………………… 185

1. 結論　185
    (1) 国家資本の戦略的再編と「国進」　185
    (2) 「国進民進」　186
    (3) 戦略的分野の国家資本支配　187

(4)　外資の脅威と戦略的分野　188
　2.　展望：戦略的分野の国家資本支配は崩れゆくか　　　　　　　　188
　　　(1)　戦略的分野の国有企業は維持されるのか　188
　　　(2)　戦略的分野の国有企業民営化は可能か　189
　　　(3)　民間資本参入に対する規制のハードルが下げられるのか　191
　3.　課題　　　　　　　　　　　　　　　　　　　　　　　　　　　193

付録1　企業の所有制分類と「民営化」概念 ……………………………… 195

　　　(1)　登記類型と企業支配状況　195
　　　(2)　本書の企業の所有制分類　202
　　　(3)　「民営化」の定義　203

付録2　第2次経済センサス個票データベース ………………………… 206

付録3　規模以上鉱工業企業個票データベース ………………………… 255

　　　(1)　国有企業，内国民間企業と外資企業の判別　255
　　　(2)　業種基準の統一　257
　　　(3)　実質化　257

参考文献　263
あとがき　275
索引　279

序章
中国経済の「あの手この手」

　Fareed Zakaria：中国の成功の秘訣は何ですか？　どのようなモデルですか？

　温家宝：改革開放を通じて，われわれは生産力を大いに解放しました．われわれは重要な見解を持っています．つまり，社会主義でも市場経済が実施できます．

　Fareed Zakaria：これは矛盾しています．市場経済では，市場が資源を配分します．しかし，社会主義にあるのは，中央計画だけです．どのように両方をともに機能させていますか．

　温家宝：われわれの経済政策の完成形は，政府のマクロ経済誘導と規制のもとで，資源配分における市場の基本的な役割を完全に発揮させることです．市場の力の規制に当たって，見える手と見えざる手双方の役割を十分に保証することが，過去30年間の重要な経験です．

　　　　　（2008年9月28日，CNNの温家宝首相（当時）インタビューより引用）

　中国は，1978年に改革開放に舵をきり，1992年の鄧小平の「南巡講話」後さらに市場化を加速し，2001年にWTOに加盟した．中国はすでに毛沢東時代の社会主義と決別し，資本主義の道へ邁進したことについて，異議を唱える人はほとんどいないであろう．

　1992年の中国共産党第14回党大会では，江沢民総書記は2000年までに「社会主義市場経済」を初歩的に構築し，さらに2020年までにほぼ完成する，

といったロードマップを示した．2002年の第16回党大会の江沢民政治報告によれば，すでに「社会主義市場経済」が初歩的に構築されたそうである．それからさらに10年が経ち，ベールに包まれている中国の経済体制の完成形が姿を見せる時期が近づいた．

ところで，冒頭のZakaria氏の指摘どおり，「社会主義市場経済」について，難解に感じる人が多い．わざわざ「社会主義」を市場経済の前に置いたのだから，イデオロギーのほかにもなんらかの意味が込められている．それは一体何であろうか．

かつてチャンドラー教授が，「経済活動の調整と資源の配分に当たって，近代企業が市場メカニズムに取って代わった」というテーマを提示した（チャンドラー 1979）．その原著のタイトル「The Visible Hand: The Managerial Revolution in American Business」は，マネジメントという見える手が市場を支配する見えざる手（invisible hand）に取って代わり，米国における近代企業の台頭は経営者資本主義を招来したというチャンドラーの主張を強く印象づけた．

冒頭の温首相発言がチャンドラー教授の著作を意識してなされたかどうかは不明であるが，彼が語った見える手は，チャンドラー教授の用法と異なるのは確かである．中国経済における見える手は，政府の種々の規制であり，しかも多くの場合には，国有企業操作を通じて民間企業の経済活動に強い影響力を及ぼしている．

中国経済の見えざる手と見える手はそれぞれどのような実態をもっており，どのような役割を果たしているのか．中国が目指す経済制度の内実の解明が，中国経済の研究者にとって，とても魅力的，意欲的な課題である．

中国の資本主義についての分析が近年増えつつある．たとえば，加藤弘之教授は，「今日の中国に存在する資本主義には，①政府が市場に介入する強大な権限をもつこと，②地域間，企業間，個人間で激しい競争が繰り広げられていること，③政府や政府組織内部で有効なインセンティブ・メカニズムが存在するという，3つの際立った特徴が見出される」とみている（加藤

2009)．

　中兼和津次教授は，市場メカニズムのもっとも重要な要素である価格に焦点を絞って，改革開放後の中国の価格制度・政策の変化を俯瞰した．その結果，市場化が進んだが，政府が補助金や国有企業の独占・寡占体制をもちいて価格をコントロールしていることがわかった（中兼 2011）．

　銭穎一教授とワインゲスト教授は「市場の成長を育成するインセンティブが政府により創出，維持されるのはなぜか」の問いに対して，郷鎮企業と国有企業のパフォーマンスの相違を考察し，連邦主義と国際競争という中国の制度環境にその答えを求めた．中国の中央政府から地方政府への経済権力の分散，すなわち行政的分権化が創出した「市場保全型連邦制―中国型」(market-preserving federalism, Chinese style) は地方政府のインセンティブを引き出し，限定的な政府間の収入分担と激しい企業間競争が政府の予算制約をハード化した，と分析した（Qian and Weingast 1997）．

　「市場保全型連邦制―中国型」は，制約を受けた地方政府を市場の助けの手 (helping hand) とみなしているが，黄亜生教授は，この制度はすでに1994年に終焉を迎えたと一蹴した．彼は次のように中国の資本主義をみている．

①郷鎮企業は企業の所在地を示す概念であり，所有権を表すものではないため，先行研究では郷鎮企業を公有制企業として扱うことは，概念上間違っている．実態として1980年代の郷鎮企業の大半はすでに私的企業であった．
②1980年代の改革は，農村中心で市場主導 (market-driven) であった．しかし，1990年代に入り，テクノクラートの工業化計画に沿って，投資・信用政策が都市優先に変化して，体制移行が国家支配下 (state-controlled) に置かれて，農村で実施した自由化政策が翻された．
③その結果，今の中国経済は「管制高地」経済 (commanding-heights economy) であり，私的セクターのダイナミズムと市場指向に基づくものとは

言えない．中国政府，とりわけ地方政府はすでに Frye and Shleifer（1997）が 1990 年代のロシア分析に使った言葉「略奪の手」（grabbing hand）に近い，と黄教授が批判した（Huang 2008）．

政治の視点をもちいて，Huang（2008）と同様に 1980 年と 1990 年代の中国を対比して分析したのは，呉（2008）である．呉軍華氏は，「社会主義市場経済」の実態は「官製資本主義」とみている．「官製資本主義」は「官の意思とプランニングによって作り出され，官とその関係者がその恩恵のほとんどを享受する資本主義」であり，マクロ経済の面では，政府財政の肥大化や国有企業の独占・寡占化として姿を現した．そして，中国は 1978-88 年の国民参加型の理想主義的な改革から，1992 年以降「官製資本主義」的改革へ転換した，と論じた．

ブレマー氏は「国家資本主義」に注目した．彼は国家資本主義の源流を紹介したうえで，21 世紀の国家資本主義を「政府が経済に主導的な役割を果たし，主として政治上の便益を得るために市場を活用する仕組み」と定義した．中国政府は市場の自由化を導入しながらも，銀行，国有企業，SWF（政府系投資ファンド）の管理を通じて，経済発展戦略の実現を図り，民間企業家や学生を入党させ，政治的安定の維持に尽力している，と中国の「国家資本主義」の現状を論じた（ブレマー 2011）．

丁学良教授は次のように主張した．国家資本主義は「政府の役人が資本主義のメカニズムによって政府の全額出資企業もしくは株式会社を経営する」「官僚資本主義の高級な形式」であるが，「官僚資本主義の退化した低級な方式」は，党・政府の役人が行政権力と政治権力を利用して個人，家族あるいは友人に非合法な経済的利益を与える「特権資本主義」である．彼は，「特権資本主義」から「大衆市場経済」への転換を中国に促した（丁 2013）．

丸川知雄教授は，中国の「（次第に縮小する）国家の役割にばかり目を奪われ，成長する民間企業に目を向けないとしたら，中国経済を動かしている重要な原動力を見逃すことになってしまう」と指摘し，ブレマーの「国家資

本主義」や呉軍華の「官製資本主義」は中国の「資本主義」としての側面を見過ごしたと批判し,「(これらの)言葉は2020年代には「賞味期限切れ」を迎えるだろう」と予測した.

丸川教授は,中国の特定の産業・地域における,家柄や資産に恵まれない普通の大衆で才覚と努力と運によって資本家にのし上がっていく状況に基づいて,「金融資産や人的資本を一般の国民に比べてきわだって多く所有しているとは言いがたい人々が起業して資本家を目指すプロセスが同時かつ大量に起きる現象」を「大衆資本主義」と呼び,中国の資本主義の特徴を表した(丸川 2013).

Huang (2008),呉 (2008),ブレマー (2011) のように,とりわけ1990年代以降の中国政府の経済管理の強化,市場化と民主化の停滞,「国家資本主義」の高揚を批判する論調が高まってきた.

これに対して,中屋信彦准教授は,国家資本による「管制高地」[1]の制圧は既定路線の延長線に位置しており,自由主義的な普通の資本主義に中国はやがては収斂するというのはわれわれの期待に満ちた「錯覚」にすぎない,と分析した(中屋 2013b).

中国の資本主義の実態解明について,さまざまな角度から実証分析を進めることが可能である.すでに市場化プロセスに関する制度や政策などの研究が多く発表されているが,統計資料をもちいた本格的な分析は,管見の限り,きわめて少ない.このことは,議論が錯綜する原因の1つになっている.

本書の1つ目の特徴は,国有,私有と外資企業を入念に観察・分析することである.価格の自由化や市場の拡大・深化は,民間部門の拡大と競争の激化をもたらし,これによってさらには市場の拡大が生じる,いわゆる「市場と所有制の連鎖」の存在が指摘されている(中兼 2011).市場化の主体である企業にスポットライトを当てることによって,中国の各種資本の現状を把握することができる.

本書の2つ目の特徴は,所有制と産業分野の2つの視点から中国経済を複眼的に観察することによって,中国の資本主義の真実をより正確かつ鮮明に

描写することである．中国の国有企業と私有企業などに焦点を絞った研究は多数存在する．本書が，これらの優れた研究と一線を画したのは，産業分野の違いに細心の注意を払って所有制の比較分析を進めることである．国家資本，国内私的資本と外資の進出分野が大きく異なるため，産業間の違いを無視しては中国経済の実態を見抜くことができないからである．

データの分析に当たって，マクロ・ミクロ統計資料を収集して駆使した．マクロデータは主に『工業統計年報』，『中国工業経済統計年鑑』，『中国経済普査年鑑』，『中国2007年投入産出表』など，ミクロデータは2008年第2次経済センサス個票データベース，規模以上鉱工業企業個票データベース（1998-2007年）である．本書は慎重に所有制概念や業種概念を整理してデータを加工したうえで，国有，私有と外資企業の攻防を分析した研究である．これは本書の3つ目の特徴である．

本書の4つ目の特徴は中国の国有企業改革，私的資本の「再生」，外資の導入の歴史について，なるべく重要な政策論争や統計資料を利用して詳細に説明したことである．データ分析を堅苦しく思われる読者のために，企業のエピソードなどを関連各章に盛り込んだ．紙幅の制約で内容が偏ったりする場合もあると自覚してはいるが，国有企業改革，私的資本の成長，外資の導入などの理解に役に立てばと考えている．

本書の構成は以下の通りである．第1章から第4章までは国有，私有と外資企業が激しくせめぎ合うことになるまでの経緯を分析する．第1章では，主に毛沢東時代の国有企業の特徴，国有企業活性化のための「放権譲利」型改革ならびに国有企業改革にともなう「双軌制」の導入と市場化を中心に政策の展開を顧みる．第2章では，国家資本の戦略的再編とその効果を分析する．第3章では，国内私的資本がどのように成長したのかを俯瞰し，「国進民退」の議論を説明する．第4章では，外資の導入とその経済効果を整理し，「外資脅威論」を紹介する．

第5章と第6章は個票データベースをもちいて，所有制と産業の視点から国有，私有と外資企業の攻防の実態を明らかにする．第5章では，第2次経

済センサス個票データベースをもちいて，各産業の所有制支配の現状を分析する．そのうえで，産業連関表をもちいて，国有，私有と外資企業の GDP シェアを試算する．さらに産業連関の観点から，どの産業が中国経済の「管制高地」なのかを調べる．第 6 章では，規模以上鉱工業企業個票データベース（1998-2007 年）をもちいて，1998 年と 2007 年の間，国有企業，内国民間企業と外資企業がどう変化してきたのかを調べる．そのうえで，国有企業と民間企業にわけて，参入退出における資産規模，労働装備率，収益性と生産性の特徴を分析し，各産業の生産性変化に対する参入退出の影響を考察する．

終章では本書の結論と展望を述べる．各種企業の概念整理，データベースの処理方法，経済センサスに基づく統計表などは資料として付録にまとめた．なお，付録 1 では本書の用語を説明したので，第 1 章の前に読まれるのが望ましい．

注
1) 中屋（2013b）は「瞰制高地」を使っているが，本書の「管制高地」に表現を統一した．

第1章
国有企業制度と「放権譲利」型改革

　現実に存在した社会主義システムは，通常，共産党の一党政治，国有（および準国有の集団所有）支配および調整メカニズムにおける中央計画の優位によって特徴づけられる．中国の国有企業は，いまだに戦略的分野の支配を通じて中国経済に対して多大な影響力を誇示している（第5章）．第1章と第2章は国有企業による支配がどのように形成されたのか，また国有企業がどのように変化してきたのかを顧みる．

　本章では，まず，毛沢東時代において国有企業が導入された経緯と国有企業の特徴を整理する．次に，国有企業はどのように所有権を変えずに「放権譲利」型の改革を実施してきたのかを分析し，改革の効果を検証する．最後に，「放権譲利」型国有企業改革がどのように計画管理を緩め，市場化を促進したのか，そして市場化の奔流を決定づけた「南巡講話」を説明する．1990年代半ば以降，国有企業がどのように再編されたのかについては，第2章で考察する．

1. 毛沢東時代の国有企業

　中華民国は，1930年代から重化学工業を中心に建設を進め，日中戦争終戦後は在華日本企業を「敵国資産」として接収した．鉄鋼，電力，石炭など重化学工業が接収資産の中心であったが，紡織，製糖，製紙など民生関連工業も多かった．

ところで，1949 年，毛沢東が率いる共産党軍が国民党軍との内戦に勝利を収め，中華人民共和国を樹立した．共和国は中華民国の国有企業と旧財閥資本を接収し，これらの企業はその鉱工業と国家資本の基盤になった．なお，毛沢東は 1976 年の死去まで最高指導者として中国に君臨した．共和国のこの時期を毛沢東時代と呼ぼう．

1950 年代に入って，ソ連からの援助プロジェクト，いわゆる「156 プロジェクト」が実施された．実際には 150 のプラントが建設されたが，その内，航空機が 12，電子が 10，兵器が 16，宇宙が 2，船舶が 4，鉄鋼が 7，非鉄金属が 13，石炭が 25，電力が 25，石油が 2，機械が 24，化学が 7，製薬が 2，製紙が 1 であった（武 2006）．軍需関連・重化学工業を中心に，数多くの企業が建設された．その中には，第一汽車，武漢鋼鉄，四川長虹，瀋陽一機など今も活躍している企業も多い．中ソ関係悪化の中，1960 年，1,000 人を超えるソ連専門家が一斉に本国に引き揚げたが，ソ連の援助によって，重化学工業の技術レベルが向上し，重化学工業が体系的に形成したことは否めない．

国家資本のもう 1 つのルートは私的企業の国有化である．政府は私的資本の投機的活動を規制するために，まず金融と商業活動に対する支配を強めた．また，政治運動も幾度か発動して，重要物資の仕入れと製品の販売ルートも掌握した．その結果，私的企業は従順に政府から求められた「公私合営」を受け入れ，さらに「文化大革命」が始まると名実とも国有企業になった（第 3 章）．

(1) なぜ国有企業が必要なのか

国有企業制度は共和国の発明ではない．国有企業の設立は外国列強に抵抗するために 19 世紀 60 年代から展開された洋務運動に遡ることができる．卞 (2011) によれば，国有企業の基本的制度——官僚的ガバナンス構造，鮮明な特徴をもつマネジメントとインセンティブのメカニズム，社会サービスと福利の支給——はソ連モデルのコピーではなく，中国の伝統文明の制約のもと，日中戦争期の持続的全面的民族危機への対応によって形成された．

ところで，そもそも共和国にとって，なぜ国有企業が必要なのか．北京大学林毅夫教授[1]らの議論を紹介しよう（林ほか 1997b, 1999）[2]．

林教授は，重化学工業化政策にその理由を求めた．資本集約を特徴とする重化学工業の建設は，長い建設期間，海外の設備と膨大な投資を要する．しかし，実際に当時の中国では，資本が不足しており，経済の余剰が広大な農村に分散しており，資金調達が非常に困難であった．輸出も非常に少なく，外貨が不足していた．そこで，金利，賃金，エネルギー・原材料価格，生活必需品価格，重化学工業製品価格などを管理して，重化学工業のコストを抑えることが必要であった．

ところで，低コストの中間財・生産要素を手に入れたいのは重化学工業だけではない．希少性をもつ資源を重化学工業に集中して投入するためには，計画的な資源配分が欠かせない．そのため，金融，外貨，物資，農産物などに関する政府の管理制度が形成された．

このように，重化学工業を優先的に発展させるために，政府の指令によって，企業に経済計画を実現させようとした．しかし，重化学工業化は当時の中国の要素賦存条件（相対的に豊富な労働力と不足した資本）に合致しておらず，利益最大化行動をとる私的企業には，完全な自発的計画遂行は期待できない．

計画経済では，企業間の競争が欠如しているため，経営成果を利益率などの指標に基づいて評価することが不可能である．企業が最大限に重化学工業化の目標にむけて努力したかどうかについても，企業と政府の間に情報が非対称的であるため，私企業を政府の計画遂行に従わせるためには，高いモニタリングコストが発生する．

他方，政府指令の相手が国有企業であれば，直接に管理しやすい．そのため，重化学工業に対する国家資本の支配が欠かせない．また，重化学工業のみならず，軽工業，サービス業と農業の余剰を重化学工業に強制的に投資するために，これらの分野も国有化または集団所有化が実施され，こうして国有企業が形成された，と林教授が説明している．

ところで，なぜ急速な重化学工業化が必要であったのか．林教授は3つの理由をあげた．①先進国にキャッチアップするために重化学工業化を促進しなくてはならないという考え方．②西側の戦争脅威と貿易封鎖のため，早急に完備した工業体系を構築し，国防力を高める必要性が高いこと．③軽工業の国内市場が狭いため，自己強化・自己循環の重化学工業のほうが，工業化のための蓄積が実現しやすいこと．

コルナイ教授は，共産党の一党支配のもと，その公式的イデオロギーの支配的な影響力が国有（および準国有）支配と中央計画化をもたらしたというように，現存の社会主義システムにおける構成要素の主な因果関係を説明した（Kornai 1992）．林教授の説明に照らし合わせてみると，国家を侵略から守ること，そして先進国へのキャッチアップという国民への約束は，国有化と計画化の実施にとって非常に重要なファクターであった[3]．

(2) 国有企業の多重目標，政策的負担とソフトな予算制約

毛沢東時代の国有企業は，さまざまな役割と目標をもっていた（呉 2007）．まず，国有企業は生産の機能をもっており，生産計画を達成しなくてはならない．主管部門が作成・指示した企業の年度計画（生産量，生産高，職工（職員・労働者）[4]数，賃金総額，労働生産性，原価低下額・低下率，流動資金回転回数，利潤（税金などを調整する前の当期純利益），材料備蓄などの指標）に基づいて，四半期計画を作成して，生産活動を実施する（呉 1994）．国有企業は生産機能をもつ反面，生産投資の意思決定，工場長などの管理職人事，労働雇用，原材料調達，資金調達・運用，販売などの経営権限は，政府機関・党組織に分離されており，企業自身はこれらの経営権を有しない（劉 2012）．伝統的国有企業は，国営企業と呼ばれていたように，政府経営の工場のような存在である[5]．

また，国有企業は本来の企業と異なって，従業員に生活福祉サービスを提供する機能もあわせもつ．国有企業は，従業員に住宅や食堂などのサービス，大型国有企業の場合，さらに保育所，幼稚園，小中学校，高校，病院などの

サービスも提供する．国有企業は経営活動と無関係の非本業資産も多く抱えている．

　さらに，国有企業は共産党の政治基盤である．建国以後1980年代半ばまで，「文化大革命」などの一時期を除いて，党委員会指導下の工場長責任制が実施された（川井1996）[6]．工場長は企業内党責任者の指導を受けなければならなかった．そもそも工場長の任命も上級管理機関や党組織の権限である．そして，社会安定を維持するために，過大な雇用目標の達成が強要され，国有企業は莫大な過剰雇用を抱えるようになった[7]．もちろん，国有企業は先進国にキャッチアップするための重化学工業化政策の重要な担い手にもなった．

　林毅夫教授は上記の国有企業の過剰雇用や定年退職労働者の年金などの社会福祉サービス負担を社会的政策負担（「社会性政策負担」）と呼んでいる．重化学工業の国有企業は，要素賦存条件に合致しないため，自生能力（viability）[8]をもたないが，林教授はそのための負担を戦略的政策負担（「戦略性政策負担」）と呼んでいる．そして，社会的政策負担と戦略的政策負担を合わせて政策的負担（「政策性負担」）と呼んでいる（林・劉2001）．

　社会主義経済の国有企業は，損失を被ったときに政府の救済を当てにできるため，予算制約がかなりソフトである．コルナイ教授はソフトな予算制約（soft budget constraint）の直接的説明要因を国家の高度な温情主義に求めた（コルナイ1984）．経営が悪化しても政府に救済されることは，国有企業が経営効率性の低さを放置する要因になった．

　これに対して，林教授らは次のように中国の国有企業のソフトな予算制約を説明した．国有企業の経営業績の判断に当たって，政府と企業の間に情報の非対称性や情報の不完全性（保有情報に格差があることや情報を正確に知りえないこと）の問題が生じた．市場経済であれば，利益指標は経営業績の指標として利用できるが，社会主義経済システムのもとでは，市場メカニズムが排除されたため，利用できない．その結果，企業が赤字経営になっても，赤字額のどの部分が政策的負担に起因したのか，どの部分が経営の失敗に起

因したのかは，政府には観察できない．結局，政府は赤字国有企業を救済しなくてはならず，ソフトな予算制約が生じた（林ほか 1998; 林・劉 2001）．

(3) 国有企業の所有

国有企業の所有を議論する前に，まずは企業の所有権概念に触れたい．経済分析では，企業の所有権は残余コントロール権（residual rights of control）と残余請求権（residual claim rights）を意味する[9]．残余コントロール権とは法の定めや契約によって他人に割り当てられている以外の資産使用法についての決定権である．残余請求権とは総収入から契約に定められた支払義務を差し引いたあとに残る純収益，いわゆる残余利益（residual return）を受け取る権利のことである（ミルグロム＆ロバーツ 1997）．

残余コントロール権と残余請求権の概念は不完備契約と密接に結びついている．完備契約の場合，すべての可能な事態が契約に定められて，「残余」となるコントロール権や利益が存在しないからである．不完備契約のもとで，契約に明記できない部分や立証できない部分に関する決定権限は，残余コントロール権になる．契約が不完備契約になる理由として，①不確実な将来の世界を予測する当事者の能力の限界，②契約について交渉し，それを作成する能力の限界，③争議が発生した場合，第三者，たとえば，裁判所に契約の内容を説明する能力，といった能力の欠如があげられる．残余コントロール権と残余請求権を上手く組み合わせなければならない（Hart 1995; 張 1996b）．

それでは，国有企業は誰のものなのか．

国有企業はかつて「全人民所有制企業」と呼ばれていた．しかし，「全人民所有」はイデオロギーにすぎず，個人としての国民が所有権を行使することができない（Kornai 1992）．

国有企業の残余利益処分の裁量権と資産をコントロールする権限は，官僚が持っている．しかし，その権限が多くの役人個人に分散しており，国有企業の利益が役人たちのポケットに自動的に入ることもない．したがって，役人たちも真の所有者ではない（Kornai 1992）．そのため，国有企業の所有者

不在問題がよく指摘される．

国家は各行政レベルの多くの国有企業管理機関から構成される階層的な官僚機構を通じて，国有企業を管理している（呉 2007）．既述のように国有企業の管理権限は各種の官僚機構に分割されている．多くの国有企業は国家の所有を代理する各行政レベルの政府によって管理されており，プリンシパル・エージェント（依頼人・代理人）関係の連鎖がかなり長い．このことからも国家所有が曖昧だと言える．

(4) 毛沢東時代の国有企業制度の変化

毛沢東時代においても国有企業の経営活力を引き出すために，2つの面において国有企業制度の修正が実施された．

1つは，中央政府から地方政府への国有企業の大規模な移管である．

1度目は，「3年でイギリスを，10年でアメリカを追い越す」ことを目指す「大躍進」期（1958-61年）であった．鉄鋼と食糧の生産目標を実現するために，生産計画編成，物資分配，労働雇用，資金調達，固定資産投資，財政収支，計画管理などの権限が地方政府に委譲された．中央政府管理下の国有企業，いわゆる中央企業も地方政府に移管されて，1958年に前年の約9,300社から約1,200社に減少した．中央企業の鉱工業総生産高に占めるシェアも40％から14％に低下した（董 2006a）．しかし，無謀な「大躍進」目標は達成されず，中国経済が大混乱に陥った．この混乱を収拾するため，地方政府に委譲された権限や，移管された国有企業は中央政府に戻された．

2度目に国有企業が大規模に地方政府に移管されたのは，1960年代半ばから1970年代初頭にかけての地方工業化の中であった．ベトナム戦争が勃発し，中ソ関係が国境紛争になるまで悪化した．外国から侵略されても，内陸部で抗戦を続けるための工業基盤の整備が急務になった．「三線」（四川，貴州，雲南，陝西，甘粛，寧夏，青海各省ならびに山西，河南，湖南，湖北などの後方地域）は，山脈が多く，交通が不便で国防に有利とされた．この国防上の理由で沿海・国境前線地域にある重要産業を「三線」に移し，鉄鋼，

機械，石炭，軍需など重化学工業の新規建設を「三線」に重点的配置する，いわゆる「三線建設」(1964-73年) が進められた．今の中国自動車大手の東風汽車の前身企業，第二汽車の建設のため，長春の第一汽車の2,000名以上の技術者が湖北省に移動させられた．「三線」以外の地域においても，山間部での兵器工場などの「小三線建設」が進められた．

1970年，侵略による国土分断に備えるため，地方の自己完結型産業体系の構築がより明確に提起された．中央政府から地方政府への分権が促進され，中央企業が再度地方政府へ移管された．中央企業は1965年の10,533社から約500社に大幅減少し，鉱工業総生産高に占める中央企業のシェアも42.2%から8%に低下した（呉1994）．しかし，過剰投資が増大し，財政赤字が拡大した結果，1970年代半ばごろ，中央政府が地方政府から権限を回収した．

もう1つの国有企業制度の修正は，国有企業に対する一部の権限の委譲である．「大躍進」では，生産計画の指令性指標が12項目（総生産高，主要製品生産量，新製品試作，重要な技術的ノルマ，原価低下率，原価低下額，職工総数，年末職工数，賃金総額，平均賃金，労働生産性，利潤）から4項目（主要製品生産量，職工総数，賃金総額，利潤）に削減された（1957年国務院発布「鉱工業管理体制の改善に関する規定」）．また，職工の管理や固定資産投資・処分の権限も企業に委譲された．しかし，自主的な生産計画，販売活動など企業経営上基本的な経営権は委譲されなかった．

他方で，利潤が計画どおりに実現した場合，第1次5カ年計画期の実績（利潤に占める企業奨励基金[10]，技術開発費，新製品試作費，労働保護費および零細部品購入費の比率）に基づいて，その一部が企業に留保され，利潤が計画値を超えた場合，さらに超過利潤の4割が企業に留保されるようになった（呉1994）．留保利潤の大部分は生産に使用しなくてはならないが，一部は職工の福利や奨励金に利用することも可能であった．

「大躍進」における国有企業管理制度の改革は，1970年代末から1990年代初頭までの間に実施された国有企業の「放権譲利」型改革の原型と言える．

ところが，「大躍進」は元々生産の飛躍的拡大を志向しており，国有企業

は指示を受けて過度な生産拡大を実行しなければならなかった．原材料，労働雇用，資金の管理が緩められた結果，企業の生産性と収益性が大きく悪化して，大量の国有企業が赤字経営に転落した．結局，1961年に国有企業に対する計画指標の数が増やされ，利潤留保も大幅に縮小されて翌年に企業基金制度に改められた（呉 1994;董 2006b）．

2.　「放権譲利」型改革

1978年12月開催の共産党第11期第3次中央全体会議は中国改革開放の始まりといわれている．中国共産党がその活動の重心を政治闘争から経済建設へ移したのである．

国有企業についても，1970年代末から1990年代初頭にかけて，国家所有という「聖域」を守りながら，「放権譲利」（経営権委譲と利益留保）を特徴とする改革を本格的に実施した．そして，「大躍進」時期と異なって，「放権譲利」は生産計画，販売，価格決定などの経営権の委譲まで浸透し，国家，企業と従業員間の利益配分構造を大きく変えた．

(1)　改革の経緯

共産党第11期3中全会の2カ月前に，すでに四川省で重慶鋼鉄公司など6社が経営権の部分的委譲と利益留保を始めた．中央政府も翌年の5月に，首都鋼鉄公司など8社を選定して「放権譲利」の試行を始め，そして，7月に，その実施範囲を拡大した．当時の四川省の党第一書記は，のちに総理そして党総書記に上り詰めて，さらに「天安門事件」によって失脚した趙紫陽氏であった．

その後，工業生産経済責任制，利改税，企業経営請負責任制が実施された．これらはいずれも「放権譲利」の発展版とみて差し支えない[11]．表1-1に鉱工業の国有企業改革の状況をまとめた．

1981-82年の間，工業生産経済責任制が実施された．この制度では，生産

表1-1 国有鉱工業企業改革 (1981-91年)

年	分類	企業数(社) a	赤字企業数(社) b	黒字企業利潤(億元) c	赤字企業赤字(億元) d	総生産高(億元) e	利税(億元) f
1981	利潤留保	13,998	1,390	314.2	4.0	1,858.6	519.2
	黒字・赤字請負	19,641	5,918	86.5	21.0	839.1	146.8
	利改税(試行)	478	61	15.1	0.1	78.4	24.7
	小計	34,117	7,369	415.9	25.1	2,776.1	690.6
	その他の国有企業	27,948	6,844	166.6	20.9	1,083.4	232.7
1982	利潤留保	18,696	1,678	367.5	7.5	2,332.7	621.3
	黒字・赤字請負	21,791	6,199	72.5	25.3	853.8	121.8
	利改税(試行)	516	55	12.3	0.3	88.2	24.5
	小計	41,003	7,932	452.3	33.0	3,274.7	767.6
	その他の国有企業	22,060	5,173	117.0	14.5	858.5	177.1
1983	利改税(第1段階)	36,384	1,887	474.7	4.4	3,023.5	774.0
	その他の国有企業	27,236	6,230	179.4	27.8	1,500.5	231.9
1984	利改税(第1段階)	38,054	2,244	551.2	5.0	3,597.4	909.4
	その他の国有企業	25,241	4,210	166.9	21.6	1,456.9	220.4
1985	利改税(第2段階)	47,104	2,983	607.3	9.5	4,323.3	1,103.9
	その他の国有企業	22,730	3,766	163.3	23.0	1,791.7	230.3
1986	利改税(第2段階)	49,213	4,705	620.1	19.2	5,393.2	1,169.6
	その他の国有企業	21,298	4,516	124.3	35.3	1,366.0	171.8
1987	「双保一掛」	2,215	62	89.3	0.5	787.2	160.7
	上納利潤逓増請負	6,675	300	105.7	0.7	897.9	176.7
	上納利潤基数請負・超過分比例留保	12,867	859	159.8	2.8	1,482.6	266.2
	黒字・赤字請負	9,676	2,552	41.4	30.6	666.2	45.6
	小計	31,433	3,773	396.2	34.6	3,833.9	649.2
	リース	7,639	1,190	37.4	4.6	442.6	65.6
	その他の国有企業	33,731	4,496	414.4	21.9	3,720.3	799.4
1988	「双保一掛」	3,865	130	159.8	2.0	1,547.5	293.1
	上納利潤逓増請負	9,925	405	190.7	2.3	1,815.2	350.6
	上納利潤基数請負・超過分比例留保	15,019	848	211.6	6.2	2,143.0	380.9
	黒字・赤字請負	11,247	2,379	70.3	38.4	1,060.8	87.9
	小計	40,056	3,762	632.3	48.8	6,566.5	1,112.5
	リース	16,281	1,870	102.8	8.0	1,073.3	174.9
	その他の国有企業	16,157	2,280	238.6	25.1	2,306.9	487.5
1989	「双保一掛」	4,563	377	170.8	11.8	2,025.6	334.5
	上納利潤逓増請負	10,366	877	184.5	8.5	2,189.3	371.2
	上納利潤基数請負・超過分比例留保	15,523	1,697	206.5	20.5	2,545.1	395.4

赤字企業比率(%) b/a	赤字比(%) d/c	平均生産高(万元) e/a	平均利税(万元) f/a
9.9	1.3	1,328	371
30.1	24.2	427	75
12.8	0.7	1,640	516
21.6	6.0	814	202
24.5	12.5	388	83
9.0	2.0	1,248	332
28.4	34.8	392	56
10.7	2.1	1,709	475
19.3	7.3	799	187
23.4	12.4	389	80
5.2	0.9	831	213
22.9	15.5	551	85
5.9	0.9	945	239
16.7	12.9	577	87
6.3	1.6	918	234
16.6	14.1	788	101
9.6	3.1	1,096	238
21.2	28.4	641	81
2.8	0.6	3,554	726
4.5	0.6	1,345	265
6.7	1.8	1,152	207
26.4	73.8	688	47
12.0	8.7	1,220	207
15.6	12.3	579	86
13.3	5.3	1,103	237
3.4	1.2	4,004	758
4.1	1.2	1,829	353
5.6	2.9	1,427	254
21.2	54.7	943	78
9.4	7.7	1,639	278
11.5	7.7	659	107
14.1	10.5	1,428	302
8.3	6.9	4,439	733
8.5	4.6	2,112	358
10.9	9.9	1,640	255

計画目標の達成が強調されたが，それを促す利潤分配制度として，利潤留保のほか，薄利企業・赤字企業の黒字請負・赤字請負，それに利改税の試行が提示された．なお，黒字請負では，一般に薄利企業が最低限の黒字目標を請負い，目標を超える利潤をすべて留保できる．赤字請負では，赤字企業が赤字目標を請負い，それ以上の赤字を出さなければ，補助金が支給され，赤字額が目標値より縮小すれば，縮小額の一部に相当する資金も政府から支給される．

1982年末，これらの制度を実施した企業は国有鉱工業企業の約2/3を占めており，総生産高では約8割を占めた．「放権譲利」の導入がスムーズであった．また，利潤留保と利改税試行企業は比較的に生産規模が大きく，収益力も高い．大企業そして高い収益力をもつ企業が先行して改革を実施した．他方で，約4割の赤字企業は赤字請負を実施した．上記いずれの政策も実施していない企業は，生産規模が小さく，収益力が弱い．

工業生産経済責任制に続いて，1983-86年では，利改税が実施された．財政収入を安定化し，国家・企業・個人間の利益配分を見直すためであった．そこで，国有企業の所得税納付が利潤上納に取って代わった．企業間の収益力の違いを納付額に反映させるために，企業所得税のほか，企業ごとの調節税も導入

表 1-1 つづき

年	分類	企業数 (社) a	赤字企業数 (社) b	黒字企業利潤 (億元) c	赤字企業赤字 (億元) d	総生産高 (億元) e	利税 (億元) f
1989	黒字・赤字請負	11,501	3,044	68.7	61.1	1,352.9	102.1
	小計	41,953	5,995	630.5	101.8	8,112.9	1,203.1
	リース	16,806	2,924	109.7	19.6	1,372.5	196.5
	その他の国有企業	14,742	2,866	183.0	58.8	2,387.6	373.5
1990	「双保一掛」	5,053	909	137.8	34.4	2,263.3	306.7
	上納利潤逓増請負	10,741	2,250	141.6	27.0	2,297.4	335.7
	上納利潤基数請負・超過分比例留保	16,010	3,573	156.0	50.7	2,614.8	313.9
	黒字・赤字請負	11,625	4,483	56.1	108.4	1,425.5	51.9
	小計	43,429	11,215	491.5	220.5	8,600.9	1,008.2
	リース	15,949	4,879	77.5	44.3	1,356.5	146.5
	その他の国有企業	15,397	4,509	167.9	84.0	2,613.1	348.4
1991	「双保一掛」	5,291	956	158.7	47.7	2,724.9	370.5
	上納利潤逓増請負	9,943	1,839	118.5	27.7	2,203.3	312.6
	上納利潤基数請負・超過分比例留保	16,106	2,992	178.0	37.6	3,024.7	375.9
	黒字・赤字請負	11,660	4,450	56.4	118.2	1,650.3	40.9
	小計	43,000	10,237	511.6	231.2	9,603.2	1,099.8
	リース	14,364	3,923	62.7	38.8	1,331.3	152.2
	その他の国有企業	17,884	5,283	194.9	97.1	3,437.2	409.1

出所:『工業統計年報』各年版より作成.
注:独立採算制国有鉱工業企業(「全人民所有制」)の集計である.「その他の国有企業」とは,上記の改

された[12].国有鉱工業企業の利改税参加率は,1983年にすでに57%に達し,1986年にさらに7割に上昇した.工業生産経済責任制同様,利改税企業も生産規模が大きく,収益力が高い.

1980年代半ばになると,農村では個々の農家が農作業を請負う農家経営請負責任制が成功を収めて,注目を集めた.請負の経験を国有企業改革に活かせないかと期待が寄せられた.1987-93年において実施された企業経営請負責任制では,企業が政府から利税上納や技術改造などの経営指標を請負い,賃金総額を指標の達成状況にリンクして取り決める[13].それに,利潤については,請負分を政府に上納したあと,残りの部分は企業が契約に基づいて留保できる.また,制度上,企業には法規と請負契約に定められた経営権が保

第1章 国有企業制度と「放権譲利」型改革　　21

赤字企業比率(%) b/a	赤字比(%) d/c	平均生産高(万元) e/a	平均利税(万元) f/a
26.5	88.9	1,176	89
14.3	16.2	1,934	287
17.4	17.9	817	117
19.4	32.1	1,620	253
18.0	24.9	4,479	607
20.9	19.0	2,139	313
22.3	32.5	1,633	196
38.6	193.3	1,226	45
25.8	44.9	1,980	232
30.6	57.2	851	92
29.3	50.0	1,697	226
18.1	30.0	5,150	700
18.5	23.4	2,216	314
18.6	21.1	1,878	233
38.2	209.7	1,415	35
23.8	45.2	2,233	256
27.3	61.8	927	106
29.5	49.8	1,922	229

革が実施されていない企業のことである．

証される．

　従来の「放権譲利」と比べて，企業経営請負責任制では請負契約を結ぶことによって，請負の責任者がより明確になった．契約上の請負者が企業であるが，企業を代表して契約を結んだもの（もっとも多くの場合は旧工場長や経営陣）が請負責任を負うことになっている．請負契約が実現すれば，請負企業の経営者の年収を従業員平均収入の4倍まで増やすことが許可される一方，契約が達成できなかった場合，最大で基本給の半分まで経営者の収入が減らされ，さらに経営者の行政責任と経済責任を問うことも定められている．請負契約期間は原則として3年以上である（1988年国務院発布「全人民所有制鉱工業企業経営請負責任制暫定条例」）．

　企業経営請負責任制での請負方法は次の4種類である[14]．①「双保一掛」．上納利潤と技術改造プロジェクトの実現を保証し，賃金総額を上納利潤にリンクさせるやり方である．②上納利潤逓増請負．上納利潤目標が年々逓増になるが，目標が達成できれば，企業が上納後の利潤を留保できる制度である．③上納利潤基数請負・超過分比例留保．企業はまず政府に定額の利潤を上納し，残りの利潤は政府と企業の間で取り決めた比率に基づいて分配する．④黒字・赤字請負．

　企業経営請負責任制に比べて，さらに経営権委譲と利益留保が進んだのは，同時期に実施されたリース経営である．リース経営の対象は小型国有企業に限定され，リース契約を結ぶ借手が担保を拠出し，貸手にリース代金を支払う．リース経営者の収入の限度は従業員平均収入の5倍である．リース期間

は3年から5年になる（1988年国務院発布「全人民所有制小型鉱工業企業リース経営暫定条例」）．

1988年以降，企業経営請負責任制とリース経営を実施した国有鉱工業企業は，それぞれ全体のおよそ6割と2割を占めている．「双保一掛」，上納利潤逓増請負，上納利潤基数請負・超過分比例留保企業は比較的に生産規模が大きく，収益力も高いが，赤字企業の大半は赤字請負またはリースを導入した企業，もしくは上記いずれの改革も実施していない企業である．

ところで，企業利益の分配は1993年に簡素化された．純国有企業は税率33％の企業所得税を納付すれば，利潤の上納はしばらくの間免除されることになった（1993年国務院発布「分税制財政管理体制の実施に関する決定」）．利潤上納の再開は「国有資本経営予算制度」が実施された2007年のときである．その間，国有上場企業の配当などごくまれな場合を除けば，国家資本からの利益は，企業所得税を除いてすべて企業に留保されたのである．

利益留保の実施とともに，企業に対する経営権限の委譲も拡大してきた．政府が「国営鉱工業企業経営管理自主権の拡大に関する若干の規定」（1979年国務院発布），「国営鉱工業企業自主権のさらなる拡大に関する暫定規定」（1984年国務院発布），「全人民所有制鉱工業企業経営メカニズム転換条例」（1992年国務院発布）など，多くの法規定を次々と発布して，国有企業に対する生産販売，労働雇用，輸出入，投資，資産処分などの経営権委譲の拡大を図ってきた．

(2) 改革の実態

企業調査によれば，生産販売と価格決定といった日常的な経営権の委譲は比較的にスムーズに進んだ．しかし，1990年代半ばになっても，労働雇用・解雇の権限を獲得した国有企業は，やっと半数を超えたにすぎず，輸出入，投資，資産売買などの経営権限の委譲は，よりいっそう不十分である（図1-1）．

その一方で，政府，企業と従業員の間における利益分配の構図が大きく変

第1章 国有企業制度と「放権譲利」型改革　　23

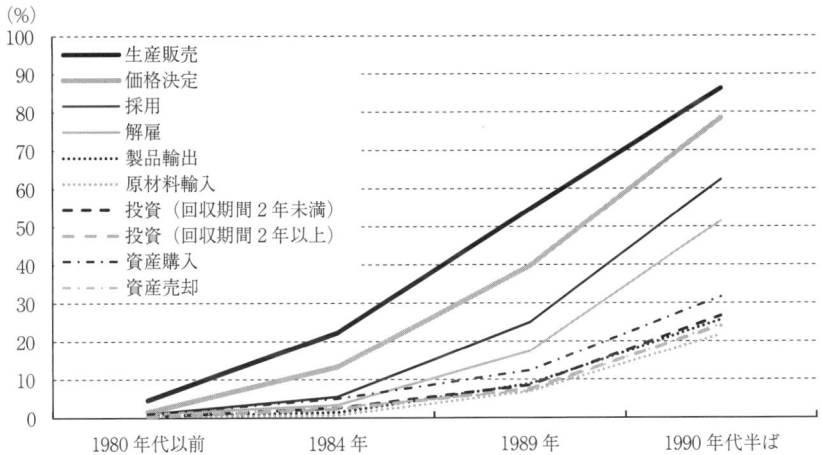

出所：海外経済協力基金開発援助研究所（1998）より作成．
注：CASS-RIDA 調査（1996年，796社）の結果である．

図 1-1　経営権を獲得した国有企業の推移

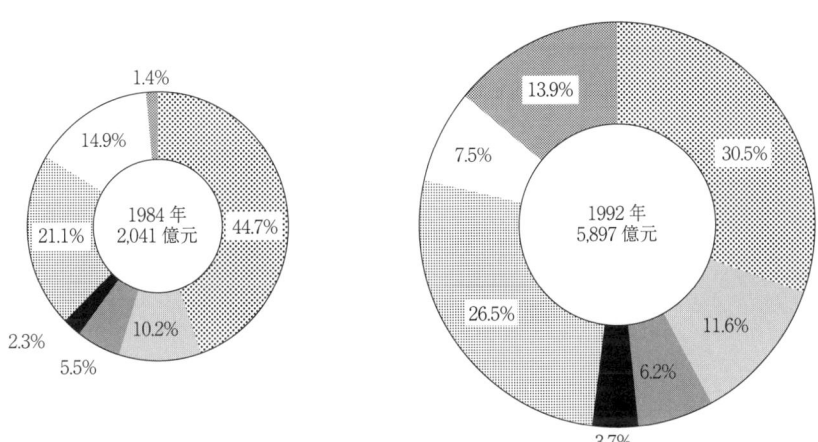

⊠上納利税　□減価償却　■大修理基金　■企業純留保　⊞従業員賃金・福利　□利子　■その他

出所：『工業統計年報』各年版より作成．
注：独立採算制鉱工業企業の集計である．

図 1-2　国有鉱工業企業の付加価値分配（1984年，1992年）

わった（図1-2）．付加価値の内訳を見ると，上納利潤と税金（費用，関連基金を含む）はもちろん政府への分配であるが，支払利子も主に国有銀行への支払いなので，政府に対する分配とみなすことができる．いずれにしても，政府への付加価値分配の比率が大幅に減少した．

その反面，企業に留保された利潤（従業員福利などへの支出を除く）のシェアが若干ながら伸びた．企業に帰属する大修理基金ならびにその一部が企業に分配される減価償却のシェアも少し拡大した[15]．

従業員の賃金・福利（奨励金を含む）のシェアの拡大が大きかった．それに，「その他」の中にも従業員に分配される部分がある．たとえば，その中に労働組合費，教育費，幹部養成費，保健手当，通勤手当，帰省休暇旅費，出張旅費，小単位食事補助，食事時間の遅れに対する補助など，さまざまな支出項目がある（小島1989）．賃金分配に対する規制が強まる中で，これらの支出は従業員の収入を増やしたと考えられる．

(3) 改革の評価

図1-3は1980-98年における国有企業の業績を示している．図の左半分は予算内国有企業の集計であるが，銀行・保険業が含まれていない[16]．右半分は独立採算制国有企業の集計であるが，鉱工業企業だけが集計対象になっている．

図を見ると，1980年代半ばから，国有赤字企業の赤字額が膨らんだ．また，固定資本利税率を見てわかるように，収益性の低下も続いた．それでも1980年代末ごろまで黒字企業の利潤は伸びた．しかし，1989年から赤字企業が急速に増え，赤字額もさらに大幅に拡大した．鄧小平「南巡講話」の影響によって，企業利潤は1990年代初頭に一時的に回復を見せたが，その後再び激しく低下した．

「放権譲利」型改革によって，国有企業の生産性が上昇したのか．労働生産性や資本生産性といった単要素生産性より，中間投入，資本，労働などすべての投入を考慮したTFP（total factor productivity: 全要素生産性）[17]に基

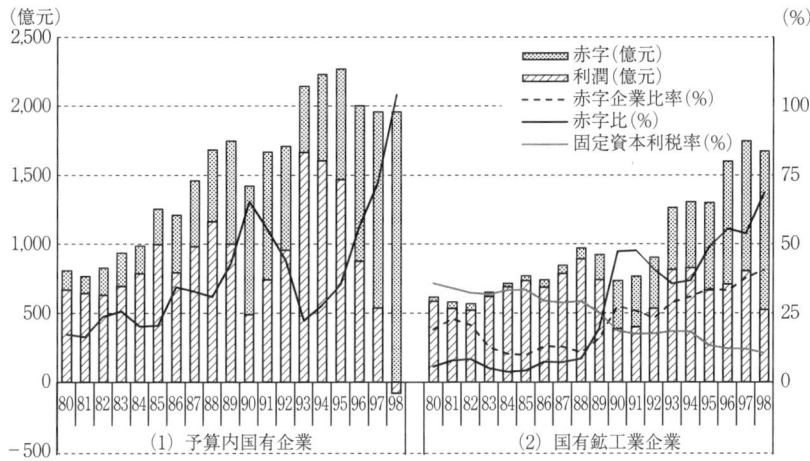

出所：(1) 予算内国有企業：『中国財政年鑑』各年版；(2) 国有鉱工業企業：1980年は『一九八〇年工業交通統計年報』，1995年は『中華人民共和国1995年第三次全国工業普査資料匯編：国有・三資・郷鎮巻』，そのほかは『工業統計年報』各年版より作成．

注：1) 国有鉱工業企業の集計対象は独立採算制企業である．1995年までは非会社制純国有企業（国有聯営企業も含む）の集計であり，1996-98年は国有企業の集計である．
　　2) 赤字比＝赤字企業の赤字額／黒字企業の黒字額×100（％）．
　　　　固定資本利税率＝利税額／（固定資産取得価値－累積減価償却）×100（％）．

図1-3 国有企業の業績（1980-98年）

づく評価がより包括的であろう．TFPは中間投入，資本，労働などの生産要素に反映されない技術レベルを表している．この技術には制度の要素も含まれている．

表1-2に1980-90年代半ばの中国国有企業のTFPに関する代表的な研究をまとめた．TFPの計測方法[18]，データのタイプ（集計データか個票データか）と利用方法，計測期間などによって，生産性の測定結果が大きく異なっている[19]．しかし，多くの研究では，①改革以前に比べて国有企業の生産性が改善されたこと，②1980年代末と1990年代半ばでは国有企業の生産性伸びが減速するもしくは生産性が低下したこと，③国有企業に比べて民間企業の生産性の伸びがより速いし，生産性レベルがより高いことが確認できる．

国有企業の改革内容と生産性向上の関係を見ると，奨励金制度など労働者

表1-2 1980-90年代の国有

論文	手法	産出	投入
(1) 鉱工業集計データ			
Chen et al. (1988)	production function	付加価値	労働 固定資本
Lau and Brad (1990)	deterministic frontier	付加価値	労働 固定資本
Wu (1995)	stochastic frontier	総産出	労働 固定資本 流動資本（中間投入の代理）
Lo (1999)	Solow residual	付加価値	労働 固定資本
大塚ほか (2000)	Solow residual	付加価値	労働 固定資本
Jefferson et al. (2000)	Solow residual	総産出	労働 固定資本 中間投入
(2) 非農業集計データ			
Brandt et al. (2008)	Solow residual	付加価値	労働 資本
(3) 中国社会科学院国有企業調査個票データ			
Li (1997)	production function	総産出	労働 固定資本 中間投入
孔ほか (1999)	stochastic frontier	付加価値	労働 固定資本

企業の TFP に関する研究

期間	TFP
1952-1985	国有企業の TFP レベル（1978-85 年）： C-D 関数型：1.322, 1.363, 1.424, 1.359, 1.371, 1.456, 1.587, 1.848； Translog 関数型：1.526, 1.618, 1.698, 1.612, 1.626, 1.744, 1.923, 2.308.
1953-1985	国有企業の TFP 伸び率（1978-85 の各年次；%）： 11.83, 11.48, 4.87, −0.01, −0.95, 5.68, 9.81, 15.79.
1985-91 （省別データ）	TFP 伸び率（1985-91 の各年次；%）： 国有企業：4.942, 4.411, 3.881, 3.350, 2.819, 2.289, 1.758； 郷営・村営企業：3.602, 3.872, 4.142, 4.412, 4.681, 4.951, 5.221.
1980-96	TFP 平均伸び率 （C-D 関数，労働弾力性＝0.4, 0.5, 0.6，規模に関する収穫一定）： 国有企業：1980-88 年＞1980-96 年＞1980-92 年； 集団企業：1980-96 年＞1980-88 年＞1980-92 年； すべての期間：集団企業＞国有企業.
1980-95	国有企業の TFP 指数（1978-95 の各年次） （Chen et al.（1988）の弾力性数値をもちいる）： 100, 104, 108, 106, 109, 114, 115, 130, 145, 143, 152, 164, 157, 143, 159, 184, 170, 152.
1980-96	TFP レベル（1980, 1984, 1988, 1992, 1993, 1996 年） （C-D 関数，資本弾力性＝1995 年工業センサスの業種別集計データをもちいて推計；中間投入弾力性＝1995 年工業センサスの所有制別集計データをもちいて計算した中間投入シェア，規模に関する収穫一定）： 国有企業：1.470, 1.597, 1.857, 2.021, 2.110, 1.934； 集団企業：1.659, 1.878, 2.312, 2.621, 3.072, 3.112； その他の企業：n.a., n.a., 2.618, 2.849, 3.168, 3.229.
1978-2004	（C-D 関数，労働弾力性＝0.5，規模に関する収穫一定）： 1978 年では国有企業と民間企業の TFP レベルがほぼ同じであった．その後，民間企業の TFP レベルが上昇傾向をたどり，国有企業を大きく上回った．1980 年代末ではどちらも TFP が低下したが，国有企業は 1980 年代初頭と 1990 年代後半においても TFP が低下した．
1980-89	国有企業の TFP 伸び率（1981-89 の各年次；%）： −2.18, 6.18, 6.26, 10.75, 2.15, 4.08, 8.36, 7.35, −0.12.
1990-94	国有企業の TFP 伸び率（1991-94 の各年次；%）： 機械工業：0.1, 12.4, −0.5, −6.0； 紡織工業：−5.3, −1.6, −3.4, −4.9； 建材工業：−1.9, −0.4, −1.9, 1.8； 化学工業：−5.9, 2.0, −2.3, −7.3.

表 1-2 つづき

論文	手法	産出	投入
鄭ほか（2002）	DEA（Malmquist 指数）	総産出	労働 固定資本 中間投入
李（2004）	production function	付加価値	労働 固定資本

(4) その他の企業個票データ

論文	手法	産出	投入
Woo et al.（1993）	production function	付加価値	労働 固定資本
大塚ほか（2000）	production function	付加価値	労働 固定資本

出所：筆者作成.
注：1) 中国社会科学院国有企業調査は，1980-89 年では 769 社，1990-94 では 752 社.
　　2) n.a. はデータが得られないことを示す.

に対するインセンティブの付与だけでなく，経営権委譲についてもプラスの効果が実証分析によって確認された（Li 1997; 劉 1997; 孔ほか 1999; Jefferson et al. 1999; 鄭ほか 2002）.

　総じて言えば，1980 年代では国有企業の利潤規模が拡大し（利益率は低下を続けたが），生産性の上昇が見られたから，改革には成果があった．しかし，民間企業に比べて国有企業の生産性が低く，さらに生産性の低下もしくは生産性伸びの鈍化が見られたことから判断すれば，改革の成果は限定的であると言わざるを得ない．

期間	TFP
1980-94	Malmquist 指数（平均値）（1981-94 の各年次）： 機械工業：0.94, 1.14, 1.13, 1.14, 1.11, 1.06, 1.10, 1.11, 1.04, 1.13, 0.93, 1.06, 1.12, 1.07； 紡織工業：1.04, 0.97, 1.29, 1.04, 1.02, 0.98, 1.04, 0.96, 0.93, 1.21, 0.93, 1.00, 1.17, 1.17； 重工業：1.04, 1.06, 1.10, 1.06, 1.04, 1.13, 1.06, 1.11, 1.01, 1.14, 1.03, 1.06, 1.11, 1.10； 軽工業：1.00, 1.08, 1.16, 1.18, 1.10, 1.04, 1.14, 1.17, 1.10, 1.20, 0.96, 1.05, 1.11, 1.12.
1980-99	国有企業の TFP レベル（1980-99 年）： 中型企業：1.65, 1.52, 1.58, 1.74, 1.88, 1.99, 1.97, 2.12, 2.27, 2.33, 2.40, 2.42, 2.61, 2.89, 2.61, 2.73, 3.06, 3.25, 3.18, 3.32. 大型企業と小型企業も同様の傾向.
1984-87/88	調査対象：国有企業 300 社（1984-88 年）；郷鎮企業 200 社（1984-87 年）. 　TFP 伸び率：　国有企業はマイナス；郷鎮企業はプラス.
1990/91	【アパレル】 調査対象：国有，都市集団，非聯営郷鎮，聯営郷鎮，合弁企業はそれぞれ 14 社，33 社，30 社，19 社，15 社（1990 年）. TFP 指数：それぞれ 100, 116, 141, 192, 204. 【工作機械】 調査対象：国有企業 33 社；郷鎮企業 15 社（1991 年）. TFP 指数（大型国有企業を 100 とする）：中型国有，小型国有，郷鎮はそれぞれ 104, 125, 146.

1994-1999 では 441 社の企業を調査した．吉林，江蘇，四川と山西に分布している（李 2004）．

3.「双軌制」と「南巡講話」

(1) 「双軌制」

　国有企業の「放権譲利」型改革のもう 1 つの大きな成果は，計画の統制を切り崩し，市場化を促進したことである．

　1980 年代に入り，自営業，郷鎮企業，私営企業，外資系企業が頭角を現し，民間資本のプレゼンスが急速に増大した．とはいえ，民間資本の活動は国家資本が主役を務める計画経済という「かご」の中に制限されていた．中

国の計画経済の指導者陳雲がこのような経済制度を「鳥かご経済」と名づけた．

1980年代の国有企業改革はこのような計画経済の制約を緩め，市場化を促進した．とりわけ，鉱工業における価格「双軌制」導入の影響が大きかった．

「双軌制」とは，従来の計画の「軌道」を残しつつ，新たに市場の「軌道」を敷設して，経済を運営することである．国有企業に経営権を委譲するために，1979年，国務院が「国営鉱工業企業経営管理自主権の拡大に関する若干の規定」を発布した．そこで，計画指標を達成したうえで，国有鉱工業企業が追加生産計画に基づいて生産した製品は，政府の商業部門，貿易部門，物資部門にその買付が拒否された場合に自社販売できる，といった経営権が付与された．そして，1984年，国務院が「国営鉱工業企業自主権のさらなる拡大に関する暫定規定」を発布していっそうの経営権委譲を図った．そこで，計画外製品は基本的に自社販売が可能になり，また自社販売の生産財は，公定価格の上下20％範囲内において販売価格を自由に決められるようになった．翌年，この20％の制約も撤廃された（張2006）．このように，価格「双軌制」の制度設計と実施は，国有企業の経営権委譲と深く関わっている．

価格「双軌制」では，計画内製品と計画外製品の価格が同時に存在するが，1980年代の「不足の経済」のもとでは計画外製品のほうが計画内製品より価格が常に高かった（張2006）．価格「双軌制」の実施は，国有企業の計画外生産を拡大させ，郷鎮企業など生産財を必要とする民間企業の生産拡大を助け，国内私的資本を結果的に育てた．また，計画外製品の価格形成は市場メカニズムによる調整の拡大をもたらした．

ところで，価格「双軌制」では，計画内と計画外の価格差が存在するため，生産した計画内製品を計画外に横流し，また物資を計画内枠から獲得するインセンティブは常に生じる．たとえば，1985年では，鋼材，石炭とセメントの市場価格は公定価格のそれぞれ1.8倍，2.9倍，2.2倍にも上る（大塚ほか2000）．価格「双軌制」の実施に伴って，生産財の「計画内」と「計画

外」の価格差を狙った汚職腐敗，いわゆるレントシーキングが深刻化した．また，価格改革が急進的に断行された結果，インフレが進行して，市民生活に大きな打撃を与えた．それが1989年の「天安門事件」を引き起こす要因の1つになった．

(2) 「南巡講話」と「社会主義市場経済」の提起

「天安門事件」後，私営企業が集団所有制企業に衣替えするケースが現れるほど改革が停頓した．改革における閉塞感を打破したのは，「改革開放の総設計師」と呼ばれる鄧小平の「南巡講話」であった．「南巡講話」とは，1992年早春，87歳の鄧小平の武昌，深圳，珠海，広州，上海など各地視察時の講話である[20]．1月19日から始まった今回の視察は，鄧小平の2度目の南巡である．

鄧小平は社会主義・資本主義と計画・市場の関係を次のように述べた．

①社会主義か資本主義かを判断する基準は，社会主義生産力の発展に有利か否か，社会主義国家の総合国力の強化に有利か否かおよび国民の生活水準の向上に有利か否かである（「三つの有利」）．
②計画が多いか，市場が多いかは，社会主義と資本主義の本質的違いではない．計画経済イコール社会主義ではないし，資本主義にも計画はある．市場経済イコール資本主義ではないし，社会主義にも市場はある．計画と市場はいずれも経済手段である．社会主義の本質は生産力を発展し，貧富の二極分化を解消し，国民がともに豊かになることである．

「南巡講話」によって，計画と市場をめぐる議論に決着が付けられ，市場経済化が一気に加速した．政府によって決められる公定価格および価格変動が規制される指導価格の役割が大きく縮小して，市場が価格形成のメインな手段になった（図1-4）．

「南巡講話」の影響を受けて，1992年の中国共産党第14回党大会におけ

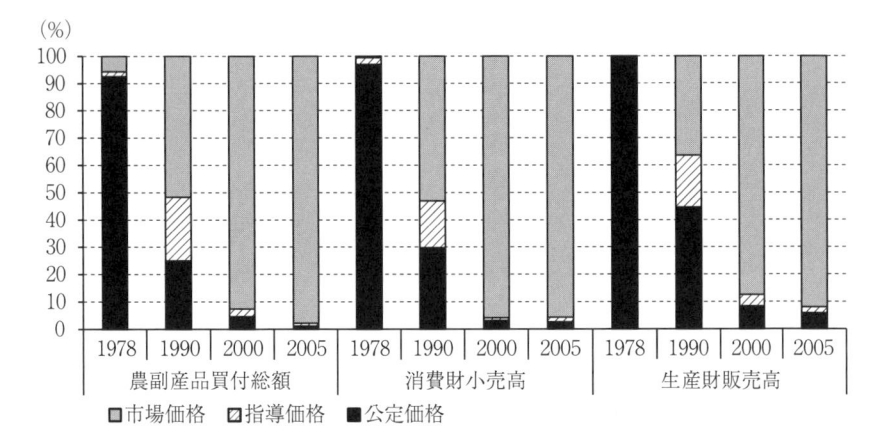

出所:大橋 (2003),『中国物価年鑑』各年版より作成.

図1-4 公定価格,指導価格と市場価格のシェアの変化 (1978-2005年)

る江沢民総書記の政治報告では,「社会主義市場経済」の初歩的な樹立が20世紀末までの党の目標として提起された.1993年11月に開催された共産党の第14期第3次中央全体会議の決議(「社会主義市場経済体制樹立の若干問題に関する決定」)によれば,「社会主義市場経済」では,次の9つの目標を実現しなければならない.①国有企業経営メカニズムの転換と会社制度の確立,②市場システムの樹立と発展,③政府機能の転換とマクロ経済管理システムの確立,④合理的な個人収入と社会保障制度の確立,⑤農村経済システム改革の深化,⑥対外経済システム改革の深化と対外開放の拡大,⑦科学技術システムと教育システムのさらなる改革,⑧法制度建設の強化,⑨党のリーダーシップの強化である.その後,国有企業改革はどのように展開されたのか.国有企業は「再生」できたのか.第2章で引き続きみていこう.

注

1) 林毅夫教授は,1952年台湾生まれであり,台湾大学を卒業し,台湾政治大学で企業管理修士号を取得した.1979年に現役軍人として中国に亡命し,1982年に北

京大学政治経済学科で修士号を取得した．そして，1982-86 年において，シカゴ大学でノーベル経済学賞受賞のセオドア・W. シュルツ教授のもとで，開発経済学と農業経済学を専攻して，経済学博士号を取得した．帰国後，1994-2008 年，北京大学中国経済研究センターの初代所長を務めた．2008-12 年，世界銀行首席エコノミスト兼副総裁を務めた．
2) 林ほか（1997b, 1999）同様，エクスタイン（1980）も高成長率と重化学工業化開発を維持するために，高率の投資が必要であり，そして，貯蓄の制度化のために国有化が導入された，と説明した．
3) 劇錦文教授は，1950 年代初頭の数年間では先進国をキャッチアップする政策が実施されなかったことを指摘して，林毅夫教授らの議論には歴史事実の不都合があると批判した（『1953-1957 中華人民共和国経済档案資料選編：工業巻』）．これに対して，武力教授は，建国当初は重化学工業化政策が実施されなかったと認めたうえで，価格弾力性の小さい物資が非常に不足する中で，物価を抑えるために，市場による調整よりも政府の調整のほうが有効であったと，計画経済が進められた理由を解釈した（『1953-1957 中華人民共和国経済档案資料選編：総合巻』）．
4) 職工の統計上の概念は第 2 章の注 16 を参照されたい．
5) 小宮隆太郎教授が 1980 年代に「中国の工廠は通常の意味における「企業」とはとうてい言えない」との見解を示した（小宮 1989）．
6) 「文化大革命」では革命委員会それから党委員会が指導の実権を掌握した．1950 年代前半では工場長単独責任制が政策として推進されたが，一部の地域では党委員会指導制が実施された（川井 1990）．
7) 1993 年 6 月，国有企業の余剰人員は総雇用の約 3 割を占めている（銭・彭 1994）．
8) 林教授は次のように自生能力を定義した．完全競争的でオープンな市場では，産業別に期待利益率が存在する．企業は外部の援助なしに，その利益が社会的に許容されるのであれば，自生能力を有する．自生能力の重要な側面は，その産業が要素賦存条件に適したかどうかである．
9) 法的には，財産の所有権（ownership of the asset）とは，所有者が法律規定の範囲内で排他的に行使できる権限のことである．財産の使用権，収益権，処分権ならびに上記の全部または部分的な権利を他者に譲渡する権利が含まれる（Pejovich 1990）．
10) 1953 年，職工生活の改善や優秀な職工の奨励などのために企業奨励基金が設置された．計画利潤の 3% と超過利潤の 8% がそれに当てられた（呉 1994）．
11) 川井（1996）は 1990 年代初頭までの国有企業改革を詳しく分析している．参照されたい．
12) 利改税は 2 段階にわけて実施された．第 1 段階の利改税では，大中型国有企業では利益上納も並行して実施された．第 2 段階では基本的に利益上納が廃止された．調節税率は基本的に 1983 年の利益上納実績に基づいて算出された．

13) 1980年代初頭，すでに少数の国有企業が請負責任制を実施した．その第1号といわれている首都鋼鉄公司は，1981年に請負責任制を導入し，1982年に15年の請負契約を新たに結んだ．
14) ただし，利改税によって所得税など多種の税制度が導入されたので，税の納付が利益上納とみなされた．
15) 国有企業に留保される減価償却基金は，1978年には50%であったが，1985年には70%になり，1986年からは全額留保になった（中屋2013b）．
16) 財政部管轄の『中国財政年鑑』の国有企業統計では，金融・保険業が除外されていると思われる．
17) 実際にすべての投入要素を漏れなく分析にもちいることが困難なため，多要素生産性（MFP）ともいわれている．
18) TFPの測定方法についてはCoelli et al.（2005）を，中国のTFP測定についてのサーベイとしてはTian and Yu（2012）と于・呂（2010）を参照されたい．
19) たとえば，Chen et al.（1988）とJefferson et al.（1992）に対して，胡永泰教授らは非生産用の資本と労働力の除去が過剰になされ，中間投入のデフレーターが過大評価されたことを指摘した（Woo et al. 1993; 胡ほか1994）．その後，Jefferson教授らがデータ処理手法に関して反論し（謝ほか1994; 1995; 鄭1996），胡教授らも再反論した（Woo et al. 1994）．
20) 1991年にも鄧小平が上海市で旧正月を過ごし，改革開放と市場化の加速に言及した．鄧小平の談話内容が皇甫平（ペンネーム）の4つの論評の形で『解放日報』に掲載されたが，改革の局面を開くことにはつながらなかった（陸2003）．

第2章
国家資本の戦略的再編

　企業経営請負責任制導入など「放権譲利」型の国有企業改革は，国有企業を真の「企業」に転身させることが目的であろうが，成果は限定的であった．市場化が急速に進むと，多くの国有企業が民間企業との競争に敗れた．1998年，約2/3の国有企業が赤字経営に陥り，黒字企業の利潤が赤字企業の赤字でほとんど打ち消された．国有企業にどのような「処方箋」が出されたのか，国有企業が元気を取り戻したのか．本章では，まず，「社会主義市場経済」がどのような国有企業改革を目指したのかをみる．次に，国有企業改革に民営化が必要かどうかについて学界の議論を整理し，「公有制主導」（公有制の主体としての地位）についての論争を紹介する．最後に，国家資本の戦略的再編の政策内容を説明したうえで，統計資料をもちいて再編の特徴と成果を分析する．

1.　「社会主義市場経済」が目指した国有企業改革

　第1章で説明したように，1993年11月に開催された共産党第14期3中全会の決議では，国有企業経営メカニズムの転換と会社制度の確立が「社会主義市場経済」の1つの重要目標として示された．具体的には，大中型国有企業には会社制度の導入，国有小企業には経営請負またはリース経営の実施，株式合作制の導入および民間への売却が提案された．これは，国有大企業と国有小企業を区別して扱ういわゆる「抓大放小」(ヂュアダーファンシァオ)（大を摑み，小を放つ）

方針である．

　会社制度導入の議論は，1980年代半ばにすでにあった．しかし，当時小規模に試行された株式会社制度の実態を見ると，資本金が返済可能であり，配当率があらかじめ定められており，政府の従業員ボーナス規制への対策としての従業員株発行が中心のケースが多い（徐 2004b）．また，1990年12月に深圳（試営業，1991年7月正式開業）と上海で証券取引所はすでに開業したが，2つの証券取引所に上場した企業を合わせても10社しかなかった．

　1992年から会社法（「公司法」）の制定が本格的に始まった．1992年2月と5月に，深圳市と上海市がそれぞれ「深圳市株式会社暫定規定」と「上海市株式会社暫定規定」を発布した．同年5月から7月にかけて，国家経済体制改革委員会をはじめとする中央政府関連省庁が，「会社制企業試行弁法」，「株式会社規範意見」，「有限会社規範意見」などの会社制度関連の実施法規を次々と発布した．全国統一の会社法起草作業も一気に加速して，1993年12月に会社法が成立した．また，会社法成立を前後に，会社制度を支える一連の企業財務会計制度と税制度も導入した[1]．

　国有小企業の民間への売却は，1987年の中国共産党第13回党大会における趙紫陽総書記の政治報告ではすでに認められた．1989年，国家経済体制改革委員会・財政部・国家国有資産管理局の連名で「小型国有企業の財産権売却に関する暫定弁法」も発布された．しかし，「天安門事件」によって民営化の胎動が止まった．国有小企業の民間売却を解禁したのは，「社会主義市場経済」の樹立を提起した1992年の共産党第14回党大会における江沢民総書記の政治報告であった．また，翌年の共産党第14期3中全会決議において，この方針が再度提起され，各地方において，国有小企業の民営化も急ピッチで進んだ（第3章）．

　共産党第14期3中全会決議では，「公有制主導」についても次のような解釈を行った．「全国レベルにおいて，公有制が国民経済を主導すべきであるが，地域・産業間に違いがあっても構わない．公有制主導とは，国有と集団所有資産が社会全体の資産において優位性をもつこと，国有経済が国民経済

の命脈をコントロールし，経済発展を主導することである」．国有経済とは生産手段が国家所有の企業，事業単位と社会団体のことである．このように，国家資本支配の例外地域・産業の容認を示唆した．

2. 民営化は必要か：「所有権無関係論争」

国有小企業の民営化が加速した中，1990年代半ば，北京大学同僚の張維迎教授と林毅夫教授の間で，民営化改革の効果をめぐって論争が交わされた．国有企業の病源は何なのか．根本的な治療法はないのか．中国の改革立案に対して大きな影響力をもつ張教授と林教授の論点を整理しておこう．

(1) 張維迎の民営化論

張教授は次のように民営化の必要性を力説した（張1994, 1995a, 1995b, 1995c, 1996a）[2]．

①経営権委譲と利益留保の実施によって，インセンティブ・メカニズムの面において国有企業改革は成功した．しかし，経営者選任メカニズムについて言えば，改革は失敗した[3]．

②企業の残余請求権と残余コントロール権を組み合わせる必要がある．国有企業が会社化されても，国有資産管理機関の役人は，国家に代わって株主として経営者を選任・解任する投票権は持つが，残余請求権は持たない．そのため，国有企業の経営者選任メカニズムが改善されない．

③上記の理由によって，民間株主の導入が不可欠である．中国の民間資本の規模が小さく，民間株主の導入には時間がかかる．民間資本の育成が重要な政策課題である．

④国家は国有企業の所有者から債権者へとその役目を変えるべきである．つまり，国有企業の国家資本は債権化すべきである．債権化によって，経営者選任メカニズムの改善だけではなく，国家資本の価値維持・増大も期待

できる.

　こうして，張教授は，民営化が国有企業改革成功の唯一の道であると断言した.

(2)　林毅夫の「所有権無関係説」

　林教授の国有企業制度についての持論はすでに第1章で見た．林教授は，張教授をはじめとする民営化論者に対して，次のように反論した（林ほか 1995, 1997a, 1998, 1999；林・譚 2000；林・劉 2001；林 2002；Lin et al. 1998, 1999）．

①民営化論者は，国有企業のプリンシパル・エージェント関係の複雑さと所有権の不明確さが，国有企業問題の根幹であると主張している[4]．しかし，プリンシパル・エージェント問題は，所有と経営が分離された企業において，所有者と経営者の利益不一致，情報の非対称性，経営責任の非対等性から生じた結果である．言い換えれば，国有企業を民営化してもプリンシパル・エージェント問題は解決できない．
②体制移行期に入ると，市場化が進み，私的資本が成長した結果，要素賦存条件に合致しない国有企業の自生能力問題が露呈した．従来最終的には政府が負担してきた過剰雇用や退職年金などの社会福祉費用も，国有企業にのしかかった．
③国有企業の問題は，不平等な競争関係のもとで，予算制約がソフト化したことに起因する．国有企業では体制移行後も情報の不完全性と非対称性が存在する．国有企業の経営失敗の責任は政策的負担に起因するのか経営者に起因するのかが判別できないため，ソフトな予算制約問題が一向に解決できない．その結果，競争が増す中，不利になった国有企業を救済するため，政府は民間企業の参入を規制し，国有企業を資本の面で支援している．
④このように，国有企業改革の成功には，国有企業が背負っている政策的負

担を解消することが必要である．社会的政策負担だけでなく，戦略的政策負担も迅速に解消しなくてはならない．外国資本の導入，国有企業経営分野の転換，破産処理などが具体策として考えられる．

このように，林教授は，所有制度は国有企業改革の核心問題ではないと主張し，いわゆる「所有権無関係説」を唱えた．林教授と張教授の間の論争は，「所有権無関係論争」と呼ばれている．

(3) 論争の検討

以上のように，国有企業の改革手法について，張教授が民営化を提案した．対して，林教授は，民営化しても国有企業のプリンシパル・エージェント問題は解決できないと反論したうえで，政策的負担の解消と自生能力の回復を提案した．

論争の内容を吟味すると，民営化が必要かどうかについて双方の意見が分れたが，論点がもっぱら対立したわけではない．

張教授は国有企業の国家―国家代理人（国有資産管理機関の役人）―国有企業経営者におけるプリンシパル・エージェント関係，そして残余請求権と残余コントロール権の配分に注目した．経営者選任問題を解決するためには，民営化が欠かせない，と主張した．

林教授は同じくプリンシパル・エージェント関係に注目したが，これは国有企業の独特な問題ではないと論破した．林教授は次のように主張した．ソフトな予算制約は国有企業の独特な現象ではない．早急に先進国にキャッチアップするために，産業政策の大義名分のもとで自生能力をもたない企業を設立した場合も，この問題は生じる[5]．したがって，国有企業改革は，政策的負担を解消したうえで，予算制約をハード化すればよい．なぜならば，政策的負担が解消すれば，国有企業の経営業績についての情報の非対称性が大幅に軽減し，国有企業に対するモニタリングコストが大きく低減するからである，と林教授が説明した．

ところが，国有企業を民営化しない場合，国有企業をモニタする国家代理人のインセンティブ問題はどう解決するか，張教授が提示したこの問題に対して，林教授が答えなかった．その意味において，張教授と林教授はプリンシパル・エージェント問題の別々の側面に注目し，それぞれの対策を提案したのである．政策的負担の解消は必要であるが，民営化も欠かせないであろう．

3. 国家資本の戦略的再編の提起：「公有制主導論争」

1997年の鉱工業企業を見ると，1980年代末に比べて，国有企業の固定資産取得価値シェアは約8割から7割弱に，総生産高シェアは約7割から約4割にそれぞれ低下した（『工業統計年報』各年版より計算）．

このように経済活動において民間資本の力が増強した．しかし，ロシアなどの旧社会主義国では，民営化が予想した効果を見せておらず，経済パフォーマンスがむしろ低迷した．中国においても，民営化は必要なのか，私的資本の拡大と国有企業の民営化は社会主義の「公有制主導」に合致するのか，といった疑問が増幅した．前者の議論は「所有権無関係論争」を通して見た．ここでは「公有制主導論争」を整理してみよう．

「公有制主導論争」では，公有制の概念や社会主義と国家資本の関係が議論の核心であり，イデオロギー論争の側面が強い．われわれは論争に参加した論者の主張を並べて示し，それから共産党中央はどちらの意見を聞き入れたのかを見る．そして，国有企業の当時の状況に基づいて，なぜこのような政策決定が行われたかを考えてみる．

(1) 「万言書」

非公式印刷物の「万言書」は1995-97年に発表された（馬・凌1998）．既述のように，共産党第14期3中全会決議は，すでに「公有制主導」についての見解を示した．1997年秋に中国共産党第15回党大会の開催が予定され

る中,「万言書」の流布は,新たな政治経済方針を決める党大会を意識したと考えられる[6].

「公有制主導地位に関する若干の理論と政策問題」は「万言書」の1つである.その主な内容が1996年第4号ならびに1997年第2号の『当代思潮』（中国国史学会発行）に掲載されたので,ほかの「万言書」に比べて影響がさらに大きい.この「万言書」は「公有制主導とは何？」および「公有制主導はいかにして守れるのか？」,この2つのテーマをめぐって,次のように主張した.

① 「公有制主導」とは,社会経済制度における公有制を基礎とした経済関係である.生産・分配が公有制を基礎とし,絶対多数の国民の生活は公有制と労働に準ずる分配の経済関係のもとに置かれることである.そのため,公的資産のシェアの優位性と主導的な役割の発揮だけに基づいて,公有制の主導的地位を判断することは認められない.とりわけ,国有小企業は,国有企業の資産に占めるシェアは小さいものの,国有企業の従業員に占めるシェアはかなり大きい.国有小企業の民営化は,公有制の主導を損なう.
② 全国規模のフルセット型の「公有制主導」の経済システムの実現が必要である.具体的には,(i)数十万社の大・中・小型国有独立採算制鉱工業企業および国民経済の命脈に当たる重要産業がフルセット型の経済システムを構成する.私的経済の役割を補足的なものに限定しなければならない.公有制経済が私的経済を支配し,公有制の中でも,国有経済が集団所有制経済を支配しなければならない.(ii)公有制経済は,主要生産部門と流通部門において,優位性と主導性を発揮しなければならない.とはいえ,競争的業種や商業・流通業から国有企業を撤退させる主張は,間違っている.(iii)「公有制主導」は,全国すべての地域において,実現しなければならない.
③ 国有企業の利益率低下と債務拡大が深刻化し,多くの国有企業が存続できない状況に追い込まれている.このことが国有中小企業売却それにインフ

ラ産業と公益事業への国家資本集約提案を誘発した，と「万言書」が認めた．

このように，「万言書」は国有小企業の民営化と国家資本の投資範囲の縮小について激しく反対し，共産党第14期3中全会決議の「公有制主導」解釈を否定した．しかし，国有企業の深刻な財務問題への具体的な対策を提示しなかった．

(2)　「国有経済の戦略的改組」

他方で，1997年5月，呉敬璉氏を筆頭とする国務院発展研究センターの研究グループは，次のように国有企業の病状を分析し，処方箋を提出した（国務院発展研究中心「国有経済的戦略性改組」課題組 1997）．

①国家資本が企業間・業種間において広く分散している．この状況では，(i)国有企業の規模が小さくて，国際競争に太刀打ちできない．(ii)技術改造のために巨額の資金が必要なのに，集中的に資金を投入することができない．(iii)国有企業は資金不足のため，返済能力を度外視して，国有銀行から大量の資金を借り入れて，過度な負債経営に陥るような深刻な経営問題を引き起こし，競争力の低下を招いた．
②すべての国有企業に対して全面的に資金注入を実施することは，国家財政にとって不可能である．すべての国有企業を存続させるために，最低でも2兆元から2.5兆元の追加資本投入が必要である．
③「国有経済の戦略的改組」，つまり，(i)国家資本を中小企業から大型企業へ，低生産性の劣位企業から高生産性の優位企業へ，一般の競争的分野から国家資本を必要とする戦略的分野（「戦略性領域」）へ集約すること，(ii)民間資本などの導入によって混合所有の資本構造を構築すること，が必要である．

その際，国家資本は優先順に，(i)軍事工業，造幣業，宇宙産業などの

国家安全の関連産業，(ii)民間資本の投資資金または投資意欲が不足する大型インフラ建設ならびに大きな外部性をもつその他の建設プロジェクト，(iii)資金力の面において民間企業の手が届かない油田や石炭鉱など大型非再生資源の開発，(iv)超大型集積回路など中国の長期経済発展にとって戦略的に重要なハイテクの開発に配分すべきである．

④社会主義は国有経済の多寡ではなく，貧富の二極分化を防止できるかどうかによって保証される．国有経済のシェアよりも，国民経済の発展こそ，共産党の執政基盤である．

このように，呉敬璉の研究グループは国家資本の戦略的再編を提案し，社会主義の実現における公有制の位置づけについての論点を大胆に唱えた．

(3) 多様な国有企業

呉敬璉グループが指摘したように，各産業分野にまたがったフルセット型の国家資本運営を目指すならば，すでに競争力を失った分野にまで資金を大量に追加投入する必要がある．しかし，これらの分野は，国有企業が大量に赤字を生み出している産業であり，多額の投資の実施可能性が疑わしい．

ところで，国有企業はみんな同じなわけではなかった．表 2-1 は 1997 年末の国有鉱工業企業の状況を表している．資料制約のため，集計対象が非会社制の純国有企業（国有聯営企業も含む）である．規模別集計を見ると，全体の 1 割未満を占める大型企業に国有鉱工業企業の資本の 3/4 と生産の 2/3 が集中している．ROE（株主資本利益率）と ROA（総資産利益率）を見ればわかるように，中小企業が赤字経営になっているのに対して，大型企業は黒字経営になっており，債務負担も比較的に軽い．

所属別集計を見ると，中央企業（中央政府管理下の企業）と地方企業（地方政府管理下の企業）に国家資本がおおむね半々に分布している．中央企業は国有企業の 1 割にも満たないが，約 4 割の生産活動を担っており，黒字経営になっている．これに対して，地方企業は赤字経営になっている．しかも，

表 2-1　国有鉱工業企業の状況（1997 年）

	分布（％）					シェア（％）			財務状況			
	企業数	総生産高	資産	株主資本	利潤	年平均職工数	総生産高	資産	株主資本	平均資産（億元/社）	資産負債率（％）	ROA（％）	ROE（％）
合計	100.0	100.0	100.0	100.0	100.0	100.0	40.8	57.1	55.9	0.79	65.4	0.7	2.1
規模別													
大型企業	6.5	66.2	67.3	74.6	147.7	51.0	68.2	74.7	72.8	8.28	61.6	1.6	4.1
中型企業	13.6	17.5	17.3	13.6	−24.1	23.7	49.6	62.4	56.8	1.01	72.9	−1.0	−3.7
小型企業	79.9	16.3	15.4	11.8	−23.6	25.3	14.4	26.9	22.5	0.15	73.4	−1.1	−4.2
所属別													
中央企業	6.3	39.0	39.4	46.2	117.7	26.0	n.a.	n.a.	n.a.	4.96	59.4	2.2	5.3
地方企業	93.7	61.0	60.6	53.8	−17.7	74.0	n.a.	n.a.	n.a.	0.51	69.3	−0.2	−0.7
産業別（国民経済種分類 GB/T4754-94）													
石炭	2.4	4.1	5.2	5.9	8.1	11.0	73.5	89.2	90.5	1.69	60.8	1.1	2.9
石油採掘	0.1	6.2	5.1	6.4	41.0	3.1	91.8	97.4	95.1	58.08	56.3	5.8	13.3
鉄鉱	0.3	0.2	0.4	0.6	−0.1	0.4	33.6	74.1	85.0	1.00	44.0	−0.1	−0.2
非鉄金属鉱	1.1	0.6	0.7	0.7	1.9	1.1	46.5	74.3	70.8	0.49	63.3	2.0	5.6
非金属鉱	1.3	0.4	0.6	0.6	−0.4	1.2	21.4	58.4	55.5	0.36	64.3	−0.5	−1.5
木材採運	1.0	0.6	0.7	0.7	0.1	2.7	94.0	97.4	96.8	0.55	66.7	0.2	0.5
食品加工	10.8	5.3	3.1	1.5	−13.0	3.5	39.2	55.7	37.7	0.23	83.8	−3.0	−18.5
食品製造	5.5	1.3	1.0	0.7	−0.7	1.6	26.8	35.8	26.3	0.14	75.5	−0.5	−2.1
飲料	3.7	2.6	2.0	1.8	8.9	2.1	45.3	50.9	43.8	0.44	70.0	3.2	10.5
たばこ	0.4	4.5	2.7	3.3	28.8	0.7	96.9	96.2	97.1	5.54	57.6	7.7	18.2
紡織	4.6	5.4	4.5	2.1	−15.3	9.1	31.6	44.0	30.8	0.79	84.1	−2.4	−15.4
アパレル	1.3	0.3	0.2	0.2	−0.3	0.5	5.1	9.4	7.2	0.15	71.5	−1.0	−3.4
皮革	0.8	0.5	0.3	0.1	−1.0	0.6	6.2	14.5	7.7	0.23	84.6	−3.2	−20.5
木材加工	1.4	0.3	0.4	0.2	−0.9	0.5	12.1	30.2	22.8	0.20	77.2	−1.9	−8.1
家具	0.6	0.1	0.1	0.1	−0.1	0.1	5.6	12.6	13.6	0.09	64.1	−1.2	−3.3
製紙	2.1	1.2	1.2	0.8	−1.6	1.6	26.1	38.9	28.5	0.46	78.4	−1.0	−4.4
印刷	4.2	0.7	0.6	0.7	1.3	1.2	34.2	47.0	47.0	0.12	60.7	1.5	3.8
文教体育	0.6	0.1	0.1	0.1	−0.1	0.2	6.9	13.9	7.7	0.16	76.8	−0.4	−1.6
石油加工	0.5	7.6	4.3	4.8	10.9	1.5	82.6	84.9	84.6	7.19	61.0	1.8	4.7
化学製品	6.5	7.9	7.6	6.5	−1.5	7.1	46.5	62.0	56.2	0.93	70.7	−0.1	−0.5
医薬	2.4	1.9	1.7	1.4	2.9	1.7	41.4	49.2	38.2	0.55	70.9	1.3	4.3
化学繊維	0.3	0.8	0.9	0.7	−0.8	0.7	24.4	34.5	22.7	2.70	75.2	−1.0	−2.6
ゴム	0.7	0.8	0.7	0.5	−0.1	0.9	29.6	38.7	28.3	0.75	76.9	−0.1	−0.3
プラスチック	1.9	0.5	0.5	0.4	−0.5	0.6	9.9	17.6	12.8	0.21	75.0	−0.7	−2.8
建材	8.4	3.4	4.2	3.7	−9.6	6.2	24.6	41.3	39.4	0.39	69.6	−1.7	−5.5
鉄鋼	1.2	9.7	11.0	13.3	3.7	6.4	70.4	82.2	83.9	7.10	58.0	0.2	0.6
非鉄加工	0.9	2.7	2.6	2.1	−1.0	2.0	52.0	69.7	67.1	2.32	71.8	−0.3	−0.9
金属製品	3.0	0.8	0.8	0.5	−1.6	1.3	10.6	20.8	15.1	0.22	77.4	−1.4	−6.2
一般機械	5.1	3.1	3.7	3.2	−3.7	5.5	30.6	48.3	42.6	0.58	70.2	−0.7	−2.4
専用設備	5.1	3.2	3.0	2.5	−3.7	4.9	42.4	57.7	51.5	0.47	71.0	−0.9	−3.1
輸送機器	4.9	7.0	6.8	6.3	2.6	6.4	47.4	61.3	57.6	1.10	67.9	0.3	0.9
電器	3.0	2.0	1.9	1.5	−1.2	2.4	16.8	26.1	20.9	0.50	72.9	−0.4	−1.6
電子設備	1.8	3.2	2.7	2.2	7.7	2.0	22.8	35.2	28.1	1.20	72.3	2.0	7.4
計器	1.4	0.5	0.7	0.5	−1.5	1.1	23.1	44.5	33.7	0.39	75.0	−1.6	−6.6
電力	6.0	8.7	14.5	18.3	41.3	4.7	72.6	75.4	77.3	1.92	56.3	2.1	4.7
ガス	0.3	0.3	0.7	1.1	−1.3	0.5	88.9	92.7	93.6	1.53	45.1	−1.4	−2.6
水道	3.0	0.8	1.6	2.9	2.6	1.0	80.7	86.5	89.0	0.41	35.1	1.2	1.8
その他	1.4	1.0	1.2	1.3	−1.8	1.8	23.4	51.3	53.1	0.71	63.8	−1.1	−3.0

出所：『中国工業経済統計年鑑』1998 年版より作成。
注：1）独立採算制の非会社制純国有企業（国有聯営企業も含む）の集計である。
　　2）データ制約のため，ROA と ROE は次のように計算した。
　　　　ROA＝利潤／資産×100（％）。
　　　　ROE＝利潤／株主資本×100（％）。
　　3）資産負債率＝負債／資産×100（％）。
　　4）n.a. はデータが得られないことを示す。

中央企業の平均的資産規模が地方企業の約10倍であり，債務負担も軽い．

産業別に見ると，すでに多くの分野において，国有企業のシェアが民間企業に蝕まれて，支配的地位を失った．しかし，エネルギー（石炭，石油，石油加工，電力），鉄鉱，鉄鋼，公益事業（ガス，水道），木材採運（伐採運送），たばこでは，国有企業は依然として非常に高い資本シェアを有しており，国有企業の生産シェアもかなり大きい（鉄鉱は例外）．ほかに資本シェアが半数を超える産業には，非鉄金属鉱，非鉄加工，輸送機器，化学製品，専用設備があり，これらの産業では国有企業の生産シェアも4割を超えている．

上記の産業では，企業数は国有鉱工業企業の約3割しかないが，実に国有鉱工業企業の資本の約3/4も集中している．これらの重要産業の企業規模もほかの産業に比べて大きい．鉄鉱，化学製品など幾つかの例外も存在するが，大半の産業は黒字経営を維持しており，電力，石油採掘，たばこ，石油加工，石炭，鉄鋼，輸送機器など国家資本の利益源になる重要な鉱工業産業をほとんど網羅している．

要するに，国有企業は1990年代半ばに危機的な状況に陥ったとはいえ，大型企業，中央企業ならびに一部の産業では，財務状況が比較的に優れている企業も存在した．これらの国有企業の数は多くなかったが，国家資本の大半が集約されており，国家資本再編の土台が存在したのである．

(4) 国家資本政策の転換：戦略的分野と「管制高地」

それでは，実際に国有企業改革において，どのような政策が採用されたのか．第15回党大会政治報告では，江沢民総書記が「公有制主導」についての解釈を次のように示した[7]．

①「公有制主導とは，公有資産が社会全体の資産において優位性をもつこと，国有経済が国民経済の命脈をコントロールし，経済発展を主導することである．これは国レベルについて言ったことであり，一部の地域や産業は違

いがあっても構わない」．このように共産党第14期3中全会決議の「公有制主導」解釈を再確認したうえで，「公有資産の優位性は量的優位よりも質的向上を重視しなければならない．公有制主導は主に（国有経済の）支配力に体現される．公有制主導を堅持し，国家が国民経済の命脈をコントロールし，国有経済の支配力と競争力が増強する前提のもとで，国有経済の比重が少し低下しても，わが国の社会主義の性質には影響しない」，といっそう踏み込んだ解釈を示した．

②混合所有経済の中の国有と集団所有の部分も，国有経済と集団所有制経済同様，公有制経済である．会社制度は，公的資本支配（国有支配と集団所有支配）であれば，公的所有が明確であり，これは公的資本の支配範囲の拡大，公有制経済の主導的地位の強化にとって有利である．このように，公有制の範囲を拡大した．

③非公有制経済は「社会主義市場経済」の重要な部分である．

上記の解釈は明らかに呉敬璉グループの主張にきわめて近い．

政治報告では，さらに大中型国有企業に会社制度を導入し，「抓大放小」を行い，「戦略的改組」を実施して，国有経済の分布を戦略的に調整しようと号令をかけた．これは大企業と戦略的分野中心の国家資本の戦略的再編が明確に国策になった瞬間である．

それでは，中国共産党・政府が考えている戦略的分野とは何であろうか．

1999年9月の共産党第15期第4次中央全体会議は，「国有経済の戦略的改組」に際して，国家資本の支配を必要とする分野を大枠的に規定した．つまり，国家安全に関わる業種，自然独占の業種，重要な公共財・公共サービスを提供する業種，それに「支柱産業」とハイテク産業に属する重要な中核企業が指定された．

鉱工業の戦略的分野について，2001年11月に国家経済貿易委員会が発布した「第10次5カ年計画鉱工業構造調整規画綱要」は次のように定めた．

①国家資本は軍事産業の核心分野では絶対的支配を維持する．
②公共財，公共サービスならびに自然独占の分野は引き続き国家資本が支配する．電力（蒸気）・ガス・水道事業，木材採運，陸上石油・天然ガスの採掘，貴金属・希有金属鉱などでは国家資本が重点企業を支配する．たばこと食塩の生産と卸売は国家専売を続ける．
③石油化学，自動車，情報産業，装備産業とハイテク産業など総合国力を表す分野では，少数の国有中核企業を引き続き資本支配する．
④ハイテクの核心分野では，国家資本は主に資金調達，基礎研究，応用研究をサポートして産業の発展を促進するが，企業の新規設立は通常しない．

　戦略的分野をもっとも具体に説明したのは2006年の国務院国有資産監督管理委員会（略称「国資委」）主任李栄融の講話であった．2006年12月，国資委が「国家資本調整と国有企業再編の推進に関する指導意見」を公表した．その主な目的は，国家安全と国民経済命脈に関わる重要な業種と核心分野へ国家資本の集約を加速させることである．この通達によれば，国家資本が支配すべき分野は，国家安全に関わる業種，重要なインフラ建設と鉱物資源関連業種，公共財・公共サービスを提供する業種，それに支柱産業とハイテク産業に属する重要な中核企業のことである．共産党第15期4中全会が示した内容とはほとんど変わらない．
　ところで，同通達発表後の記者会見では，李主任はこれらの分野をさらに「国家安全と国民経済命脈に関する重要分野」（「関係国家安全和国民経済命脈的重要行業和関鍵領域」）と「基礎・支柱産業分野」（「基礎性和支柱産業領域」）に分けて次のように具体的に説明した（新華社記者2006)[8]．
　国家安全と国民経済命脈に関する重要分野とは，①軍事工業，②送電・発電，③石油・石油化学，④電気通信，⑤石炭，⑥航空運輸，⑦水運の計7産業のことである．この分野では，国有経済が絶対的支配力を維持し，国家資本を増やす．
　軍事工業，石油・天然ガスなどの重要資源開発ならびに送電網，電気通信

などのインフラ分野の国資委企業（親会社レベル）では，国家資本の単独出資または絶対支配を維持する．上記の分野の国資委企業の重要な子会社と航空運輸，水運の国資委企業では，国家資本は絶対支配を維持する．ただし，石油化学の川下製品経営，「増値電信業務」9) などの分野の国資委企業は，国内外の私的資本を導入して混合所有化を進める．

また，基礎・支柱産業分野とは，①装備，②自動車，③電子情報，④土木工事業，⑤鉄鋼，⑥非鉄金属，⑦化学工業，⑧探査設計，⑨科学技術の計9産業のことである．この分野では，国家資本のシェアが適度に低下するであろうが，中核企業に対する比較的強い支配力を維持し，国有経済の影響力と牽引力を強化する．

とりわけ，①～⑥の国資委企業は産業の中核企業とリーディング・カンパニーの地位を築き，これらの企業では国家資本が絶対支配または条件つき相対支配を維持する．汎用産業技術開発や研究成果応用など重要任務を担当する科学研究・設計型の国資委企業では，国家資本支配を維持する．

なお，当時の国資委企業（親会社レベル）は161社を数える．国家安全と国民経済命脈に関する重要分野の国資委企業は約40社あり，国資委企業資産の75％と利潤の79％を占めている．基礎・支柱産業分野の国資委企業は約70社あり，国資委企業資産の17％と利潤の15％を占めている．

このように，国資委企業の資産はほとんど戦略的分野に属している．李主任は，2010年までに，石油・石油化学，電気通信，発電，冶金，水運と土木工事業などの中核企業が世界一流企業に成長し，自動車，機械，電子の中核企業が世界一流企業になるための基盤が整備されると展望した．

李主任が説明した上記分野は，国資委管轄下の産業分野に限定されている．もちろん，重要な金融機関，鉄道，郵便，たばこ製品製造・卸売，（ニュース供給，新聞出版，ラジオ・テレビ放送，文芸創作・演出など）出版・文化サービスなどほかの政府機関管轄下の産業も重要視されている[10])．

また，公共性を有するガス・水道の生産・供給，（都市内地下鉄・バス経営など）都市内旅客運送，（ダムの管理，都市ごみ処理，都市緑化管理など）

水利・環境・公共施設管理，（学校，病院，社会福祉施設経営など）教育・衛生・社会事業も重要視されている．

われわれは，上記の分野をすべて戦略的分野と呼ぶ．戦略的分野は経済活動の管理だけでなく，財政収入の確保，国民生活水準の向上，言論統制などにおいても役割が大きい．

戦略的分野に対する国家資本支配は，「管制高地」(commanding heights)制圧の発想に通じる．1922年11月，新経済政策（NEP）を擁護する演説の中，レーニンが初めて「管制高地」に言及した．新経済政策の市場化導入[11]が批判される中，レーニンが経済のもっとも重要な部分，つまり「管制高地」を国が支配し続けることこそ，決定的な点であると反論した（ヤーギン2001）．本書では，実際に産業連関効果を通じて中国経済に多大な影響力を及ぼしている産業を「管制高地」とし，第5章で中国経済の「管制高地」に当たる産業を探ってみる．

4. 国家資本の戦略的再編

すでに見てきたように，市場化が推進された結果，民間企業との競争にさらされた国有企業の大半は，収益力が低下し，赤字経営に転落した．すべての国有企業を救済することは不可能なため，大企業と戦略的分野の国家資本を集中的に強化する政策の実施は，やむをえない選択でもある．

国家資本の戦略的再編の特徴は，規模別・業種別に異なる国有企業の改革方針を示したところにある．つまり，収益力が比較的に高く，債務負担が比較的に軽い大企業ならびに独占しやすいまたは独占が必要とされる戦略的分野において国家資本を強化した反面，その他の国有企業には民営化を含む改革の道を開いた．

（1） 再編政策

国家資本が実際にどのように再編されてきたのか．

2003年4月に国資委が設立され，同年5月に「企業国有資産監督管理暫定条例」が国務院によって公布され，2008年10月に「企業国有資産法」が成立した．これらの法規定によれば，国務院が国家を代表して国有資産の所有権を行使する．また，国務院は国民経済の命脈と国家安全に関わる大型国家出資企業，ならびに重要なインフラと自然資源などの分野での国家出資企業，地方政府はその他の国家出資企業においてそれぞれ国家を代表して出資者の職責を履行する．ただし，国務院と地方政府はほかの部門や機構にその出資者の職責を授権することもできる．

国資委は国務院から授権を受けたもっとも重要な組織の1つである．国資委は重要な大型国有中央企業の管理権限を有する．なお，中央企業には国資委の管轄企業，いわゆる国資委企業のほかに，前記のように銀行，鉄道などの中央官庁管轄企業，いわゆる中央部門管理企業もある．

国資委の設立は，国家所有の代理人を明確化した．1988年に国有資産管理局という国有資産管理部門が設置されたが，財政部管轄の格下行政部門のため，国有資産の管理権限は，実際に複数の政府部門に分離されていた．そのため，国有資産管理局は国有資産の「会計係」と揶揄された（張2003）．1998年の行政改革の中で国有資産管理局はとうとう廃止された．その後，国有企業の経営管理権は財政部（資産管理），国家計画委員会（投資），国家経済貿易委員会（日常経営），人事部・企業工作委員会（経営者人事）に分割された（余2000; 李ほか2004）．しかし，国務院の国資委に対する授権によって，このような国有資産の出資者権限が国資委の手中にかなり集約された．

国資委設立後，国資委企業の間，ときには国資委企業と地方所属の国有大企業の間の合併が実施された．その結果，2011年末，国資委企業（親会社レベル）が国資委設立当初の196社から117社に減少した[12]．

国資委を中心に，下記の再編政策が進められた[13]．

第1に，戦略的分野重視の姿勢をより明確にした．

前記のように，国資委が2006年12月に管轄下の戦略的分野の範囲をより

明確に示した．国資委の公表データをもちいて計算すると，2003-07年，石油石化，電力，電信，冶金，自動車，重要な装備に対する国資委の投資額が総投資額の8割を超えている．

2008年，国資委が国家資本の支配を維持すべき企業のリストを作成し，中央企業の資産，販売高，利潤の約8割を占める中央企業子会社約2,000社をリストアップした[14]．

第2に，国有大企業に会社制度を導入して，IPO（株式公開に際して市場に株式を新規供給すること）上場と増資を通じて多額の資金調達に成功した．

国有企業の会社化が進んでいる．2011年末，国有企業144,715社[15]の内，会社制度を導入した企業は117,881社に達しており，会社の比率が2003年の49%から81%に上昇した．ただし，会社化した国有企業の内，43,329社が国家単独出資の会社であり，混合所有ではない．

国有上場企業を見ると，2011年末，国有上場企業の株主資本は国有企業全体の31.8%に達し，中央企業の上場子会社の株主資本と利益はそれぞれ中央企業の56.7%と83.5%を占めている．と同時に，国有企業の株式市場利用が進んでいる．2003-11年の間，国資委企業は12,218億元の資金を国内・海外の証券市場から調達した．

2011年末に財産権登記済みの国資委企業20,624社を見ると，会社制度を導入した14,912社の中，国家単独出資と国家資本支配の会社はそれぞれ3,394社と10,311社を占めている．子会社と孫会社レベルの国資委企業に対する国家の出資比率もそれぞれ92%と88%に達しており，国資委企業の混合所有化は形式的な段階にとどまっている．

ここで強調したいのは，国有企業の会社化は決して民営化のための制度準備ではないことである．国家資本支配の維持という大前提のもとで，国有企業に民間資金を注入してその財務体質を強化していくことが，国有企業会社化の本質である．

そのために，国有資産管理体制が構築されて，国家資本の管理が強化されてきた．株式会社の場合，「国有」の強力な維持装置の1つは，株主の所有

制性格に基づく株式分類である（徐 2004b）．

　上場企業の株式は，証券取引所を経由して取引できる株式，いわゆる流通株と取引所取引できない非流通株に大別される．流通株はさらに A 株（人民元建て国内上場流通株），B 株（外貨建て国内上場流通株），H 株（海外上場株）に分けられる．B 株は外資導入のための外国人投資枠であったが，2001 年に国内投資家の B 株投資が解禁された．近年，中国国内投資家の H 株投資も一般的になった．

　非流通株は主に政府が保有する国家株と法人出資の法人株である．法人株の大半は国有企業など国有法人が保有する株式，いわゆる国有法人株である．この国有法人株と国家株は合わせて国有株と呼ばれている．もちろん，国有株の売却は事前に国有資産管理部門の許可を得ることが必要である．

　実際に，取引所で取引される流通株は株式全体の 4 割未満であり，6 割以上の株式は非流通株である．この非流通株の約 8 割は国有株である（図 2-1）．また，上場企業の 7 割が国有企業である（Lee 2009）．国有株の取引は民営化を招く可能性があるので，政府が非流通株の枠を設置し，株式分類によって株式市場を分断したのである．非流通株を解消する改革は，実に 2005 年まで待たなければならなかった（徐 2007）．

　上場企業は株式発行によって大量の資金を調達した（図 2-2）．国有企業の上場が優先されたため，莫大な資金が国有企業に流入したのである．

　第 3 に，国有企業の債務負担を軽減して財務体質を改善するために，1999-2007 年の間，債務の株式転換が実施された．2005 年，国務院が許可した 561 社（株式転換総額 3,769 億元）の中，437 社が再登記手続きを済ませた．2007 年，これまで国務院の許可を受けた計 580 社の債務の株式転換が終了した．

　第 4 に，本業と副業の分離である．従来，余剰人員の働き口確保のため，大中型国有企業は業務内容とあまり関係しない副業を多く経営していた．副業を企業から分離して民営化する政策は 2003 年から始まり，優遇政策の適用は本来 2005 年に終了するが，2008 年まで延長した．

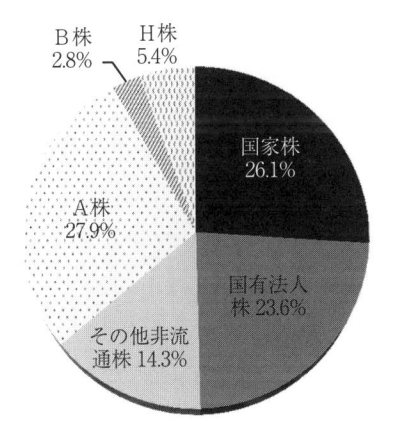

第 2 章　国家資本の戦略的再編　　53

出所：『中国証券期貨統計年鑑』2005 年版，『中国証券登記結算統計年鑑』2004 年版より作成．

図 2-1　中国上場企業の株式構成（2004 年末）

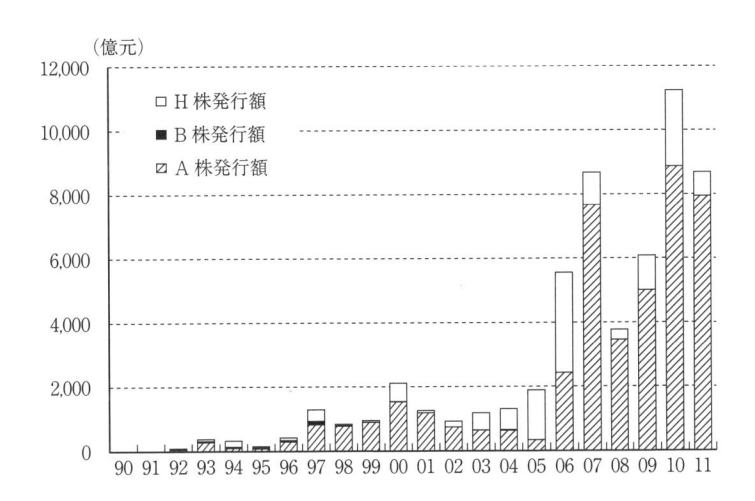

出所：『中国証券期貨統計年鑑』2012 年版より作成．

図 2-2　上場企業の株式発行額（1990-2011 年）

2008 年までの間，1,365 の大中型企業の 10,765 の副業単位が切り離され，263.8 万人の余剰人員が分離された．

国資委企業も，2008 年までの間，その 77 社で副業の切り離しを実施した．5,283 の単位と 88.2 万人の余剰人員が分離された．その内，4,917 の単位が民営化された．

第 5 に，国有企業から生活福祉サービスといった社会機能を切り離す改革も 1995 年から実施された．2007 年末までに，すでに 4,000 以上の小中学校，400 以上の公安・検察・裁判機関，2,000 以上の病院が地方に移譲された．

国資委企業では，社会機能の切り離し作業は 2004 年の中国石油，中国石化と東風汽車のパイロット事業から始まった．2005 年に第 2 陣国資委企業 77 社の実施が始まり，2007 年末までの間，すでに 1,591 の小中学校と公安・検察・裁判機関が地方に移譲され，88,561 人の在職者と 49,888 人の離退職教員が地方に異動された．これにより企業負担が年間 49.6 億元軽減した．

このように，林毅夫教授が求めている社会的政策負担の軽減は，大中型国有企業から副業資産および学校，病院などの社会機能関連資産の切り離し作業と人員の整理を通じて促進された．

第 6 に，企業所在地の土地使用権の活用などの支援政策を活かして，経営困難の国有企業の閉鎖破産処理を進めた．2007 年末まで，4,936 の閉鎖破産案件が実施された．

(2) 再編の実態と成果

上記のように，国家資本の戦略的再編についてさまざまな政策が示された．統計資料をもちいて，その実態を確認しよう．

大企業を中心に国有企業の会社化が進んでいる．図 2-3 は 1998-2006 年の間，すべての国有鉱工業企業の登記類型構成の変化をまとめたグラフである．非会社制純国有企業の比率が大幅に低下し，裏返して考えると，国有企業の会社制度導入が進んでいる．会社制国有企業は企業数比率よりも株主資本や

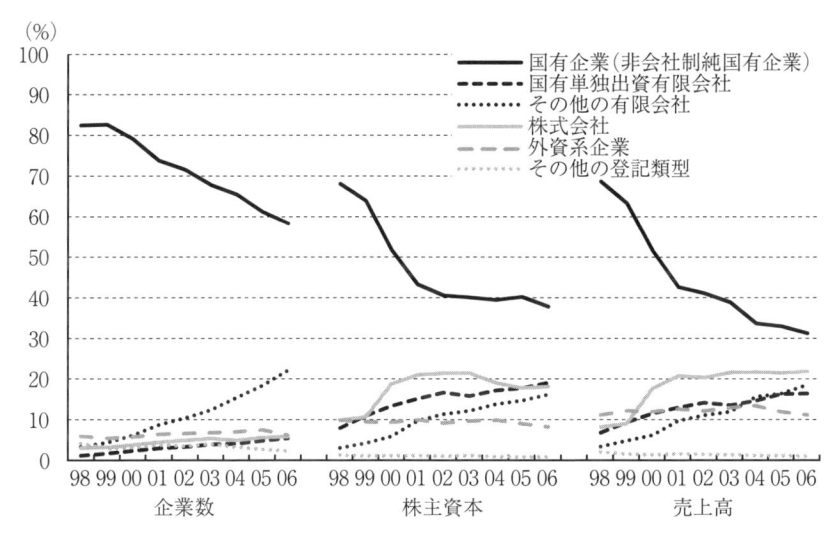

第 2 章　国家資本の戦略的再編

```
(凡例)
─── 国有企業(非会社制純国有企業)
─ ─ 国有単独出資有限会社
······ その他の有限会社
─── 株式会社
─ ─ 外資系企業
······ その他の登記類型
```

(横軸：98 99 00 01 02 03 04 05 06／企業数・株主資本・売上高)

出所：規模以上鉱工業企業個票データベース（クリーニング実施前）より作成．
注：すべての国有鉱工業企業の集計である．

図 2-3　国有鉱工業企業の登記類型構成（1998-2006 年）

売上高の比率がはるかに高いことは，大企業の会社制度の導入が中小企業より進展が大きいことを示している．

　その中で，留意すべき点が幾つかある．第 1 に，国有会社の中に，国有単独出資有限会社という特殊な会社形態がある．国有企業に対して，国家単独出資の一人有限会社制度が特別に認められたのである．その企業数は国有鉱工業企業の約 5％ しか占めていないが，株主資本の約 2 割を占めているように，国有大企業がその中心になっている．第 2 に，国有企業の中で，外資系企業が 6％ ほどを占めている．国有企業全体の中ではその存在感がさほど大きくないが，自動車完成車のように業種によっては外資系企業がかなり活躍している場合もある．

　もう 1 つの再編の特徴は，大型企業，とりわけ中央企業の国家資本が大幅に強化されたことである．赤字企業の閉鎖や社会的政策負担の軽減などリストラの結果，2000 年代末ごろまでの間，国有企業の数と従業員数が急激に

減少した．しかし，中央企業の数と雇用は2000年代を通して大きく増加した[16]．中央企業の資産，株主資本と売上高も大幅に拡大し続け，リーマンショックまでの間，国有企業のこれらの指標に占める中央企業のシェアも上昇した．ただし，リーマンショック後，地方国有企業の資本拡大のスピードが中央企業を上回った結果，中央企業のシェアが低下した．景気刺激策が発動される中，地方政府の投資が急激に拡大したためであろう．2011年の時点では，中央企業の資産，株主資本，売上高，利潤と従業員数が国有企業のおよそ5，6割を占めている（図2-4）．

再編を通じて戦略的分野に国家資本を集中的に投入する意図も鮮明である（表2-2）．前記の戦略的分野を見ると，石炭，石油・石化，冶金，化学，たばこ，自動車，電子，電力，（ガス・水道事業などの）都市公益事業，建設業，鉄道，水運，航空運輸，郵便電信業，情報技術サービス業，地質探査・水利管理業，教育・文化・放送業，衛生・スポーツ・福祉事業，科学研究・技術サービス業だけを集計しても，2001-11年の間，約6割の国有企業の資本拡大がこれらの産業に集中している．そのほかに，たとえば，機械に属する装備産業や社会サービス業に属する都市内旅客運送なども戦略的分野である．ただし，社会サービス業ではほかに住民サービス業，宿泊業，旅行社，娯楽業，物品賃貸業，広告・コンサルタント業も含まれている[17]．機械と社会サービス業の内訳がわからないので，その中の戦略的分野の規模は不明であるが，もしその資本の増分を計算に含めると，戦略的分野は実に約8割の国有企業の資本拡大に寄与している．その反面，食品，医薬，飲食業などの寄与が小さく，森林と紡織における国有企業の資本が減少した．

国家資本が戦略的分野に傾斜的に投入されたとはいえ，不動産業，道路運送，小売業・卸売業における国有企業の資本増大も目立つ．表を見る限り，国家資本が競争的分野から本格的に撤退したとは言えない．

ところで，雇用の調整が本格的に進められた．とりわけ，建材，森林，食品，紡織，機械，倉庫，小売業・卸売業，飲食業，地質探査・水利管理業では，雇用が半分以下に縮小した．その中で，一部の戦略的分野（石油・石化，

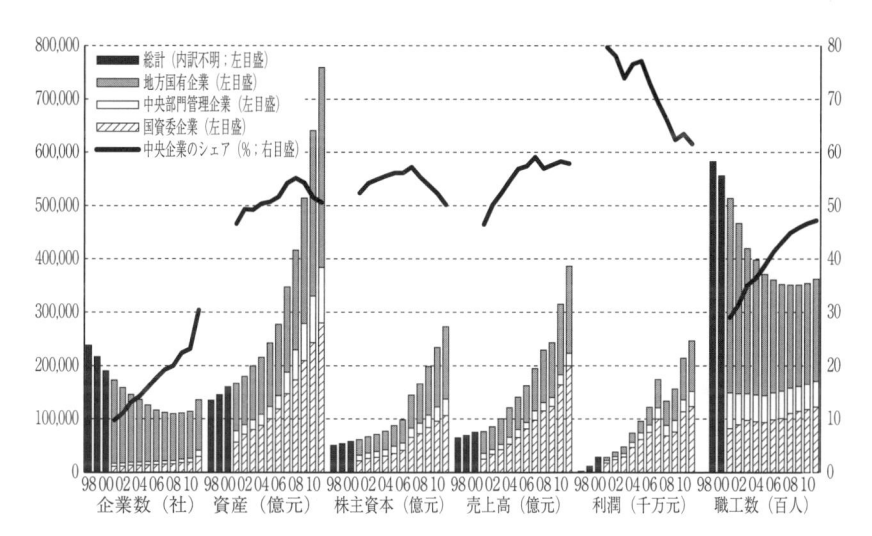

出所:『中国財政年鑑』各年版より作成.1999-2000年の職工数は『中国統計年鑑』2000年版と2001年版のデータである.
注:金融業企業は除外されている.地方国有企業は国有企業から中央企業(国資委企業と中央部門管理企業の合計)を差し引いて算出した.また,売上高は,全国有企業では販売高,中央企業では主営業務収入のデータである.1998年の職工数は示されていない.

図2-4　国有企業の推移(1998-2011年)

たばこ,電力,都市公益事業,水運,航空運輸,郵便電信業,教育・文化・放送業,衛生・スポーツ・福祉事業など)において雇用拡大が見られる.規模以上鉱工業企業個票データベースをもちいて1998-2006年の鉱工業企業を調べた結果,国有企業の付加価値に占める給与福利の比率と資産負債率も民間企業のそれを下回るまで大きく改善した.

　2001-11年の国有企業の利益増に対して,石炭,石油・石化,冶金,たばこ,自動車,電力,建設業,郵便電信業だけでその半分に寄与した.戦略的分野は国有企業の利益拡大に大きく貢献している.また,ROEを見ればわかるように,戦略的分野,競争的分野を問わず,国有企業の収益力が劇的に改善した.

　再編の結果,1998-2011年の間,国有企業の資産,株主資本と売上高はそ

表 2-2　産業別国有企業の変化（2001-11 年）

産業	株主資本 2001 (億元)	株主資本 2011 (億元)	職工数 2001 (万人)	職工数 2011 (万人)	利潤 2001 (億元)	利潤 2011 (億元)	ROE 2001 (%)	ROE 2011 (%)
農林漁業	1,009	2,234	424	301	−25	65	−2.4	2.9
鉱工業	31,215	117,134	2,899	1,848	1,674	13,449	5.4	11.5
石炭	1,655	12,064	349	330	24	2,360	1.5	19.6
石油・石化	6,250	27,717	183	208	652	3,840	10.4	13.9
冶金	3,859	14,243	320	231	182	912	4.7	6.4
建材	702	2,088	138	58	−13	421	−1.8	20.2
化学	1,726	4,368	236	120	−3	362	−0.2	8.3
森林	110	15	8	3	−5	−3	−4.4	−21.1
食品	318	759	97	32	2	52	0.6	6.9
たばこ	1,131	4,814	23	24	150	863	13.2	17.9
紡織	559	247	214	25	−19	15	−3.4	6.0
医薬	558	1,112	51	27	54	153	9.6	13.8
機械	3,208	13,123	590	262	104	2,269	3.2	17.3
自動車	1,039	6,083	84	78	138	1,538	13.3	25.3
電子	1,016	2,450	63	57	42	195	4.1	8.0
電力	7,228	21,486	200	229	457	1,087	6.3	5.1
都市公益事業	1,039	4,980	49	69	7	191	0.6	3.8
その他	1,854	7,669	381	174	41	730	2.2	9.5
建設業	1,404	12,826	357	246	22	772	1.6	6.0
交通運送倉庫業	8,003	38,046	619	459	8	1,150	0.1	3.0
鉄道	4,963	14,800	213	192	41	141	0.8	1.0
道路運送	1,153	12,003	99	157	2	285	0.1	2.4
水運	426	4,019	21	22	−19	103	−4.4	2.6
航空運輸	693	2,979	15	27	2	297	0.3	10.0
倉庫	284	1,403	118	37	−85	96	−29.8	6.8
郵便電信業	6,830	17,728	103	143	590	1,722	8.6	9.7
情報技術サービス業	300	595	n.a.	14	12	83	4.1	13.9
小売業・卸売業	2,930	13,077	492	229	255	2,903	8.7	22.2
飲食業	75	103	24	9	−2	9	−2.8	8.2
不動産業	1,515	14,514	24	49	61	1,331	4.0	9.2
地質探査・水利管理業	551	1,850	50	12	−15	30	−2.8	1.6
社会サービス業	4,287	44,527	115	179	21	1,695	0.5	3.8
教育・文化・放送業	588	2,575	27	39	74	228	12.6	8.9
衛生・スポーツ・福祉事業	22	719	2	13	0	30	0.5	4.2
科学研究・技術サービス業	217	2,619	60	50	16	373	7.1	14.2
その他のサービス業	2,492	4,443	n.a.	28	121	831	4.8	18.7
全産業	61,436	272,991	5,140	3,621	2,811	24,670	4.6	9.0

出所：『中国財政年鑑』各年版より作成．
注：1)　金融業企業は含まれていない．
　　2)　データ制約のため，ROE は次のように計算した．
　　　　ROE＝利潤／株主資本×100（%）．
　　3)　n.a. はデータが得られないことを示す．

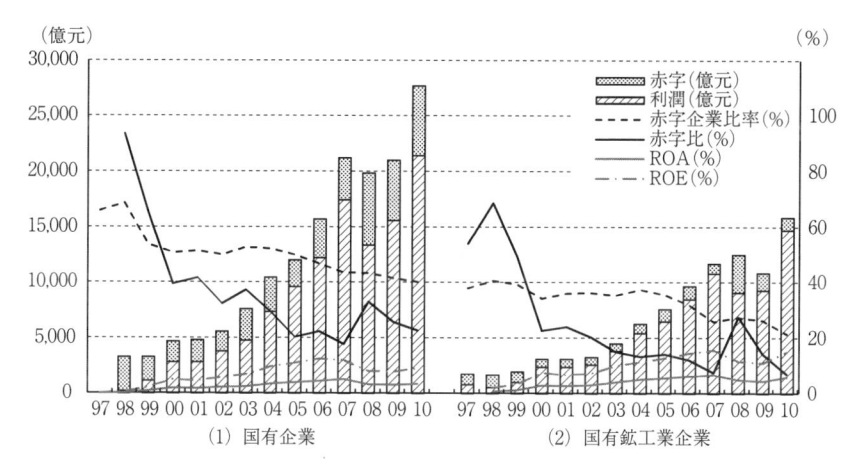

第 2 章　国家資本の戦略的再編　　　　　　　　　　　　　　　　59

出所：(1) 国有企業：『中国財政年鑑』各年版；(2) 国有鉱工業企業：1998 年は『工業統計年報』，2004 年は『中国経済普査年鑑 2004』，2008 年は『中国経済普査年鑑 2008』，そのほかは『中国工業経済統計年鑑』各年版より作成．

注：1）　1997 年の国有企業の利潤が 791 億元であり，赤字のデータが得られないため，図に示していない．
　　2）　国有鉱工業企業の集計対象は，1997-98 年は郷以上国有企業であり，1999-2006 年はすべての国有企業であり，2007-10 年は規模以上の国有企業である．
　　3）　赤字比＝赤字企業の赤字額／黒字企業の黒字額×100（％）．
　　4）　データ制約のため，ROA と ROE は次のように計算した．
　　　　ROA＝利潤／資産×100（％）．
　　　　ROE＝利潤／株主資本×100（％）．

図 2-5　国有企業の業績（1998-2010 年）

れぞれ 5.6 倍，5.4 倍，6 倍に大幅に拡大した．その反面，企業数と雇用がおよそ 4 割減少した．リーマンショックの影響を受けて一時大きく縮小した利潤も再び増加に転じて，2011 年に過去最高益を記録した．1998-2011 年の間，国有企業の利潤が 115 倍になった（図 2-4）．国有企業の赤字企業比率と赤字比も大きく低下し，利益率（ROE と ROA）が上昇した（図 2-5）．

　国有企業の好調を印象づけたのは，利潤上納の再開である．国家が資本を国有企業に投資したのだから，資本の収益を好調の国有企業から徴収するのも，理に適っている．国有企業，民間企業と外資企業の企業所得税率が 25％ に統一されて，国有企業の税負担が軽減された背景もあって，2007 年から「国有資本経営予算制度」のもとで，中央企業と一部の地方国有企業に

おいて，（利潤，配当，資産・持分譲渡収入，企業清算収入など）資本収益の上納の中で，利潤上納の実施が漸次に拡大してきた[18]．

このように，国有企業は戦略的再編によって，危機的な状況を脱出して，莫大な利益を生み出している．しかしながら，これは同時に戦略的分野に対する国有企業の独占を守る既得権益層の力を強めた．

ところで，国有企業の経営業績が財務諸表上は改善しているが，民間企業と比べて，ほとんどの業種では国有企業の利益率のほうが低い．国有企業業績の改善が，国有企業に対するいっそうの改革の必要性を否定するものではない（表2-3）．

それでは，国有企業の生産性も向上したのか．2000年代に入ってからしばらくの間，1980-90年代半ばを対象とした研究を除くと，注目に値する国有企業の生産性研究は，大きく減少した（李2005）．国有企業の生産性についての研究成果がある程度まとまったこと，国有企業改革が学者たちの注目の的から外れたことが原因であろう．それに，1998年の鉱工業統計制度改革によって，国家統計局集計・公表の鉱工業企業が「郷以上の独立採算制鉱工業企業」から「全国有および規模以上非国有鉱工業企業」（規模以上鉱工業企業と呼ぶ）に変わった（徐2009）．さらに，2007年以後の公表データでは国有企業も「規模以上」に限定され，2011年の公表データからは「規模以上」の基準も売上高500万元以上から2,000万元以上に引き上げられた．このように，集計データが連続性をもたなくなったことは研究者にとって非常に不都合であった．

このような状況の中で，2000年代後半に入って，国家統計局の鉱工業企業の個票データが入手できるようになった．これは研究者にとって朗報であった（データベースの説明は付録3）．このデータベースを利用して国有企業の生産性を計測したOECD（経済協力開発機構）の研究結果を見ると，民間企業は国有企業より高いTFPレベルを維持してきたが，国有企業のTFPが民間企業より速く伸びた結果，両者の生産性が収斂する傾向を辿ってきた．しかし，2003年から国有企業のTFP伸びが減速し，2008年には

表 2-3　国有・民間鉱工業企業の収益性比較（2008 年）

産業	国有企業シェア（%）株主資本	売上高	ROA（%）国有	民間	ROE（%）国有	民間
石炭鉱業	71.8	60.6	11.0	23.9	18.3	36.8
石油鉱業	96.6	97.1	36.5	37.1	55.0	31.8
鉄属金属鉱業	42.9	19.3	15.4	30.0	18.1	46.9
非鉄金属鉱業	39.8	30.0	13.9	24.8	20.1	33.5
非金属鉱業	27.9	14.3	7.8	19.7	9.9	25.6
その他の鉱業	1.8	0.4	0.0	19.3	0.0	23.6
農副食品加工業	6.6	5.6	6.7	16.1	8.9	22.6
食料品製造業	10.6	9.2	4.7	13.3	5.9	18.3
飲料製造業	31.6	20.4	11.7	10.7	14.6	16.1
たばこ製造業	99.4	99.3	15.7	8.8	15.8	11.1
紡織業	4.7	3.3	1.0	9.0	−0.3	13.0
衣服（靴）製造業	2.0	1.4	5.1	10.5	10.9	16.5
皮革羽毛製品製造業	1.9	0.8	9.9	13.2	14.5	20.9
木材類加工製造業	4.6	3.1	3.0	14.4	6.0	19.1
家具製造業	2.3	2.2	12.4	9.2	23.3	13.7
製紙業	16.8	8.8	4.2	8.7	4.7	13.5
印刷業	22.6	14.2	7.1	8.7	11.0	13.2
文化教育運動用具製造業	3.9	1.8	2.3	6.8	3.1	8.9
石油精製及びコークス製造業	70.2	72.7	−18.0	11.0	−43.2	21.5
化学製品製造業	34.7	24.1	3.3	12.4	2.0	18.9
有機化学原料製造	55.8	48.2	−1.4	11.6	−12.2	18.1
合成材料製造	33.4	24.8	3.7	7.5	5.1	10.3
医薬品製造業	24.1	17.2	8.1	13.2	11.9	17.9
化学繊維製造業	21.5	12.7	−3.1	6.5	−9.3	8.9
ゴム製品製造業	11.6	14.4	2.1	9.0	1.5	12.7
プラスチック製品製造業	5.5	4.1	5.1	9.3	12.9	14.2
非金属鉱製品製造業	17.8	11.3	4.4	11.3	8.2	17.9
鉄鋼業	61.6	43.9	3.5	13.4	2.7	22.5
非鉄金属製造業	44.0	31.5	6.0	12.0	6.0	16.7
金属製品製造業	8.4	6.9	6.4	10.5	11.0	16.1
はん用機器製造業	20.2	16.6	5.2	11.1	12.8	18.5
特殊産業用機械製造業	27.8	25.2	4.4	10.6	10.7	18.1
輸送機器製造業	51.8	45.8	6.0	9.0	14.1	17.9
自動車製造	51.8	46.9	7.1	9.0	13.8	16.7
自動車完成車製造	83.2	77.5	7.6	7.4	14.5	17.1
電気機器製造業	12.1	8.5	5.5	11.1	12.7	18.7
情報通信機器製造業	16.9	8.8	3.8	7.4	5.1	13.2
測量器具及び文化事務用機械製造業	20.1	10.1	5.0	9.9	9.6	16.2
その他の製造業	7.3	6.5	3.2	11.6	10.0	17.8
廃棄物再生業	24.1	13.3	10.9	14.9	21.3	19.5
電気（熱）業	90.5	91.8	2.8	3.3	1.0	3.0
ガス業	57.0	50.2	2.1	11.2	5.0	19.3
水道業	81.7	69.0	0.4	4.5	−0.4	6.0
全鉱工業	42.4	29.5	6.1	11.2	9.5	17.7

出所：『中国経済普査年鑑 2008』より作成．
注：1）　集計対象は規模以上鉱工業企業である．産業分類基準は国民経済業種分類（GB/T4754-2002）である．売上高は主営業務収入ベースのものである．
　　2）　ROA＝（営業利潤＋利息支出）／資産×100（％）．
　　　　ROE＝（利潤−企業所得税）／株主資本×100（％）．

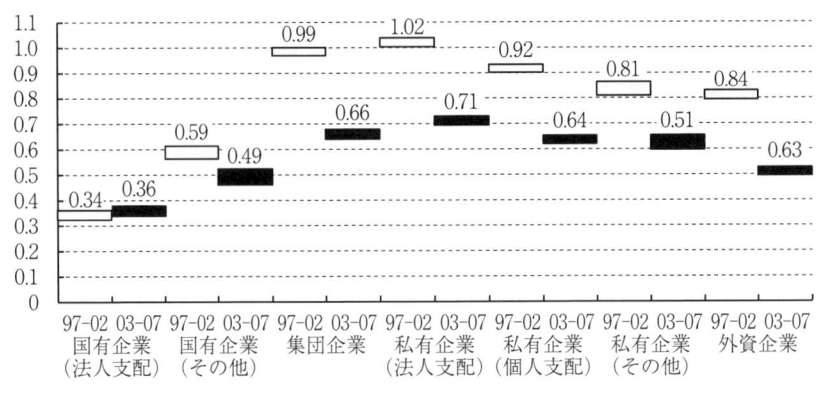

(1) 鉱工業企業の相対的 TFP レベル

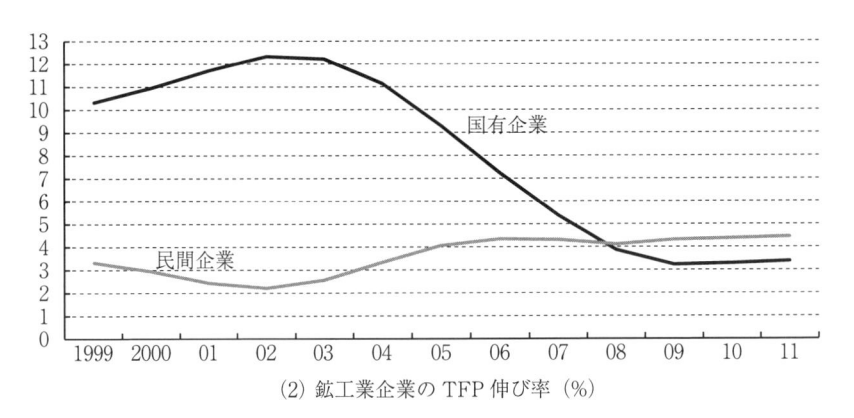

(2) 鉱工業企業の TFP 伸び率（％）

出所：OECD（2010）と OECD（2013）の Statlink データより作成．
注：1）(1)は1997年と2003年の国家直接支配の国有企業をそれぞれ比較対象（$lnTFP=0$）とした場合，各所有制企業の相対的 TFP の 95％ 信頼空間を示している．バーの上の数字は推定結果に基づいて計算した相対的 TFP を表している．
2）(2)の国有は「public」と記されており，具体的な説明が書かれていないが，集団所有の企業が含まれている可能性がある．

図 2-6　鉱工業企業の生産性

ついに民間企業の TFP 伸び率を下回った事実も最近の研究によって明らかになった（図 2-6）．

このように，収益性と生産性の視点からは，1990 年代末からの国家資本

の戦略的再編に成果がみられる．しかし，民間資本に比べて，国家資本の収益力が劣っている．生産性についても，2000年代半ばまで追い上げが展開されてきたが，リーマンショック後，私的企業との生産性の格差がまたも広がった．国有企業改革は未完成である．

注

1) 1992-94年では，主に「企業財務通則」，「企業会計準則」，「増値税暫定条例」，「消費税暫定条例」，「営業税暫定条例」，「所得税暫定条例」，「土地増値税暫定条例」などが発布・実施された．また，「会社法」は1999年に改正された．
2) 張維迎教授は1990-94年において，オックスフォード大学で，ノーベル経済学賞受賞のジェームス・A. マーリーズ教授のもとで，企業理論を専攻した．そして経済学博士号を取得して帰国し，企業理論を国有企業改革に応用して，研究成果を多数発表した．2006-10年，北京大学光華管理学院院長を務めた．
3) かつての著者の上場企業研究によれば，赤字決算に陥った場合でも，民間企業に比べて，国有企業の取締役会長の交替確率がかなり低い（徐2004a）．
4) プリンシパル・エージェント問題は，プリンシパルがエージェントの行動を監視できない場合，いかにエージェントがプリンシパルの利益から逸脱しないように動機を与えるかの問題である．
5) コルナイ（1984）は資本主義経済におけるソフトな予算制約をコメントしたうえで，その根源は社会構造および国家の役割の変化と関連していると指摘した．
6) 「万言書」は，民営化や私的資本の拡大の反対にとどまらず，国有資産流失，私有企業主の政治参加，外国資本の支配，共産党組織の弱体化，政府幹部腐敗の拡大など多岐にわたって議論を展開した．その多くは，イデオロギー的な論調になっている．
7) 1997年7月，中国共産党第15回党大会の開催より約2カ月前から，『中国経済時報』（国務院発展研究センター発行），『人民日報』（中国共産党中央機関紙），『経済日報』（国務院発行，中央宣伝部管轄）など中央レベルの新聞紙を通じて，国家資本の再編に有利な「公有制主導」の議論が展開された（馬・凌1998）．
8) 2007年12月，国資委が「中央企業の配置と構造調整に関する指導意見」を中央企業に通達した．通達が中央企業の進出・支配分野を詳しく規定したと思われるが，その内容は公表されていない．
9) 「増値電信業務」とは公共ネットワーク基礎施設を利用して提供する電信と情報サービスのことである（2000年国務院発布「中華人民共和国電信条例」）．2種類に分類される．第1類は（銀行業務など）オンラインデータ処理と取引処理，（テレビ電話会議など）国内多拠点間通信サービス，国内インターネット仮想プライベートネットワーク（IP-VPN），インターネットデータセンターの業務，第2類

は（音声メール，X.400 電子メールなど）保存・転送類，コールセンター，インターネット接続サービス，（コンテンツ，娯楽・ゲーム，ビジネス情報，GPS 情報など）情報サービスの業務である（2003 年情報産業部発布「電信業務分類目録」）．
10) 重要な金融機関，鉄道，国営郵便，たばこ製品製造・卸売，出版・文化サービスの主要な出資者または管轄機関はそれぞれ中央匯金投資有限公司・財政部，鉄道部，財政部，国家煙草専売局，国家新聞出版総署・国家広播電影電視総局・文化部である．なお，中央匯金投資有限公司は，国有商業銀行など重要な金融機関の出資者として 2003 年に設立された．2007 年に財政部が特別国債発行によって資金を調達して中国投資有限公司を設立し，中国人民銀行から中央匯金投資有限公司の株式を買い取って中国投資有限公司に資本注入した．また，2013 年に鉄道部が撤廃され，その行政機能と企業機能はそれぞれ交通運輸部と新設の中国鉄路総公司に移譲された．さらに，2013 年，国家新聞出版総署と国家広播電影電視総局が国家新聞出版広電総局に再編された．
11) 新経済政策では，中小工業企業は部分的に民営化され，農家は生産物徴税後，残りの農産物を自家消費や都市市場で販売できるようになった（ラヴィーニュ 2001）．
12) これは親会社レベルの企業数である．各レベルの子会社まで含めると，2011 年に国資委が管理している企業は 33,037 社に上り，2003 年の 15,546 社より大幅に増加した．
13) この部分の記述は主に『中国国有資産監督管理年鑑』各年版より整理した．
14) 2010 年 7 月，国資委はさらに第 1 陣の中央企業の子会社リストを作成し（公表していない），これらの企業に対する中央企業の資本支配の喪失を引き起こす投資家の導入，合併買収，株式・持分譲渡などの際，国資委の審査が必要であると規定した．
15) 国有資産統計表を提出した非金融類企業の集計である．ただし，郵政貯蓄銀行が含まれている．
16) 図 2-4 では 1999-2000 年の国有企業の職工数は『中国統計年鑑』のデータをもちいた．2001 年の職工数は『中国財政年鑑』の 5,140 万人に対して，『中国統計年鑑』の数値は 5141.4 万人であり，かなり近い．従業員関連では職工と従業人員の 2 種類の統計がある．従業人員は職工のほか，再就職の離職・退職者，民弁学校の教師，外国籍と香港・澳門・台湾籍のものも含む（『国家統計調査制度』2011 年版）．ここではデータの制約で職工数をもちいたが，本書では特記することがなければ，従業人員のデータを利用する．なお，『中国統計年鑑』をもちいて国有企業の職工と従業人員を比べると，1999-2008 年の間，両者の差は 2.5% から 7.5% に拡大した．
17) 『中国財政年鑑』の業種分類基準は不明であるが，国民経済業種分類（GB/T4754-94）の「社会サービス業」と照合した．

18) 2007年9月，国務院が「国有資本経営予算の試行に関する意見」を発布して，国有企業（親会社レベル）から国家資本の収益を徴収することを通達した．2007年からの中央企業での試行を経て，2011年からは，中央企業は0%（免除），5%，10%または15%の上納率でを税引き後利潤を納付することになった（2007年財政部・国資委発布「中央企業国有資本収益徴収管理の暫定弁法」，2010年財政部発布「中央国有資本経営予算関連事項の改善に関する通知」）．

# 第3章
私有企業の成長

　われわれはどのように国有企業改革が実施され，国家資本が再編されてきたのかを見てきた．戦略的分野と国有大企業では，国家資本が強化されてきた．とはいえ，中国経済を俯瞰すると，私有企業と外資企業は，国有企業と「鼎立」できるように成長したのである．もっと進んで言えば，実際に私有企業はすでに中国経済の主役になった．もちろん，この3者の支配分野が異なり，中国経済に及ぼす影響もそれぞれ違った特徴を表している（第5章）．

　本章では私有企業の成長を顧みる．まず，毛沢東時代における私的企業の公有化を顧みる．また，集団所有に偽装した私的企業の存在を説明して，私的資本が全滅しなかったことを確認する．次に，移行期の私営企業の成長とレッドキャップ企業の実態を観察し，事例をもちいて国有企業の民営化状況をみる．郷鎮企業については登記類型にしたがってデータを整理したうえで，農村部における私有企業の変化を調べる．最後に，私有企業の成長における政府の役割を説明し，「国進民退」の議論を紹介する．

1. 毛沢東時代：私的資本の「消滅」

　中華人民共和国建国後，共産党の一党政治，国有支配および中央計画による調整を特徴とする社会主義が確立した．私的企業が国有化・集団所有化され，経済が計画統制され，共産党が唯一の政党となった．それでは毛沢東時代において私的企業がどのように国有化・集団所有化されたのか，私的資本

が「消滅」したのかについて振り返ってみよう．

(1) 公私合営と合作社化

第1章で述べたように，先進国にキャッチアップし，外国の侵略から国を守るために，中国は要素賦存条件に合致しない重化学工業化を推進する必要があった．この目的を達成するためには，計画経済を通じて資源を配分することが必要であった．

共産党政権が樹立した直後の中国は，経済が混乱に陥り，インフレが深刻であった．中央政府は中央財政経済委員会を設立して，財政を中央集権化し，中国人民銀行などを通じて金融活動を統御し，貿易部を通じて外国貿易に対する中央統制を確立した．私有銀行を政府の管理下に置き，私有貿易企業の業務活動を外国貿易ライセンス制度によって強く規制した．国内の商業活動を見ると，中央政府が専業総公司を設置して，塩，綿花，綿糸，綿布，食糧などの物資の掌握を図った．さらに，石炭，鋼材，木材，セメント，ソーダ，工作機械など数十品目の重要物資についての計画管理も実施した．国有企業だけでなく，合作社に対しても計画管理の実施を始めた．このように，計画経済の大枠が1950年代初頭にすでに整備されたのである[1]．

ところで，私的企業の処置について見ると，当初，政府は大規模な国有化ではなく，委託加工・生産，買付・独占販売，代理販売などを通じて，生産販売計画を負わせることによって，私的企業を経済計画の中に囲い込もうとした．たとえば，綿紡業は私的鉱工業生産の中で非常に大きな産業であったが，1951年，政府が綿糸の統一買付を実施して，私的企業の綿紡績生産を政府の計画に取り込んだ（董編 1999a）．

しかし，私的企業では贈賄，脱税，国有資材横領，仕事の手抜きや材料のごまかし，国家経済情報の盗洩といった問題（「五毒」）が露呈し，政府の委託生産を拒否する企業も続出した．私的企業はより多くの利益を追求して，計画の束縛から抜け出そうとしたのである．

1952年，上記の私有企業の「五毒」を摘発する「五反運動」が大規模に

実施された．上海では 96％ の従業員が「五反運動」に参加し，約 6 割の企業が違法企業と摘発され，数百人の経営者が自殺に追い込まれた（呉 2009;楊 2006）．

「五反運動」における毛沢東の経済面の狙いは，計画経済を推し進めるために私的商工業を徹底的に調査すること，投機的商業に打撃を与えて私的商業を縮小すること，政府の委託生産と独占販売の拡大を通じて私的商工業に対する計画の縛りつけを強化すること，私的企業に経営情報を公開させることなどである（薄 1991）．

林毅夫教授の分析によれば，政府と私的企業の間に経営情報の非対称性が存在し，私的所有のままでは，これらの企業を完全に計画経済に取り込むことができない（第 1 章）．「五反運動」の発動には正しくこのような側面が大きい．

大衆動員的な「五反運動」の結果，私的企業の経営者が経営の指揮権を失った．政府はさらに私的企業の経営に介入し，委託生産と買付・独占販売などを通じて私的企業の政府への依存性をいっそう高め，国有商業企業が私的企業の経済活動の命脈を掌握して私的資本を完全に劣勢に立たせた．その後，私的企業の経営権を掌握する公私合営化が破竹の勢いを見せた（表 3-1）．

公私合営企業は公的資本と私的資本の共同出資企業と間違いやすいので，少し説明を加えておきたい．公私合営企業では，政府出資の多少にかかわらず，政府代理人が経営を主導する権限（経営者任命権，重要な経営事項の決定権）を持つ（1954 年政務院発布「公私合営鉱工業企業暫定条例」）．1956 年，公私合営企業の私的資本出資者に対する配当も定率（一般に 5％）と定められた．このように，私的出資分は議決権をもたず，その性格は定率配当の社債に近い．1966 年に「文化大革命」が始まると，とうとう定率配当も廃止され，公私合営企業は名実とも国有企業になった（董編 1999a）．

手工業では，1956 年に 7 割の手工業従事者が，生産手段の一部または全部が合作社員集団所有の生産合作社に入った．自営業者の協力関係が緩い生産組なども含めると，9 割以上の手工業従事者が合作組織に参加した（『1953

表 3-1 商業，工場工業，手工業の所有制構成（1949-

	1949	1950	1951	1952	1953
(1) 商業					
企業数（社）	n.a.	4,072,278	4,572,193	4,444,084	4,341,621
内：国有	n.a.	7,638	13,443	31,444	37,587
合作社営	n.a.	44,640	58,750	112,640	164,034
その他の合作組織	n.a.	n.a.	n.a.	n.a.	n.a.
公私合営	n.a.	n.a.	n.a.	n.a.	n.a.
私的経営	n.a.	4,020,000	4,500,000	4,300,000	4,140,000
卸売額（億元）	n.a.	105.4	166.7	189.7	264.5
内：国有	n.a.	24.5	55.6	114.7	175.4
合作社営	n.a.	0.6	1.7	5.2	7.7
その他の合作組織・公私合営	n.a.	0.1	0.3	1.0	1.2
私的経営	n.a.	80.3	109.0	68.8	80.2
小売額（億元）	n.a.	119.8	170.3	211.3	277.2
内：国有	n.a.	9.9	24.0	40.4	55.2
合作社営	n.a.	7.9	17.5	49.6	82.7
その他の合作組織・公私合営	n.a.	0.1	0.3	0.5	1.2
私的経営	n.a.	101.8	128.6	120.8	138.2
(2) 工場工業					
企業数（社）	n.a.	n.a.	n.a.	167,403	176,405
内：国有	n.a.	n.a.	n.a.	10,671	12,295
合作社営	n.a.	n.a.	n.a.	6,164	12,799
公私合営	193	294	706	997	1,036
私的経営	123,165	133,018	147,650	149,571	150,275
総生産高（億元）	107.8	140.6	202.1	270.1	355.8
内：国有	36.8	62.5	90.8	142.6	192.4
合作社営	0.5	1.1	2.1	8.6	12.2
公私合営	2.2	4.1	8.1	13.7	20.1
私的経営	68.3	72.8	101.2	105.3	131.1
内：政府介入の部分	8.1	21.0	43.2	59.0	81.1
(3) 手工業					
手工業生産合作組織数（千個）	0.3	n.a.	n.a.	2.7	4.7
総生産高（億元）	32.4	n.a.	n.a.	66.7	82.3
内：手工業生産合作組織	0.2	n.a.	n.a.	2.6	5.1
手工業自営業	n.a.	n.a.	n.a.	44.2	56.2
農民兼営手工業	n.a.	n.a.	n.a.	20.0	21.1

出所：1957年の手工業は『二軽工業集体工業歴年統計資料（1949-1982）』，その他の手工業と工場工業業巻』より作成．手工業は漁業・採塩・森林伐採を除く．商業は『1953-1957中華人民共和国経

注：1）1956年の工場企業数減少の原因は，一部の省・市の新規公私合営企業では核心工場しか統計に計らに合併・破産処理などが実施されたこと，一部の省・市の合作社営企業では県・聯社が統計単である．

2）政府介入の部分とは，私的企業の自立的な生産販売ではなく，政府の委託加工・生産，買付・独

3）n.a.はデータが得られないことを示す．

第3章　私有企業の成長

57年）

	1954	1955	1956	1957
	3,408,682	3,287,360	2,106,246	2,043,197
	50,229	97,405	121,231	139,182
	218,453	235,811	333,755	284,547
	n.a.	168,442	976,183	1,018,849
	n.a.	13,276	243,056	187,166
	3,140,000	2,772,426	432,021	413,453
	278.4	278.5	325.9	323.2
	233.5	228.8	267.3	231.2
	15.3	35.2	49.5	76.9
	1.3	2.3	8.8	14.8
	28.3	12.2	0.4	0.3
	315.1	323.2	384.3	399.5
	73.7	103.0	147.3	166.4
	143.8	115.4	115.3	95.8
	16.9	47.2	105.7	126.4
	80.7	57.7	16.0	10.9
	167,626	125,474	60,665	57,992
	13,666	15,190	16,226	19,034
	17,938	18,282	10,166	8,367
	1,744	3,193	33,404	29,598
	134,278	88,809	869	993
	415.1	447.5	586.6	650.2
	244.9	281.4	383.8	421.5
	16.0	21.5	11.4	22.0
	50.9	71.9	191.1	206.3
	103.4	72.7	0.3	0.4
	81.2	59.4	n.a.	n.a.
	41.7	64.6	99.1	106.4
	94.5	92.8	104.3	117.3
	11.6	20.2	74.3	83.1
	62.6	49.2	7.6	5.9
	20.3	23.4	22.4	28.3

は『1953-1957中華人民共和国経済档案資料選編：工
済档案資料選編：商業巻』より作成．
上されていないこと，一部の新規公私合営企業ではさ
位になっていることである．数値の比較に注意が必要

占販売などによって達成した生産額である．

-1957中華人民共和国経済档案資料選編：工業巻』）．今や白物家電大手企業に成長したハイアールのルーツも，この時代に20人ぐらいによって設立された生産合作社であった（王2002）．

合作社はさらに国有化または実質的に国有化された．1958年，手工業では合作社の組織形態が維持できたのは，わずか13.3％だけであった．ほとんどの手工業は地方国有企業，手工業聯合社の合作工場[2]または農村人民公社経営企業に転換した．大半の農民兼営手工業の経営も人民公社制度導入後人民公社と生産隊に統合された（『1958-1965中華人民共和国経済档案資料選編：工業巻』）．ハイアールの前身企業も1958年に周辺の町工場や店を吸収して集団所有制企業の青島電動機廠になった（王2002）．都市部の集団所有制企業の中，政府が資金を拠出し，社員に給料を支払い，計画に沿って経営に介入するような，国有企業に近い「大集団企業」（「大集体企業」）も多かった．

商工業の国有化・集団所有化は

かなり順調であった．1956年，私有企業や手工業自営業が劇的に縮小した．私的企業の生産販売活動に欠かせない物資，資金，販売ルートは計画経済に強く依存していたため，抵抗の余地がなかった（薄1991）．事実，その2年前にすでに8割の私有企業生産が政府の関与を受けたのである（表3-1）．

　農村においても，毛沢東の精力的な推進によって，1956年ごろに合作社運動が大きな進展を見せた．土地の私有権が否定され，分配は農民が提供した労働量のみに基づく高級農業生産合作社に，ほぼすべての農家が参加した．さらに，1958年，毛沢東の指示を受けて，高級農業生産合作社の合併が始まった．「大躍進」を本格化させた同年8月の「北戴河会議」（政治局拡大会議）では，人民公社運動の号令も出された．大規模（一般に1郷に1社，数千から数万の農家が参加），広範囲（経営範囲は農業だけでなく，鉱工業，商業など多岐にわたる），末端行政・政治組織（郷の行政組織と共産党委員会），公的所有（生産手段がすべて公的所有）を特徴とする人民公社に，農業生産合作社を合併させた．

(2) 社隊企業と自営業

　毛沢東時代では私有企業は中国経済の表舞台から姿を消したが，私的資本が完全に消滅したわけではない．私的資本の芽が萌した集団所有の企業もあった．社隊企業がその1つである[3]．

　人民公社は人民公社—生産大隊—生産隊の3段階組織構造をもっている[4]．社隊企業は，人民公社と生産大隊・生産隊によって所有・経営される企業（社営企業，隊営企業）である．企業が集団によって共同に所有され，報酬が出資金に依拠せず，労働に準じて分配される特徴から判断すれば，社隊企業は集団所有の企業である．しかし，「大集団企業」と比べて，社員が資本の重要な出し手であること，社員の賃金福利を負担するのは政府ではないこと，経営が自立していることなどの異なった特徴を有する社隊企業も多く存在した．これらの企業は，「小集団企業」（「小集体企業」）と呼ばれている．「小集団企業」は，独立採算のため，予算制約が国有企業よりハードである．

1958年，人民公社化と「大躍進」運動が発動され，在来式高炉，在来式セメント工場，石炭鉱，小型発電所，農具工場，在来式化学肥料工場などの社隊企業が大量に設立された．「大躍進」が破たんし始めると多くの社隊企業が整理・閉鎖された．しかし，農具供給，農業資金投入と農民収入に大きな悪影響を及ぼしたため，1965年，国務院が生産隊・生産大隊副業生産の促進政策を打ち出した．さらに，1966年に発動された「文化大革命」によって国有企業の生産活動が混乱し，経済計画が緩くなり[5]，工業製品・サービスが非常に供給不足になったことも社隊企業の拡大を促した．1970年の

表 3-2　社隊鉱工業企業の推移（1958-78年）

年	企業数（万社） 社営企業	企業数（万社） 社隊企業	総生産高（不変価格，億元） 社営企業	総生産高（不変価格，億元） 隊営企業	社隊企業 合計	社隊企業 シェア(%)	鉱工業総生産高（隊営を除く）（億元）不変価格ベース	鉱工業総生産高（隊営を除く）（億元）名目値（参考）
1958	260.00	n.a.	62.5	n.a.	n.a.	n.a.	1,090	1,083
1959	70.00	n.a.	100.0	n.a.	n.a.	n.a.	1,484	1,483
1960	11.70	n.a.	50.0	n.a.	n.a.	n.a.	1,650	1,637
1961	4.54	n.a.	19.8	32.0	51.8	4.9	1,019	1,062
1962	2.46	n.a.	7.9	33.0	40.9	4.6	850	920
1963	1.07	n.a.	4.2	36.0	40.2	4.2	922	993
1964	1.06	n.a.	4.6	40.0	44.6	3.9	1,103	1,164
1965	1.22	n.a.	5.3	24.0	29.3	2.1	1,394	1,402
1970	4.47	n.a.	26.6	40.0	66.6	2.7	2,421	2,080
1971	5.31	n.a.	39.1	52.9	92.0	3.8	2,389	2,414
1972	5.60	n.a.	46.0	64.6	110.6	4.2	2,547	2,565
1973	5.96	n.a.	54.8	71.6	126.4	4.4	2,789	2,794
1974	6.47	n.a.	66.8	84.5	151.3	5.3	2,796	2,792
1975	7.74	n.a.	86.8	111.0	197.8	5.9	3,219	3,207
1976	10.62	n.a.	123.9	n.a.	n.a.	n.a.	3,262	3,278
1977	13.30	n.a.	175.3	n.a.	n.a.	n.a.	3,728	3,725
1978	16.41	79.4	211.9	173.4	385.3	8.7	4,231	4,237

出所：張（1990），『中国工業経済統計資料 1949-1984』，『中国工業経済統計年鑑』1989年版，『中国郷鎮企業年鑑（1978-1987）』より作成．
注：1)　不変価格ベース総生産高は，1958-70年は1957年価格ベース，1971-78年は1970年価格ベースのものである．
　　2)　社隊企業シェア＝社隊企業総生産高/(鉱工業総生産高＋隊営企業総生産高)×100（%）．
　　3)　n.a.はデータが得られないことを示す．

「五小工業」（各地方で設置が推進された小型の鉄鋼，石炭鉱，農業機械製造・修理，セメント，化学肥料の鉱工業企業のこと）推進も追い風になり，社隊企業が大きく成長した（表3-2）．

社隊企業と異なって，私的所有の自営業に対する制限は強かった．都市部の自営業は，1952年では883万人いたが，合作社への編入などによって1956年に16万人に激減した．その後少しは回復したものの，「文化大革命」の中で再び急減し，1978年では15万人に減少した（図3-1）．

ここで留意してほしいのは，統計数字に表れない私的経済活動の存在である．たとえば，「文化大革命」以降，社隊企業に偽装した私有企業，闇工場と無許可の行商人などが多く存在していた．

福建省晋江市石獅の事例をあげよう．約1,500人規模の石獅の生産大隊「新湖大隊」には，大隊幹部と所属各生産隊の隊員が出資した工芸品工場の新湖工芸品廠があった．最初は工芸品や食堂券などを生産していたが，その後需要が多い毛沢東肖像バッジや自動車用ねじの生産加工に転じ，数十か所の生産工場を抱えるようになった．これらの工場の実態は複数の血縁・地縁関係をもつ農家が出資した農家聯営（「聯戸」）の私有企業であるが，生産大隊に管理費を支払う代わりに，社隊企業から口座や領収書などを借用していたため，社隊企業の陰に隠れていた．1971年に「バッジ大王」呉夏雲など5人の経営者が社隊企業偽装の罪で逮捕され，工場も差し押さえられた．さらに1976年，闇工場経営の罪が問われて，宋太平らのねじ，水産物，伝票，果物，刻みタバコ，れんが・瓦，食糧，トランプの生産に携わる経営者8人が逮捕される，いわゆる石獅「八大王」事件が起きた[6]．この事件はドキュメンタリー番組に取り上げられるほどの典型事例として重視されたが，社隊企業の偽装はあとを絶たなかった．1978年，晋江市の社隊企業の中，偽装社隊企業が企業数，従業員数と収入において，それぞれ87％，75％，74％を占めていた（張1999）．

同様な事例として，浙江省温州市の社隊企業のケースもよく知られている．1973年，温州市楽清県柳市11人の農民がそれぞれ200元を出資して生産大

(万人)

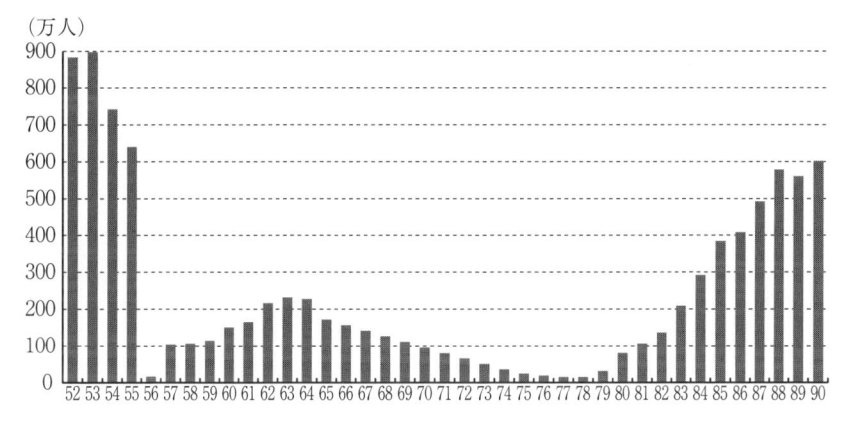

図3-1　都市部自営業者（1952-90年）

出所：『中国工商行政管理統計四十年』より作成．

隊の集団所有制企業の名目で楽清県茗東五金電器製配廠を設立した．計画部門の価格リストに載っていないため国有企業が生産しない製品，交流接触器部品の生産に乗り出したが，大成功した．出資者たちが大儲けして，企業規模が1975年には125人を雇うまで拡大した．翌年に県政府にばれて閉鎖されたが，工場労働者と技術者が柳市各地の「地下工場」に活動の場を広げたため，かえって柳市に低圧電器の私的工場が増えた．低圧電器の自営業店舗も1978年に開かれ，1981年に店舗数が300に増えた（曹2006; 丸川2009）．

2.　体制移行期：私的資本の台頭

このように，毛沢東時代にはすでに偽装の私的企業が存在していた．体制移行期に入って，私的資本に対する規制が公式・非公式的に緩和されると，私的資本がさまざまな形をもって急速に台頭した．

(1)　自営業，私営企業とレッドキャップ企業

国内私的資本の1つの経営形態は自営業である．1970年代末，都市部の

雇用事情が非常に厳しかった．1979年の求職者数は1,500万人を超え，さらに1,000万人を超える「下郷知識青年」が転出元の都市に戻り始めた．「下郷知識青年」は主に「文化大革命」の中，毛沢東の呼び掛けに応じて辺鄙な農村に移住した都市部の中卒・高卒の学生たちである．もっとも，「下郷」は「文化大革命」の中で累積した新卒生の就職問題の解決策という側面もある．このように，従来のように都市部において政府が統一的に雇用を確保することが不可能になった（董編1999a, 1999b）．

そこで，自営業に対する規制が緩和された．都市部の自営業従業人数は，1978年の15万人から1990年の約600万人に増え，ほぼ合作化直前の規模に戻った（図3-1）．自営業はその後も飛躍的に増加し，2010年には全国の自営業従業人数は約7,000万人になった（図3-2）．

1980年代のもう1つの国内私的資本の経営形態は私営企業である．中国では自営業か私営企業かは，従業員数が7人を超えるかどうかに基づいて判断される．この判断基準の根拠は，マルクスが『資本論』の中で示した資本家成立条件の数値例である（川井1998; 馬2006）．

自営業から始まった事業は，経営規模が拡大し，雇用が増えた結果，私営企業になってしまった場合が多い．その中でも有名なのは，『鄧小平文選』に2度も登場した年広久のケースである．

年広久は1937年生まれで，安徽省蕪湖市で露店商人をやっていたが，投機商売などの罪で1963年と1966年に2度入獄した．中国人はお正月などによく塩煎りなどで加工したスイカやカボチャなどの種（中国では「瓜子」という）をつまみにかじるが，年広久はその後「瓜子」の生産販売を始めた．「間抜け瓜子」と自虐的な名前を付けた彼の「瓜子」が爆発的に売れた．1979年には12人，1982年には105人を雇うまでに成長した彼の企業は，自営業とはとても言えなくなった．これは大問題になった．早速「間抜け瓜子」についての調査報告書が鄧小平に届いた．幸いなことに，この「改革開放の総設計師」が「2年ぐらい様子見しよう」と指示したおかげで，年広久は3度目の入獄を免れた（呉2007a; 姜2008）[7]．

第3章　私有企業の成長

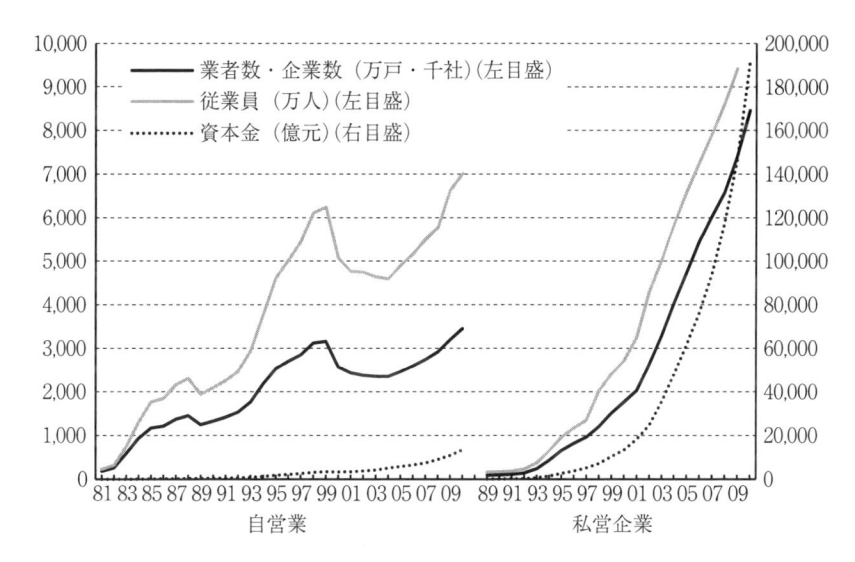

図3-2　自営業と私営企業（登記ベース）

出所：『中国工商行政管理統計四十年』，『工商行政管理統計匯編』2010年版より作成．
注：2010年の私営企業の従業員数は公表していない．

ところで，政府が様子見している間，私的資本がさらに急成長した．前記の石獅「八大王」の1人，「ねじ大王」宋太平は，1983年に現地の華僑親族とともにブラジャー製造企業を設立した．当時は約50人を雇っていたが，1988年に共産党総書記趙紫陽が視察に訪れたとき，すでに700人規模の企業に拡大していた（張1999）．

1988年，「私営経済は社会主義公有制経済を補うものである」と定めた憲法改正案が成立して，「私営企業暫定条例」も発布され，私営企業の設立が認められるようになった[8]．今の中国建設機械大手三一重工も1989年に私営企業として登記した（「三一重工株式発行目論見書」）．

ところで，1990年代半ばまで，私営企業の自営業偽装や集団所有制偽装が多く存在していた．集団所有制企業に偽装した私営企業はレッドキャップ企業といわれている．1987年の国家工商行政管理局の調査によると，当時は実際に約22万社の私営企業が存在し，その半分がレッドキャップ企業で

あり，残りの半分は自営業に偽装していた（張 1999）．集団所有制企業偽装は，社隊企業偽装のように改革前からあった．ただし，この時期では，たとえば温州などでは県行政機関が名義貸しなどに関与したように，偽装工作が白昼堂々と行われ，偽装企業数も急激に増えた（曹 2006; 陳・曹 2006）．国家工商行政管理局のサンプル調査結果を見ると，1995 年になっても，約 2 割の集団所有制企業はレッドキャップ企業である（張 1999）．1997 年末の 72.1 万社の都市部の集団所有制企業に対する資産精査の結果を見ると，所有制不明が 33.6 万社，実際に私営企業または自営業に帰属する企業は 23 万社もあった（顧ほか 2013）．

このように，私営企業が法的に認められても，政治面のリスク回避，参入規制への対応，公有制企業優遇の利用などのために，集団所有への偽装は絶えなかった．

私営企業に対する差別は杞憂ではなかった．「天安門事件」後，私営企業の数が一時期減少し，自営業の数も大幅に減少して，その後もしばらく伸び悩んだ（図 3-2）[9]．農村部企業に対する税制・融資面の優遇措置も縮小された．とりわけ 1988-91 年の間，農家聯営企業が 120 万社から 85 万社に大幅に減少した（『中国郷鎮企業年鑑』1993 年版）．年広久は汚職・横領の容疑で逮捕され，1991 年になぜか「不良」の罪で執行猶予 3 年つき懲役 3 年の一審判決を言い渡され，やはり「二度あることは三度ある」は当たった（姜 2008）．会社を畳んで海外移住したり，政府に企業の所有権を渡したりする企業も続出した．のちに吉利汽車を創業して指折りの企業家になった李書福は，当時「北極花」ブランドの冷蔵庫を生産していたが，会社が生産許可管理強化の対象に指定されたため，李書福は企業を地元政府に寄付する羽目になった（呉 2007a）．

ところが，1992 年に事態が急転回した．鄧小平の「南巡講話」によって市場化の改革路線が明確になったのである（第 1 章）．「南巡」の中で，鄧小平が改革当初「間抜け瓜子」を取り締まらなかったことに言及したため，年広久は 3 月にすぐに無罪釈放された．李書福も自動車生産の夢を実現し，彼

が創業した吉利汽車は2010年にスウェーデンのボルボを買収して注目を集めた.

1997年の共産党第15回党大会では,「公有制主導」の解釈が行われ,非公有制経済は「社会主義市場経済」の重要な部分として格上げされた(第2章).この方針は1999年の憲法改正案にも盛り込まれた[10].

こうした中で,1998年,財政部をはじめとする政府部門が通達を発布して,集団所有制企業の中にレッドキャップ企業が存在することを認めたうえで,その整理作業を始めた.整理作業によって集団所有制と判断された企業は,今後所有制性質の変更を認めない方針も示して,レッドキャップ企業の最終的・全面的な所有制確定を促した.

(2) 国有企業の民営化

1989-91年では,国有企業の業績が悪化した.とりわけ小規模の国有企業の業績不振が深刻であった.その後,鄧小平の「南巡講話」に促されて,「社会主義市場経済」が提起された.「天安門事件」後,中断された国有小企業の民間売却も,1992年の共産党第14回党大会によって公式に解禁された.共産党中央は国有大企業の管理に重心を置きながら,国有小企業を自由化する方針,いわゆる「抓大放小」政策を明確化した(第2章).

山東省諸城市は,大半の管轄下の企業を経営陣・従業員に売却して民営化したことで注目を集めた(韓2008).四川省宜賓県は1991年に民営化を始め,1996年までに県管轄の国有企業66社の内,34社を従業員所有企業に転換し,2社を私有企業に売却した(丸川2000).なお,宜賓県,重慶市,上海市,蘇州市,杭州市などの民営化企業26社の調査結果によれば,諸城のような経営陣・従業員買収が民営化の主流であった(今井2002).1997年共産党第15回党大会までの間,すでに半数以上の国有小企業が民営化された(劇2009).

その一方で,国有大企業は,会社化・上場などによって私的資本の導入を図った.しかし,資金調達が国有企業の上場の主要な目的であり,国有上場

企業では非流通の国有株による資本多数支配が維持されており，民営化は意図的に回避された（第2章）．

上場企業の国有株放出は，実務的にも非常に難しい．株式市場の資金規模が小さいゆえ，株価の暴落，そしてそれに起因する既存株主への補償が厄介な問題である．2001年には，公募増資時増資額の1割に相当する国有株を売出して社会保障資金を捻出する政策が断行されたが，株価が急落して無残な失敗に終わった（図3-3）（徐2007）．

企業に対するMBO（management buyout: 経営陣買収）も注目を集めた．2003年まで，上海のタクシー大手企業の大衆交通，山東のプラスチック製品メーカーの勝利，内モンゴルのカシミヤ製品世界大手のオルドス，河南のバスメーカーの宇通客車，四川の白酒メーカーの水井坊などの国有上場企業がMBOによって民営化された[11]．

国有資産の私物化などが指摘され，MBO民営化に対する風当りが非常に強かったが，反対の主張は，必ずしも研究結果によって支持されていない．たとえば，上場企業18社のMBOを調べた益（2003）は，8社のMBO価格がBPS（book-value per share: 1株当たり純資産）よりも低いと指摘し，MBOの業績向上効果も否定した．しかし，毛ほか（2003）はMBOの対象が国有株の場合，BPSがMBO価格の基準になっていると主張した．MBOを実施した上場企業13社を調査した彭・胡（2010）は，MBO企業の業績が2006年以降好転したと結論した．

2003年3月，財政部が中央企業のMBOの審査を中止した．そして，同年11月，国資委がMBOの実施条件として，①経営者がMBOに関する意思決定に参加しないこと，②国有企業から資金を借り入れないこと，それにMBOの対象になった国有資産を融資の担保に出さないこと，③企業業績の悪化に責任を負う経営者はMBOに参加しないこと，を示して通達した（「国有企業の制度改革の規範に関する意見」）．

この状況の中で，2004年6月から8月までの間，香港中文大学郎咸平教授が上場企業TCL集団，ハイアールと科龍のケース・スタディの調査結果

第3章 私有企業の成長

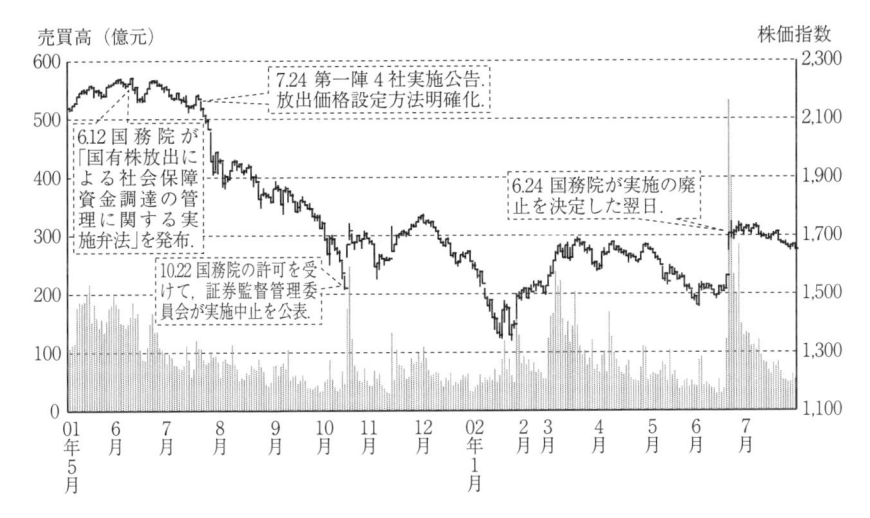

売買高（億元）　　　　　　　　　　　　　　　　　　　　　　株価指数

図中注記：
- 7.24 第一陣4社実施公告，放出価格設定方法明確化．
- 6.12 国務院が「国有株放出による社会保障資金調達の管理に関する実施弁法」を発布．
- 6.24 国務院が実施の廃止を決定した翌日．
- 10.22 国務院の許可を受けて，証券監督管理委員会が実施中止を公表．

出所：上海証券取引所上証指数データより作成．

図3-3　2001年国有株放出前後の株式市況

をネット上で次々と発表して，国有資産がMBOや上場企業買収などを通じて企業経営者に略奪されたと結論し，民営化改革に対して疑問を投げ付け，「国有企業財産権改革論争」を巻き起こした（郎2004a, 2004b, 2004c）．

郎教授はさらにテレビ大手の長虹，上場企業の宇通客車などのケース・スタディをもちいて，MBO価格を低く抑えるために，経営者がMBOの前に企業の利益を操作したと主張した（郎2006）．しかし，上場企業15社のデータを統計的に分析した何・倪（2005）では，MBOの前年での利益操作が発見されなかった．

郎教授がMBO問題を提起したあと，国資委は2004年8-11月の間に21の省・市の国有資産譲渡を視察・調査し，特に江蘇省のMBO価格の問題を指摘した．12月の中央企業責任者会議で，国資委党書記李毅中が国有大企業のMBO全面禁止と国有中小企業のMBO規制を規定する「禁止令」を出した．「禁止令」には，上記の2003年11月国資委通達に示された3項目のほかに，①MBOの対象とされている国有資産は，財産権取引機関にて平等

に市場取引すること，②実勢取引価格から関連費用を差し引きしないことが盛り込まれた．

2005年4月，国資委はさらに上記のMBO方針を明文化・具体化した通達を発布した（「経営陣への企業国有財産権譲渡の暫定規定」）．この通達によって，MBOが禁止された企業の範囲は大型国有企業から，大型国有企業およびその重要な子会社ならびに国有上場企業に拡大され，MBO実施の場である財産権取引機関は国有資産監督管理機構が選定したものに限定され，MBOの関連情報の公開も求められた．

このように，国有大企業の民営化は非常に困難である．しかし，民営化が確実に進んでいる事例もある．2つの大企業の事例を紹介しよう．

①TCL集団

1つ目は，郎教授が批判の矛先を向けた中国家電大手，テレビ出荷台数世界2位のTCL集団である．TCL集団の前身は，1981年に設立された広東省恵州市所有の地方国有企業である．1997年，国有資産授権経営のパイロット企業に認定され，国有資産の経営権限が委譲されたと同時に，経営トップ李東生などの経営陣・中核従業員と恵州市との間で経営成果に連動する賞罰契約が結ばれた．

経営賞罰契約の内容を見ると，経営成果の指標は経営用国有資産の伸び率である．経営陣の基本給は50%しか保証しないが，経営用国有資産の伸び率が，①0～10%では，2%ポイントごとに基本給の10%を追加支給し，②10～25%，25～40%，40%以上では，経営用国有資産増分の15%，30%，45%をそれぞれ増進的に奨励する．奨励金は現金ではなく，新規自社持分の形で分配する．逆に経営用国有資産が目減りした場合，責任者を罰金や免職などで処罰する．

経営賞罰契約は1997年から2001年まで実施され，その間，経営陣・中核従業員が契約に基づいて約2.8億元相当の新規持分（11,744万株）を手に入れ，さらに新規持分引受（6,000万株）や親会社が所有する国有持分の引受

(1,200万株)を通じて，契約期間終了時に会社の45.8%の持分をもつようになった．他方で，経営用国有資産も2.4億元から8.3億元に大幅に増えた．経営賞罰契約の実施は成功したと言えよう[12]．

　2001年末に恵州市がTCL集団の持分をもとに設立した恵州市投資持株有限会社を国家株の株主代表に定めた．そして，翌年3月までの間，住友商事，東芝など6社を株主に迎えたうえで，TCL集団を株式会社に転換した．この時点では，恵州市投資持株有限会社，経営陣と労働組合（「工会」）代表の従業員の持株比率はそれぞれ約41%，15%，15%であった．李東生取締役会長兼社長の持株は約9%であった．

　2004年にTCL集団が上場子会社のTCL通訊と株式交換してIPO上場を実現した．上記各株主の持株は非流通株になり，株式数は変わらないが，個人株主を導入したため，恵州市投資持株有限会社の持株比率は約25%に低下し，経営陣と従業員の持株は合計して約19%になった．国家株は依然最大であるが，資本支配力が大きく低下した．

　さらに，2006年の非流通株改革では，非流通株主が持株の証券取引所取引の権利を手に入れる代わりに，流通株主に対して株式無償譲渡を通じて補償したため，国家株比率も，経営陣・従業員持株比率もさらに低下した．これで従業員の持株が証券取引所で取引できるようになったので，その後大量に放出された．

　TCL集団の株式構造に関して，2009年以降2つの動きが起きた．1つ目は，李東生が非公開新株発行や株式市場取引を通じて，持株数を大幅に増やしたことである．2つ目は，李東生を除く経営陣・中核管理者に対するストックオプションの実施が始まったことである．

　しかし，それでも李東生の持株比率は6%程度にとどまり，たとえストックオプションがすべて執行されても李東生以外の経営陣・中核管理者の持株比率もせいぜい2%程度である．公表資料を見る限り，経営陣の株式支配力は高くない．

　TCL集団のMBOは実現しなかったが，2013年末のデータを見ると，恵

表 3-3 TCL 集団株式会社の国有株主，経

年末	総発行済株式	恵州市 投資持株有限会社	経営陣	その内：李東生	労働組合
2002	1,591,935,200 100.0	652,282,698 41.0	245,379,546 15.4	144,521,730 9.1	235,418,484 14.8
2004	2,586,331,144 100.0	652,282,698 25.2	257,473,908 10.0	144,521,730 5.6	235,418,484 9.1
2006	2,586,331,144 100.0	332,176,676 12.8	188,557,788 7.3	121,953,000 4.7	198,655,181 7.7
2007	2,586,331,144 100.0	329,376,775 12.7	126,668,403 4.9	97,562,400 3.8	105,100,685 4.1
2008	2,586,331,144 100.0	328,566,775 12.7	118,604,981 4.6	97,562,400 3.8	69,826,189 2.7
2009	2,936,931,144 100.0	328,566,775 11.2	180,606,132 6.1	160,662,400 5.5	39,696,099 1.4
2010	4,238,109,417 100.0	415,286,429 9.8	252,470,532 6.0	232,916,800 5.5	31,391,812 0.7
2011	8,476,218,834 100	830,572,858 9.8	468,804,442 5.5	459,833,600 5.4	47,895,435 0.6
2012	8,476,218,834 100.0	830,572,858 9.8	502,631,916 5.9	494,838,400 5.8	n.a. n.a.
2013	8,531,495,974 100.0	830,572,858 9.7	529,725,071 6.2	511,570,300 6.0	n.a. n.a.

出所：TCL集団株式会社公表資料より作成．上段は株式数（株），下段は総発行済株式に占めるシェア
注：1) 経営陣とは証券報告書に公表されている取締役，監査役，上級管理者のことである．
 2) 労働組合の工作委員会が有限会社時代に形成された従業員持株の株主を代表している．なお，

州市投資持株有限会社の持株比率も1割未満であり，国家資本の支配力が大きく弱まった．TCL集団は民営化されたと言えよう（表3-3）．

②聯想（Legend・Lenovo）

次に2004年末に米IBMのパソコン部門を買収して，2013年のパソコン出荷台数が世界首位に躍進した聯想の話をしよう．

パソコン・携帯端末事業に携わっている香港上場企業の聯想集団（聯想集団有限会社，日本語社名レノボ）とその親会社の聯想持株（聯想持株有限会

営陣と労働組合の持ち株の変化（2002-13 年）

	主な変化
	住友商事，東芝など外資株主を導入．株式会社化．
	上場子会社 TCL 通訊と株式交換して，IPO 上場．
	非流通株改革：非流通株主が流通株主に対して 10：2.5 の比率で株式無償譲渡． 恵州市が改革前に 258,633,114 株を Philips など 3 社に売却．
	李東生：前妻に財産分割のため，24,390,600 株を譲渡．
	8 人（社）に対して非公開新株 35,060 万株（2.58 元/株）発行．その内，李東生が 6,310 万株を引受けた．李東生を除く経営陣の引受はない．
	10 人（社）に対して非公開新株 1,301,178,273 株（3.46 元/株）発行．その内，李東生が 72,254,400 株，恵州市投資持有限公司が 86,719,654 万株を引受けた．李東生を除く経営陣の引受はない．
	1 対 2 で株式分割． 李東生が非公開新株引受の際に借入れた資金を返済するため，600 万株を 2.96 元/株で市場に売却．
	李東生が市場から 3,500.48 万株を購入． 李東生以外の経営陣・中核管理者に対してストックオプション実施開始．
	李東生が市場から 1,673.19 万株を購入． 李東生以外の経営陣・中核管理者のストックオプションの権利行使により発行済株式が増加．

（%）である．
2012 年末と 2013 年末の株数は上位 10 位に入っていないため，公表されていない．

社）はともに「聯想」という中国語名称がついている．2011 年末，聯想集団の資産と経常利益（「浄利潤」）は聯想持株のそれぞれの約 6 割と 1.7 倍である（「2012 年聯想持株有限会社債券募集説明書」）．

聯想集団の現在の英文社名「Lenovo Group Limited」の Lenovo は，2004 年に新生を意味する novo に旧英文社名の Legend の頭 2 文字 Le を組み合わせたものであり，聯想持株の英文社名は「Legend Holdings Limited」である．2013 年 3 月末現在，聯想持株は直接・間接に聯想集団の 32.31% の株式をもつ筆頭株主である．聯想集団はストックオプションなど

表 3-4 聯想持株有限会社株主の変化（1984-2012 年）

時期	社名	株主	持分	比率	説明
1984.11	中国科学院計算技術研究所新技術発展公司	中国科学院計算技術研究所所属	1,300,000	100.0	
1990.5	中国科学院計算技術研究所新技術発展公司	中国科学院計算技術研究所所属	1,000,000	100.0	
1991.4	北京聯想計算機新技術発展公司	中国科学院計算技術研究所所属	1,000,000	100.0	
1992	北京聯想計算機新技術発展公司	中国科学院所属	1,000,000	100.0	中国科学院に所属変更
1998.8	聯想集団持株公司	中国科学院所属	100,000,000	100.0	
2001.6	聯想持株有限会社	中国科学院 従業員持株会	429,559,260 231,301,140	65.0 35.0	中国科学院が 35% の株式を従業員持株会に売却.
2002.12	聯想持株有限会社	中国科学院国有資産経営有限公司 従業員持株会	429,559,260 231,301,140	65.0 35.0	中国科学院が持分を中国科学院国有資産経営有限公司に移譲.
2009.10	聯想持株有限会社	中国科学院国有資産経営有限公司 従業員持株会 中国泛海持株集団有限公司	237,909,744 231,301,140 191,649,516	36.0 35.0 29.0	中国科学院国有資産経営有限公司が中国泛海持株集団有限公司に株式の一部を譲渡.
2011.2	聯想持株有限会社	中国科学院国有資産経営有限公司 北京聯持志遠管理諮詢中心（有限合名） 中国泛海持株集団有限公司	237,909,744 231,301,140 191,649,516	36.0 35.0 29.0	北京聯持志遠管理諮詢中心が従業員持株会を吸収合併.
2011.12	聯想持株有限会社	中国科学院国有資産経営有限公司 北京聯持志遠管理諮詢中心（有限合名） 中国泛海持株集団有限公司 柳伝志 朱立南 陳紹鵬 唐旭東 寧旻 黄少康	237,909,744 158,606,496 190,988,655 22,469,254 15,860,650 6,608,604 6,608,604 11,895,487 9,912,906	36.0 24.0 28.9 3.4 2.4 1.0 1.0 1.8 1.5	中国泛海持株集団有限公司が柳伝志，朱立南，陳紹鵬，唐旭東，寧旻に計 9.6% の持分を譲渡．北京聯持志遠管理諮詢中心が中国泛海持株集団有限公司と黄少康にそれぞれ 9.5% と 1.5% の持分を譲渡.
2012.2	聯想持株有限会社	中国科学院国有資産経営有限公司 北京聯持志遠管理諮詢中心（有限合名） 中国泛海持株集団有限公司 北京聯恒永信投資中心（有限合名） 柳伝志 朱立南 陳紹鵬 唐旭東 寧旻 黄少康	237,909,744 158,606,496 132,172,080 58,816,576 22,469,254 15,860,650 6,608,604 6,608,604 11,895,487 9,912,906	36.0 24.0 20.0 8.9 3.4 2.4 1.0 1.0 1.8 1.5	中国泛海持株集団有限公司が聯恒永信投資中心に 8.9% の持分を譲渡.

出所：聯想持株有限公司，河北威遠生物化工株式会社公表資料より作成．持分は四捨五入した．
注：年月は正式に手続きが終わった時期である．

の業績連動報酬制度を通じて経営陣の株式取得を進めているが，取締役全員の持株が7.36%にとどまっている（「聯想集団2012/2013年報」）．われわれは聯想集団の親会社，聯想持株の民営化を見よう．

聯想の起業の歴史は正しくレジェンドである．聯想は1984年に中国科学院が設立した国有企業「中国科学院計算技術研究所新技術発展公司」から出発した．中国科学院は聯想の経営にほとんど立ち入らなかったが，聯想が政府の産業政策などから受けた恩恵も少なかった．やっとパソコン生産許可証をもらったのは1990年のことであった．1992年に政府がパソコン生産基地を認定して投資を拡大した際も，聯想は生産基地に認定されなかった．聯想の成長において，創業者たちや社員たちの貢献がもっとも大きかった．

とはいえ，草創初期の数年間において，中国科学院計算技術研究所が20万元の初期資金を拠出し，会社の融資の借入れ申請人にもなった．会社の多くの利益も中国科学院の下請け業務から発生した．とりわけ，研究所が10年の年月をかけて開発した「聯想式漢字システム」を，聯想が担当研究員を引き抜くことによって，たやすく手に入れ，多大な利益を獲得した．ちなみに，聯想の社名もこの漢字システムの「聯想機能」（漢字入力の重複率を低下させる連語入力方法）に由来した．聯想は「中国科学院傘下」といった有利な条件をうまく利用したのである．

1994年，聯想集団が香港上場を果たした．上場の前に，聯想は従業員に対する45%の国有資産の無償譲渡を中国科学院に求めた．国有資産を管理する財政部はこの要求を却下したが，国家株の配当金処分権をもつ中国科学院が配当金の35%を従業員名義のものにした．2001年に聯想集団の親会社が今の聯想持株に有限会社化する中，中国科学院が聯想持株の持分の35%を聯想の従業員持株会（1993年設立，2001年社会団体法人登記，業務内容は従業員持分の募集・管理）に売却することを財政部に申請した．今回は見事に許可をもらった．従業員持分取得の際，従業員名義に積立てられてきた配当金が活用された（凌2006；「2008年聯想持株有限会社債券募集説明書」；王2009）．

リーマンショックの影響で，聯想集団の収益が大きく低下した中，親会社の聯想持株の民営化が目まぐるしい展開を見せた．2009 年，中国科学院が北京財産権取引所を通じて，中国泛海持株集団有限公司に聯想持株の 29％ の持分を売却した．この新株主の持分の 96.7％ を所有しているのは泛海集団有限公司であり，盧志強が後者の持分の 65％ をもつ大株主である（「泛海建設集団株式会社 2009 年年度報告」）．唯一の国家資本代理人，中国科学院国有資産経営有限公司は筆頭株主の地位を維持しているが，持分比率が 36％ に低下して，国家資本の支配力が非常に弱くなった．

　2010 年 8 月，聯想持株の柳伝志取締役会長・社長（現取締役会長），朱立南取締役・常務副社長（現取締役・社長），寧旻副社長（現上級副社長），李勤監査役（現監査役），曽茂朝取締役[13]）の 5 人が北京聯持志同管理諮詢有限公司（柳伝志の持分が 51％）を設立し，それから従業員持株会の会員を 15 の北京聯持会管理諮詢中心（壱～拾伍）（有限合名）に分けて編入した．そして，12 月 29 日，聯持志同と聯持会が北京聯持志遠管理諮詢中心（有限合名）を設立すると，翌年の 1 月 10 日に聯持志遠が正式に従業員持株会を吸収合併した．

　なお，経営陣も従業員持分をもっているが，そのシェアは高くない．聯持志同の 5 人の出資者は合計して 15.6％ の従業員持分しか持っていないし（謝 2011），2012 年 11 月時点の聯持志遠に占める聯持志同の資本比率も 0.01％ しかない（「河北威遠生物化工株式会社株式発行資産購入および関連取引報告書（草案）」）．

　不可解に見える持分譲渡が続いた．2011 年末，中国泛海持株集団が柳伝志，朱立南，陳紹鵬（現上級副社長），唐旭東（現上級副社長），寧旻に聯想持株の計 9.6％ の持分を譲渡したと同時に，聯持志遠から 9.5％ の持分を引受けた．そして，2012 年 2 月に中国泛海持株集団が北京聯恒永信投資中心に 8.9％ の持分を譲渡した（「2012 年聯想持株有限会社債券募集説明書」）．後者の事務執行人―北京聯恒永康管理諮詢有限公司の法定代表人寧旻は，聯想持株の経営陣メンバーである．

この一連の複雑な資本取引の結果，経営陣が中国泛海持株集団を通して会社の1割近くの持分を手に入れ，さらに従業員持分に対する支配を強化して資本支配力を増強したのである．聯持志同が聯持志遠の事務執行人として従業員持分の株主権限を行使することができる．聯持志遠の（聯想持株に対する投資を除いた）投資について，経営陣5人が設立した聯持志同には毎年管理費として投資額の2%，それに配当として投資収益の最低2割が支払われる（謝2011）．この取り決めはMBOのために敷いた伏線かもしれない．

　MBOが完了したとは言えないが，これからも大きな進展を見せる可能性が高い．聯想持株は2011年から在職期間を条件に，大株主になった中国泛海持株集団から聯想持株の総額113,295,000持分を購入する権利が与えられる「持分支払計画」を社内で実施した[14]．2011年にはすでに108,641,000持分の権利が行使された（「聯想持株有限会社債券2012年年度報告」）．経営陣が実施対象に含まれているかどうか，権利行使された持分はいつ譲渡されるのかなど具体的な内容は不明であるが，注目に値する．

(3) 郷鎮企業

　改革初期の私営企業は主に農村に位置していた．私営企業が認められた翌年の1989年，農村の私営企業は企業数と従業員数ではともに全国の私営企業の約2/3を占めていた（『中国工商行政管理統計四十年』）．

　農村に立地する企業は郷鎮企業と呼ばれている．統計書をもちいて郷鎮企業を観察したいが，その前に，いくつかの注意点を確認しておこう．

　第1に，体制移行の初期では，農村には社隊企業があった．農家経営請負責任制が普及した結果，人民公社制度が終焉を迎え，1984年，社隊企業が郷鎮企業に改名された．しかし，元社隊企業は郷鎮企業であるが，郷鎮企業は元の社隊企業だけではない．政府は社隊企業を郷鎮企業に改名したと同時に，従来の社隊企業，すなわち郷・村が経営する企業に加えて，農民が共同または単独で経営する企業も郷鎮企業に含めた（中国共産党中央1984年4号文件）．その結果，郷・村が経営する企業も，農民出資の私営企業と自営業

もすべて郷鎮企業になった．そのため，郷鎮企業を成功した公有制企業として扱う研究が多かったが，郷鎮企業は所有制を表す企業分類ではないと指摘されている（Huang 2008）．

第2に，郷鎮企業の中にもレッドキャップ企業がある．たとえば，1980年代半ば，温州市は増え続ける農村企業経営者の共同出資企業を株式合作制企業と命名し，その所有制性質を集団所有と定めた（曹2006）．とりわけ1990年代まで，郷鎮企業統計の中の郷営・村営企業や株式合作制企業などの多くは集団所有ではないことに留意する必要がある．

第3に，複数の統計書では統計概念が一致しない場合がある．同じ農業部出の統計書『中国郷鎮企業年鑑』と『中国郷鎮企業統計資料：1978-2002』では，集団所有制企業の集計範囲が異なる．2002年のデータを見ると，後者では登記類型のその他の（国内資本）企業と自営業を自営業として示し，そしてこのカテゴリーと私営企業を除いたほかのすべての登記類型を集団所有制企業としてまとめた．その結果，株式合作制企業，聯営企業，有限会社，株式会社，外国投資企業，香港・澳門・台湾投資企業まで集団所有制企業として集計された．言うまでもなく，これは不正確な集団所有制企業の統計である．

郷鎮企業を厳格に登記類型に基づいて表3-5に整理した．1985年に郷鎮企業ではすでに多くの私営企業が存在した．その後も急速に増大して，郷鎮企業の従業員と付加価値に占めるシェアは1998年にはともに2割程度に上昇し，2010年にはそれぞれ35%と38%に達した．1990年代末から有限会社と株式会社も急速に増加した[15]．対照的に，集団所有制企業は大幅に縮小して，郷鎮企業に占める従業員と付加価値のシェアは2010年にともに3%を下回った．一時期流行り出した株式合作制企業も下火になった．2010年，私営企業と自営業だけでおよそ労働者数の3/4と付加価値の2/3を占めている．株式合作制企業，聯営企業，有限会社，株式会社，外国投資企業と香港・澳門・台湾投資企業にも多くの私有企業が存在していると考えると，私的企業が郷鎮企業の主役になったのは，間違いない．

表 3-5 登記類型別郷鎮企業（1985 年，1998 年，2010 年）

登記類型	企業数（万社）			従業員（万人）			付加価値（億元）		
	1985	1998	2010	1985	1998	2010	1985	1998	2010
集団所有制企業		84.1	11.6		3,490	390		6,605	2,816
株式合作制企業		16.7	18.9		709	255		1,512	1,693
聯営企業		0.8	8.8		71	96		202	666
有限会社	156.9	2.3	65.7	4,152	194	2,100	563	552	21,423
株式会社			14.1			360			4,539
香港・澳門・台湾投資企業		1.7	6.0		221	558		604	4,181
外国投資企業		1.1	3.6		144	412		497	4,772
私営企業	53.3	222.2	487.9	475	2,620	5,646	45	4,843	42,737
自営業	1,012.3	1,675.1	2,125.8	2,352	5,088	6,077	164	7,372	29,404
合　計	1,222.5	2,003.9	2,742.5	6,979	12,537	15,893	772	22,186	112,232

出所：『中国郷鎮企業統計資料：1978-2002』，『中国郷鎮企業年鑑』1999 年版，『中国郷鎮企業及農産品加工業年鑑』2011 年版より作成．
注：自営業は企業ではないので，登記類型の1つではないが，年鑑にしたがって郷鎮企業を整理した．自営業（『中国郷鎮企業及農産品加工業年鑑』2011 年版では「個体工商戸」と表記）には実際に自営業のほか，登記類型の1種であるその他の（国内資本）企業も含まれている可能性が高い．なお，後者も主に私的資本支配である．

　集団所有制企業の民営化も進んだ．郷鎮企業が多い蘇南においても，中国共産党第 15 回党大会後の民営化の流れの中で，集団所有の郷鎮企業が大量に経営者に売却されて民営化された（曹 2006）．

　「我々が完全に予想できなかった最大の収穫は郷鎮企業の成長である」．鄧小平がこう語ったのは，郷鎮企業が急成長を見せ始めた 1987 年のことであった．今の中国経済における郷鎮企業の地位を見ると，郷鎮企業が GDP の3 割弱，鉱工業 GDP の5 割弱を創出し，輸出の約 1/3 を実現した．また，郷鎮企業は約4割の農村就業に貢献している（図 3-4）．今日の郷鎮企業を見ることができれば，この「改革開放の総設計師」が仰天するに違いない．

　ところで，郷鎮企業の急成長は決して偶然ではない．多くの郷鎮企業の前身は社隊企業であり，ゼロからの出発ではなかった．1970 年代末，社隊企業はすでに鉱工業付加価値の約1割を実現した．社隊企業に偽装した私的企業が多く存在したことを考えると，農村部では私的資本成長の初期条件が比

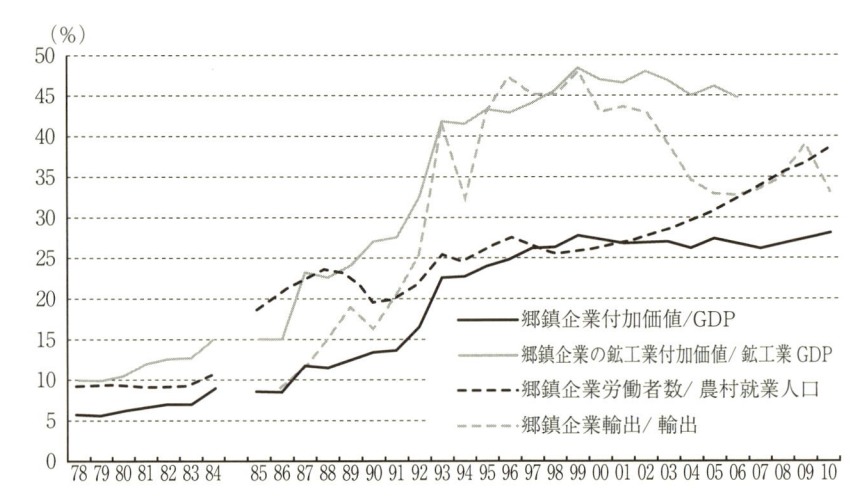

出所:『中国郷鎮企業統計資料:1978-2002』,『中国郷鎮企業年鑑』各年版,『中国郷鎮企業及農産品加工業年鑑』各年版,『中国統計年鑑』各年版より作成.
注:データ制約のため,1978-84年の郷鎮企業には,私営企業や自営業が含まれていない.公表されている2007年以降の郷鎮鉱工業企業には,自営業が除外されたため,グラフに示していない.

図 3-4　郷鎮企業シェアの推移

較的に優れていた.

　万向集団公司の事例をあげよう.1969年,浙江省蕭山県寧囲公社農民魯冠球が4,000元の資金を集めて,従業員6人規模の寧囲公社農機廠を開業した.この工場は万向集団公司の前身企業である.工場は計画リストに載っていない農業機具の部品を生産して周辺公社に販売し,1978年に従業員400名を雇い,年商300万元を超える規模の企業に成長した.1980年,魯冠球が生産分野を自動車部品のユニバーサルジョイントに集約し,見事に政府指定生産企業(全国で3社)に選ばれた(呉2007a).

　万向集団は1992年にすでに従業員3,421名,固定資本1.37億元規模の国内最大手ユニバーサルジョイント企業に成長し,1994年にユニバーサルジョイント部門の分割上場を果たした.公表された最新の2005年9月のデータによれば,万向集団は資産163億元,純資産35億元,売上高156億元の

規模に成長した（「万向銭潮株式会社株式発行目論見書」）．

　万向集団が私有企業になった経緯は，1988年の所有再編に遡る．魯冠球は資本を再評価したうえで，1,500万元の資本を郷政府所有と「工場所有」に二等分することを提案した．その前の年に，魯冠球が共産党大会代表に選出され，国内外のメディアに大きく取り上げられたことも影響したか，彼の提案が鎮政府に了承された（呉2007a）．もっとも，「工場所有」の中身が曖昧のため，万向集団公司が私有企業になったかどうかは明らかではなかったが，18年後に公表された上場子会社の証券報告書によってその資本構造が明らかになった．万向集団公司は「万向経理人発展責任激励会」に100％所有され，その内80％は魯冠球の所有である（「万向銭潮株式会社2005年年度報告」）．所有権確定の経緯は不明のままではあるが，魯冠球が1980年代の経営請負責任制実施から得た利益配分を企業に投資したこと，それに会社創業の歴史から考えると，万向集団は最初からレッドキャップであったと考えられる（呉2007a）．

3.　政府の役割

　国内の私的資本が改革初期において急速に拡大したのは，初期条件のほかに，従来に比べて有利な経営環境が整ったことも重要であった．

　まず，農産物買付価格の大幅な引き上げ，農家経営請負責任制実施後の農民収入の増加，都市国有部門の全員昇給，国有企業の利益留保などが資金供給と消費を拡大した（厳2002）．農村部と都市部の改革や「下郷知識青年」の都市部還流によって，過剰労働力が顕在化して就業予備軍もできた．

　また，価格「双軌制」も国有企業改革の一環として導入された．国有企業は計画外生産を拡大した結果，私有企業の生産拡大に必要な生産財を供給しただけでなく，計画外製品の価格形成は市場メカニズムの拡大をもたらした（第1章）．絶対的に不足した日用軽工業製品の市場拡大もあって，私的資本の活動空間が広がった．一部の民間企業は公定価格と市場価格のさやを稼ぐ

ことによって，資本蓄積に成功した．1984年，のちに中国不動産開発大手企業になった万科の創業者王石は，1,000万米ドルの外貨購入枠（外貨購入の権利）の転売で500万元の利益を上げた（呉 2007a）．

さらに，私有企業は，国有企業との聯営や技術者招聘などを通じて，国有部門に蓄積されていた技術を取り入れ，国有部門からの需要も確保した．たとえば，1985-86年の無錫市では，26.5％の郷鎮企業が都市企業と提携しており，1986年の上海市では，3割の市内企業が郷鎮企業と提携関係にあった（今井 2006）．

このように，私有企業の草創と成長にとって，その周辺に適した制度改革が行われたことが重要であった．政府が意識的・結果的に私的資本の成長を支える（計画経済期に比べて）有利な制度的条件を作り上げたことは，政府のポジティブな役割として評価できる．

郷鎮企業に目を転じると，急成長した郷鎮企業における政府の役割もやはり高く評価された．たとえば，Qian and Weingast（1997）は，中国の中央政府から地方政府への行政的分権化が「市場保全型連邦制―中国型」を創出し，地方政府が市場の成長を育成するインセンティブを引き出したと主張した[16]．さらに，郷鎮政府は信用に対するアクセスが困難のため，郷鎮政府も郷鎮企業もハードな予算制約に直面している．彼らが，このような説明をもちいて，なぜ郷鎮（政府の）企業が国有企業より効率的であるのかの疑問に答えた[17]．

ところで，政府は常に賢いとは限らない．たとえば，1980年代半ばから農村合作基金会という農村互助金融組織が，地元農民と集団組織からの資金をもとに拡大した．しかし，郷鎮政府の介入下で郷鎮企業に対して過大な融資を行った結果，経営が行き詰まり，1999年に国務院によって閉鎖された．

政府の介入はときには企業を破滅させる危険性さえもっている．1996年に郷鎮企業第1号として香港に上場し，さらに1999年に深圳に上場した科龍電器のケースを見よう．

科龍の前身は広東省順徳県容奇鎮の珠江冷蔵庫廠である．1984年，容奇

鎮工業交通弁公室副主任潘寧が鎮の9万元の出資をもとに，冷蔵庫生産を始めた．地元政府は初期資金だけではなく，工場用地などさまざまな面で協力した．潘寧が技術導入と品質管理に力を入れた結果，科龍は1992年からの8年間，冷蔵庫出荷国内首位の座を守ってきた．鄧小平も1992年「南巡」中の工場視察の際，「本当に郷鎮企業ですか」と目を疑って感激した．

　ところが，郷鎮政府の役割はプラスばかりではなかった．香港上場後の科龍では鎮政府が間接的に約38％の株式をもつ筆頭株主であったが，深圳上場後，持株比率がさらに約34％に低下して，科龍は一応私有企業になった．科龍が成長を遂げると，今度は鎮政府が外資導入につまずいた管轄下の華宝空調廠との合併を科龍に求めた．1998年，合併の直後に潘寧が急遽社長職を「辞任」させられ，翌年取締役会長職も辞めさせられた．潘寧のあとに就いたのは前副社長王国瑞であったが，2000年に行政トップの徐鉄峰鎮長が自ら王国瑞に取って代わって科龍の経営トップになった．行政の経営介入はもちろん物議を醸したが，それよりも市場に激震を走らせたのは，2001年に発表された科龍の証券報告書であった．1999年に6.3億元の利益を上げた科龍が，なんと2000年に6.8億元の大幅赤字に転落した．科龍と政府委託の集団資産管理企業の間に不透明な資金移動があったとの推測が浮上したが（2005年の元取締役発言），真相は闇に葬られたままである（呉2007b）．

　科龍は2001年にグリーンクールに買収され，のちに「国有企業財産権改革論争」において郎咸平教授と正面衝突した．

　確かに私有企業の成長にとって初期条件が重要であったし，生産要素の供給と市場の需給状況も有利に働いた．しかし，これらの条件はいつまでも私有企業の経営に大きなプラスの影響を与え続けるはずがない．地元政府の役割も重要なファクターであるが，過剰に政府の役割を強調すべきではない．私的資本が成長を遂げたのは，果敢にリスクに挑んで起業し，経営の試行錯誤を繰り返した大勢の企業家である．私有企業の成長にとって決定的に重要なのは企業家の役割に違いない．

　Lenovo，Huaweiなど，グローバル市場において確固とした地位を獲得

して成功者として称えられている企業の陰には，多くの失敗者の存在があった．熾烈な競争の中で，大量の企業が市場から追い出され，そして，それよりも大量の企業家が市場に身を投げたのである．激しい新陳代謝の結果，民間資本が拡大し，民間企業が成長したのである（第6章）．

4.「国進民退」

「国進民退」は国有企業の進出と民間企業の退出を意味するが，2000年代に入ってこの言葉が多く使われるようになった．

ところが，政府が公式に民間資本の参入を拒んでいるわけではない．2005年2月，国務院が，法規定が参入禁止と定めた産業分野を除いて，私的資本の参入を許可し，外資の参入が許可されている産業分野は，国内私的資本にも開放すると通達した[18]．また，電力，電気通信，鉄道，航空運輸と石油などの独占的分野，ガス，水道と都市内旅客運送などの公共事業・インフラ分野，教育，科学技術研究，衛生，文化とスポーツなどの社会的事業，銀行，証券と保険などの金融業，それに国防科学技術工業など，私的資本の参入が可能な分野を示した（国務院発布「自営業，私営企業など非公有制経済発展の激励，支持と誘導に関する若干意見」）．2010年5月，国務院はさらに許可した民間資本の参入分野を具体化し，実施細則の作成を各政府担当部門に指示した（国務院発布「民間投資の健康的発展の激励と誘導に関する若干意見」）．

上記の政策は戦略的分野における民間資本の参入規制を緩めたはずであるが，実施状況は芳しくない．国有企業は行政の力を利用して，見えない障壁を作って，その独占分野への民間資本の参入を排除していると批判されている．また，リーマンショックの影響によって景気が悪化したあと，鉄鋼（山東鋼鉄の日照鋼鉄買収など），石炭（山西省私営炭鉱の大規模買収など），航空（国際航空の東星航空買収など）などの産業では，国有企業が私有企業の「救済」のため，買収に乗り出したことが物議を醸した．さらに，多くの中央企業が競争的分野のはずの不動産業にも進出し，土地備蓄を拡大したこと

も反発を買った．そして，景気浮揚策の大規模財政出動は，私有企業にとっての恩恵が少なかった．それに私有企業は金融の面で差別も受けており，不満が高まった（賀 2009; 房 2009; 杜 2009）．マクロ経済調整の名目のもとで，企業の経済活動に対する政府の介入が強化された結果，レントシーキングが拡大し，腐敗や癒着が深刻化したという批判もなされた（呉 2012）．

しかし，たとえ個別事案では起きたとしても，「国進民退」はマクロ経済において実際に存在しないとの議論もある．国家統計局は鉱工業における私営経済のシェアが2005-09年の間に上昇したことを根拠に，「国進民退」が存在しないと一蹴した．清華大学の胡鞍鋼教授も，1998-2010年の規模以上鉱工業企業に占める私営企業のシェアに基づいて，「国進民退」は事実に合致しないと主張している（胡 2012）．

「国進民退」は本当に存在しているのか，われわれは第6章で具体的に検証するが，ここでは第2章の表2-1と表2-3を照らし合わせて概観したい．2つの表には各鉱工業産業における国有企業の株主資本のシェアが記載されている．鉱工業業種分類基準が2003年に変わり，また2つの表の集計範囲も少し異なるが，大まかな変化をつかむのに差し支えがなかろう．比べてみると，ほとんどの産業では国有企業のシェアが低下した．国有企業のシェアが上昇したのは石油，たばこと電力だけである．民退どころか，民間企業の進出は怒涛のようである．

注
1) その後，政府はさらに国家計画委員会，国家経済委員会など計画管理組織の設置，農産品の政府統一買付・一手販売，計画管理物資の品目範囲の拡大などの措置を進めた．
2) 地方政府が聯合社に出資して経営権を掌握したため，聯合社の合作工場は実質的に国有工場である（薄 1991）．
3) 「街道工場」も出資，経営，労働，分配の面から見て本来の集団所有制企業と異なる．「街道工場」とは，就職問題解決などのために，都市部の町（「街道」）が興した主に都市労働者の家族が参加した集団所有制の工場である．
4) 人民公社では当初生産大隊が採算単位であったが，「大躍進」失敗後の経済調整

の中，1962 年に一般的に生産隊が採算単位になった．
5) 中兼（2002）は毛沢東時代の経済体制について，計画が緩やかであり，集権制が制度化されなかったことを指摘して「緩い集権制」と名づけた（中兼 2002）．
6) 石獅には華僑親族が非常に多く，海外からの贈り物などの郵送物を換金する需要によって，自発的に市場（いちば）が形成された．これも石獅が政府の注意を引いた理由の 1 つである．
7) 年広久は幸運であった．同時期の 1982 年，温州市の柳市では低圧電器などの生産経営に携わる 8 人が「投機」と「経済秩序の攪乱」の罪で逮捕・指名手配される，いわゆる柳市「八大王」事件が起きた（呉 2007a）．なお，1984 年，「八大王」が無罪釈放された．
8) これは 1987 年の中国共産党第 13 回党大会の意思追認であった．
9) 1989 年に 9.06 万社あった私営企業が，1990 年 6 月には 8.8 万社に減少した（劇 2009）．
10) 2004 年の憲法改正案ではさらに国家が「非公有制経済の発展を激励，支持および誘導する」，「合法的私有財産が不可侵」と規定して，私的経済に対していっそうの重視姿勢を示した．
11) 宇通客車と水井坊は親会社に対する MBO である．なお，集団所有制の上場企業も入れると，同時期に MBO を実施した企業は 20 社もあった（李・袁 2008）．
12) TCL の公表資料だけで国有資産が流出したとは判断できない．ところで，経営用国有資産伸び率の公表値と各年末のデータに基づく計算値は一致しないことから，恵州市が利益を引き出したと推測される．公表伸び率をもちいて計算すれば，経営用国有資産の増額はさらに 5.2 億元増える．
13) 現職はすべて 2014 年 2 月に聯想持株のホームページで確認した役職である．李勤と寧旻の当時の役職は資料制約のため，2011 年 10 月のものである．なお，この 2 人の 2008 年 10 月の役職は取締役・常務副社長と社長補佐である（「2008 年聯想持株有限会社債券募集説明書」）．
14) 2009 年，中国泛海持株集団が 27.55 億元で聯想持株の 29% の持分を手に入れた．計算すると，取得価格は 14.4 元/持分である（2008 年と 2009 年の 1 持分当たり純資産はそれぞれ 11.8 元と 13.4 元）．「持分支払計画」では，取得価格は 18.85 元である（2010 年の 1 持分当たり純資産は 18.8 元）．
15) 資料の制約でデータが取れないが，私営企業のカテゴリーの中にも，私営有限会社や私営株式会社といった会社制企業があることに，留意されたい（付録 1）．
16) もっとも，Huang（2008）によれば，分税制の導入にともなって，「市場保全型連邦制—中国型」が終焉した．
17) 論文では「郷鎮企業は，地方政府が設立，維持しており，民間企業ではない」とされており，これは明らかに誤った郷鎮企業定義である．なお，Huang（2008）も「郷鎮企業は本当に公有制企業か？」と問いかけて，郷鎮企業の中には私的企業も存在すると指摘した．

18) すでに 2001 年発展計画委員会発布の「民間投資の促進と誘導の若干意見」においても同様な記述があったが，民間資本参入の具体的な分野として水道供給，汚水・ゴミ処理，道路・橋梁工事といった都市インフラ建設しかし示さなかった．

第4章
外資の導入

　第3章では自営業，私営企業と郷鎮企業の成長ならびに国有企業の民営化の考察を通じて，国内私的資本の成長を見てきた．第4章では，もう1つの私的資本，外資の導入を顧みる．

　中国は産業政策の実施において外資を活用している．外資の導入において，業種的特徴が際立つ．外資の参入が奨励される産業もあれば，制限・禁止される産業もある．外資の参入が許可されたとしても，外資の資本支配が許されない産業も存在する．このような外資参入規制のもとで設立された外資系企業は，外資企業（外資支配の企業）と異なる場合がある．

　中国の産業を見渡すと，すでに電子情報機器やファーストフードなど多くの分野において，外資が中国市場を制覇している．「外資脅威論」が浮上するほど，外資が中国経済の一角を占める存在になった．

　本章では，まず外資導入の流れを顧みる．次に，戦略的分野における外資政策を整理する．さらに外資の経済効果を確認し，最後に「外資脅威論」が提起された経緯とその内容を把握する．

1. 外資の導入：経済特区，「南巡」とWTO加盟

　毛沢東時代の中国は，国内私的資本との断絶に比べて外資との断絶がいっそう徹底的である．「三資企業」（合作，合弁，単独出資の外資系企業の形態）は，改革開放後の新語である．

1970年代に入り，国連復帰，ニクソン訪中，日中国交正常化など一連の出来事が起き，西側から外資を導入する環境が大きく改善された．1970年代末に宝山製鉄所などの大規模プラントが導入され，その後外国借款だけでなく，外国直接投資（FDI）の導入も積極的に進められてきた．

(1) 経済特区と「南巡講話」

外資の導入にとって，経済特区の設立が起爆剤であった．1980年，深圳（シンセン），珠海（シュカイ），汕頭（スワトウ），厦門（アモイ）に経済特区の設置が承認された．1988年に広東省所属の海南島も海南省に昇格されると同時に，経済特区に指定された．

特区の設置は，外資導入の拡大だけではなく，外国の設備，技術，経営ノウハウと市場を手に入れ，さらに輸出の拡大を通じて外貨保有量を増やし，新規雇用先を確保する狙いもあった．

経済特区の「特」のところは，主に税制やインフラ整備などの面において外資系企業の設立を優遇したこと，それに外資という私的資本が特区の経済活動の重要なプレイヤーであるため，市場メカニズムをある程度容認したことにある．

紛らわしいことに，中国では外資系企業や外資の「外」がさしているのは，外国だけではなく，香港，澳門（マカオ），台湾も含まれる．もっとも，経済特区が深圳，珠海，汕頭，厦門，海南に設置された理由の1つは，これらの地域は香港，澳門，台湾，東南アジアに近くて華僑・華人の親族が多く，その資本の活用が期待できるからである．

第3章で見た「地下工場」が盛んだった福建省石獅では，改革の前に海外から贈り物として送られてきた毎年20万個以上の小包を販売する闇市場も急速に規模を拡大した．石獅の闇市場は閉鎖されたが，経済特区は外資の活動を合法化したので，当然のことながら外資の進出は勢いを増した．

外資の活動が社会主義経済の中で活発化すると「資本主義的」な側面が誘発されるのは，経済特区設置当初から想定されたはずである．実際に経済特区政策が実施されると，やはり特区に対する批判が噴出した（呉 2007a）．

それでも特区政策を推し進めたのは，1984年1月の鄧小平の南方視察（第1次「南巡」）であった．鄧小平は深圳や珠海などの経済発展を確かめたあと，「経済特区政策は正しい」と揮毫した．同年5月に鄧小平の提案で大連，天津，青島，上海，温州，福州，広州など14の沿海都市が開放都市と指定された．1990年に「経済特区以上の特区」としての上海浦東の開発も認められた．外国直接投資の流入が1983年の9億米ドルから1989年の34億米ドルに確実に拡大し，登記した外資系企業も1980年の7社から1989年の18,968社に大きく増えた．

　さらに，1989年の「天安門事件」後の市場化改革の後退を食い止めるために，1992年早春に鄧小平が第2次「南巡」を行った（第1章）[1]．そこで，彼は「経済特区は社会主義的であり，資本主義的ではない」と明言した．「南巡講話」後，外資導入政策が一気に長江沿岸都市，内陸都市，辺境都市まで広がった．市場化政策が国策として認められたことも外国企業の対中投資を促した．外国直接投資が1990年代半ばに400億米ドルを突破し，外資系企業の設立が大ブームを迎え，その数は年々数万社規模で増加した（図4-1）．

(2) WTO加盟

　ところが，その後，プチバブル気味の中国経済が鎮静化して低迷期を迎えた．そして，1997年にアジア通貨危機が起きた．外資系企業の数が減少し，外資の流入が頭打ちになった．この局面を打開したのは，2001年12月の中国のWTO（世界貿易機関）加盟であった．

　中国は1986年にGATT（関税及び貿易に関する一般協定）に対して「締約国としての地位回復」を申請した．中華民国が1947年にGATTに調印して締約国になったが，1950年にGATTを脱退した経緯があったのである．しかし，1989年に「天安門事件」が起き，GATTへの復帰の道が閉ざされ，そして1995年1月にWTOが発足して，同年末にGATTが失効したため，中国はあらためてWTO加盟を申請することになってしまった．振り返っ

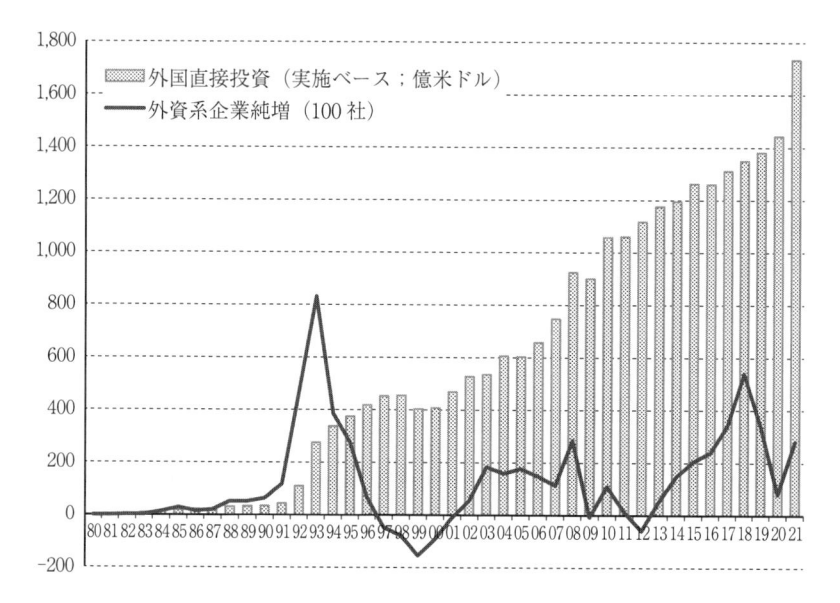

出所:『中国統計年鑑』各年版，国家工商行政総局発布の「2008年全国市場主体発展状況報告」より作成．

注：1) 外国直接投資は1980-82年の年次データが得られない．なお，1979-82年の合計値は17.7億米ドルである．
　　2) 2008年からの外資系企業純増数は，外資系企業の中国内支社・支店を含めた年末企業数の前年比である．

図4-1　外国直接投資の導入（1980-2021年）

てみると，GATT復帰申請から計算すればWTO加盟は15年の長い年月を要した．

　WTOは，基本的に最恵国待遇（加盟国は，同種の産品については，自国以外のすべての加盟国に対して，ほかの国の産品に与えているもっとも有利な待遇と同等の待遇を与えなくてはならない），内国民待遇（加盟国は，輸入品に与える待遇は，同種の国内産品に対するものと差別的であってはならない）などの基本原則を保証し，貿易の自由化を促進する．したがって，WTO加盟は中国にとって外国貿易拡大の好機であり，「世界の工場」としての中国の立地魅力を増した．

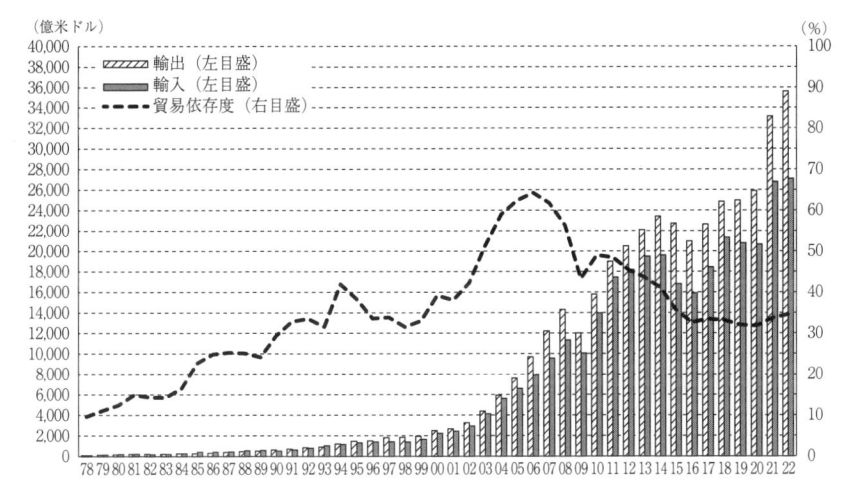

出所:『中国統計年鑑』各年版より作成.
注:貿易依存度=(輸出+輸入)/GDP×100%.

図 4-2 (貨物) 輸出入 (1978-2022 年)

WTO加盟後,対中投資ブームが再来した.この時期では,外資系企業の数が増加に転じただけでなく,Fortune Global 500 (フォーチュン誌が年1回発表している企業ランキング) に代表される海外の大企業の対中投資も本格化し,投資規模が大幅に拡大した.2010年に対中投資が1,000億米ドルの大台に乗った (図4-1).

2010年は中国のGDPが日本を超えて世界2位に成長した年としても注目された.経済規模の拡大は,中国国内市場の拡大を意味する.中国に対する多国籍企業の期待は,安い労働力を活かした「世界の工場」から大きなマーケットをもつ「世界の市場」へと軸足が移り変わりつつある.

「南巡講話」以降,外資の中国進出が加速して,1990年代半ばから貿易の黒字化も定着し,輸出入がうなぎのぼりに急拡大した (図4-2).輸出額は2004年に日本を超えて世界2位に,2009年にドイツを超えて世界1位になり,輸入額は2003年に日本を超えて世界3位に,2009年にドイツを超えて世界2位になった[2].

ところで，WTO加盟を果たした中国は，国際貿易において，今なお1つ大きな問題を抱えている．それは，「市場経済国」認定である．中国の市場経済地位について，ASEANの10か国，韓国などが認めているが，中国にとってもっとも重要な貿易相手国・地域の米国，EUと日本はまだ認めていない．

「市場経済国」として認定されないと，国際貿易において不利な立場に置かれる．その1つはアンチダンピング措置である．

ダンピングとは，ある商品の輸出価格がその商品の国内向け価格を下回った状態で輸出が行われていることである．ダンピング輸出によって，輸入国の競合産業が損害を被っていることが正式な調査によって明らかになった場合，輸入国は損害を被った自国の競合産業を救済するためのアンチダンピング措置をとることができる．具体的な措置として，輸出国の国内向け価格と輸出価格との差を上限とする関税を賦課することができる．

中国が「市場経済国」として認められない観点から，中国の国内向け価格自体も適正な比較可能な価格基準として認められていない．その結果，WTO加盟後の15年間は，代わりに第三国価格が適正価格としてダンピング認定に利用されている．WTO加盟後，中国の輸出入が急速に伸びたが，アンチダンピング措置発動件数が世界全体の3〜4割を占めるまでに増え，外国との貿易摩擦が激しくなった．もちろん，「市場経済国」認定問題はその1つの原因にすぎないが，この問題は「入世」（世界貿易機関に加入する）に15年間もかかったが，「入市」（「市場経済国」のグループに入る）にはさらに15年間もかかるかと，語呂合わせで揶揄されている．

2. 戦略的分野と外資参入

中国は1995年に「外商投資方向を指導する暫定規定」を発布し，その中で，初めて「外商投資産業指導目録」を発表した．その後，1997年，2002年，2004年，2007年，2011年に5回の改定を重ねた．

「外商投資産業指導目録」では外資参入の奨励，制限と禁止項目を別々に示している．目録にリストアップされていない産業は，単に外資の投資が許可された分野である．1995年版に比べて，2011年版「外商投資産業指導目録」では奨励項目数が172から354に，制限項目が114から80に，禁止項目が31から39に変化した．

戦略的分野は，中国経済の「命脈」であり，中国経済の「支柱」とされている．ここでは，2011年版の「外商投資産業指導目録」に基づいて，戦略的分野における外資参入の奨励（一部），制限と禁止項目を表4-1にまとめた．

外資導入の主要な目的はその資金力と技術力の利用である．とりわけ，資本集約・技術集約の石油化学，化学工業，装備，自動車，電子情報，発電プラント，道路・港湾などのインフラ建設などでは，中国は外資の導入に積極的である．たとえば，合成ゴム，ロボット，工業プロセス自動生産システムの製造，自動車主要部品の製造および主要技術の研究開発，研究開発センターの設立，バイオテクノロジーとバイオ医学テクノロジー，バイオマスエネルギー開発技術などの投資が奨励されている．

もう1つの特徴は，環境技術の導入である．多くの産業の関連項目では，新エネルギー利用，省エネ，汚染防止，汚染処理設備と技術の導入が奨励されている．たとえば，2002年版「外商投資産業指導目録」から奨励項目として認められてきた自動車完成車製造は，2011年版では奨励類から姿を消したが，新エネルギー自動車の重要部品の製造が1つの奨励項目として追加された．

2010年，国務院が「戦略的新興産業の育成及び発展の加速に関する決定」を発布し，省エネ・環境保護産業，次世代情報技術産業，バイオ産業，高度先端装備製造産業，新エネルギー産業，新素材産業，新エネルギー自動車産業を「戦略的新興産業」と明確に位置づけた．これは2011年版「外商投資産業指導目録」にも反映された[3]．

外資の導入に当たって，地場企業の一般的な所得税率が33％であったの

表 4-1　戦略的分野関連の外資導入政策

分野	項目
(1) 国家安全と国民経済命脈に関する重要分野	
軍事工業	✖武器弾薬の製造 ✖軍事施設の安全及び使用機能を侵害するプロジェクト
送電・発電	○背圧型熱電併給発電所の建設，運営 ○発電を主とする水力発電所の建設，運営 ○新エネルギー発電所の建設，運営 ○自動車の充電所，電池交換所の建設，運営 ◇原子力発電所の建設，運営（中国側の持分支配）
	●小電力網の範囲内において，単機出力 30 万キロワット以下の石炭水蒸気凝縮火力発電所，単機出力 10 万キロワット以下の石炭水蒸気凝縮・抽出両用ユニット熱電複合発電所の建設，運営 ◆電力網の建設，運営（中国側の持分支配）
	✖小電力網を除いて，単機出力 30 万キロワット以下の石炭水蒸気凝縮火力発電所，単機出力 10 万キロワット以下の石炭水蒸気凝縮・抽出両用ユニット熱電複合発電所の建設，運営
石油・石油化学	○合成繊維原料：カプロラクタム，ナイロン 66 塩，スパンデックス，1,3-プロパンジオールの生産 ○合成ゴム：溶液重合スチレンブタジエンゴム（熱可塑性スチレンブタジエンゴムを含まない），高シス型ブタジエンゴム，ブチルゴム，イソアミルゴム，ポリウレタンゴム…… ○エンジニアリングプラスチック及びプラスチック合金：6 万トン/年以上の非ホスゲン法によるポリカーボネート（PC），ポリアセタール（POM）…… ○差別化化学繊維及びアラミド繊維，カーボン繊維，超高分子ポリエチレン繊維，ポリフェニレンサルファイド（PPS）等のハイテク化学繊維（レーヨンを除く）の生産 ○繊維及び非繊維用新型ポリエステルの生産：ポリトリメチレンテレフタレート（PTT），ポリエチレンナフタレート（PEN），ポリシクロヘキサンジメチレンテレフタレート（PCT）…… ○ラインごとの生産能力が日産 150 トン以上のポリアミドの生産 △石油，天然ガスのリスク探査，開発（合弁，合作に限定） △オイルシェール，オイルサンド，重油，超重質油等の特殊石油資源の探査，開発（合弁，合作に限定） △シェールガス，海底天然ガスハイドレート等特殊天然ガス資源の探査，開発（合弁，合作に限定）
	●1000 万トン/年以下の石油の常圧・減圧蒸留，150 万トン/年以下の接触分解，100 万トン/年以下の連続触媒再生式接触改質（芳香族炭化水素の抽出を含む），150 万トン/年以下の水素化分解による生産 ●ベンジジンの生産 ●ブタジエンゴム（高シス型ブタジエンゴムを除く），エマルジョンポリマー・

分野	項目
	スチレンブタジエンゴム，熱可塑性スチレンブタジエンゴムの生産 ●アセチレン法ポリ塩化ビニール並びに一定規模以下のエチレン及びエチレン加工製品の生産 ●通常のチップを使った化繊紡糸生産 ●レーヨンの生産 ◆……，原油，……の卸売，小売及び物流配送（30を超える支店を設立し，複数のサプライヤーから仕入れた異なる種類及びブランドの商品を販売するチェーン店は，中国側の持分支配とする） ◆製品油卸売及びガソリンスタンド（同一の外国投資者が30を超える支店を設立し，複数のサプライヤーから仕入れた異なる種類及びブランドの製品油を販売するチェーン店のガソリンスタンドは，中国側の持分支配とする）の建設，運営
電気通信	◆電信会社：増値電信業務（外資比率は50％を超えてはならない），基礎電信業務（外資比率は49％を超えてはならない）
石炭	◆特殊，希少な炭類の探査，開発（中国側の持分支配）
航空運輸	◇航空輸送会社（中国側の持分支配） ◆撮影，鉱物探査，工業等の汎用航空会社（中国側の持分支配） ✖航空交通管制会社
水運	○国際コンテナ連絡輸送業務 ◇定期，不定期国際海上輸送業務（中国側の持分支配） ▲外国船検数（合弁，合作に限定） ◆水上輸送会社（中国側の持分支配） ◆船舶代理（中国側の持分支配）
(2) 基礎・支柱産業分野	
装備	○垂直多関節工業ロボット，溶接ロボット及びその溶接装置設備の製造 ○石油探査，ボーリング，集積運搬設備の製造：工作深度が1500メートルを上回る浮遊式ボーリングシステム及び浮遊式生産システム及び関連する海底石油採掘及び集積運搬設備 ○520馬力以上の大型ブルドーザーの設計と製造 ○鉄道大型施工，鉄道線路，橋梁，トンネル保守補修機械及び検査，モニター設備並びにその重要部品の設計と製造 ○高精度帯材圧延機（厚み精度10ミクロン）の設計と製造 ○100万トン/年以上のエチレンプラントにおける重要設備の製造：年間処理能力40万トン以上の混合造粒機，直径1000ミリメートル以上のスクリュー排出型遠心分離機，小流量高揚程の遠心分離ポンプ ○自動車動力電池専用生産設備の設計と製造 ○精密金型（プレス金型は精度が0.02ミリメートルを上回り，キャビティ金型は精度が0.05ミリメートルを上回るもの）の設計と製造 ○大気汚染防止設備の製造：耐高温及び耐腐食濾過材料，低NOx燃焼装置，排

分野	項目
装備	煙脱窒素触媒及び脱窒素プラント装置，工業有機排気浄化設備，ディーゼル車排気浄化装置，重金属含有排気処理装置 ○石炭発電所，鉄鋼業焼結機の脱硝技術設備の製造 ○水力発電ユニット用の重要補助設備の製造 ○ハイテク環境保護型電池の製造：動力ニッケル水素電池，ニッケル亜鉛電池，銀亜鉛電池，リチウムイオン電池，太陽エネルギー電池，燃料電池等（新エネルギー自動車の充電式動力電池を除く） ○新エネルギー発電プラント又は主要設備の製造：太陽光発電，地熱発電，潮流発電，波浪発電，廃棄物発電，メタンガス発電，2.5メガワット以上の風力発電設備 ○工業プロセス自動制御システム及び装置の製造：フィールドバス・コントロールシステム，大型プログラマブルロジックコントローラ（PLC），二相流量計，固体流量計，新型センサー及び現地調査計器 △軌道交通運輸設備（合弁，合作に限定） △航空エンジン及び部品，航空補助動力システムの設計，製造と補修（合弁，合作に限定） △送電・変電設備の製造（合弁，合作に限定）：アモルファス合金変圧器，500キロボルト以上の高圧スイッチ用操作構造，アーク制御装置…… △◇民間用飛行機の設計，製造と補修：幹線，支線の飛行機（中国側の持分支配），汎用飛行機（合弁，合作に限定） ◇海洋工事設備（モジュールを含む）の製造と修理（中国側の持分支配） ◇船舶用低速，中速ディーゼルエンジン及びクランクシャフトの製造（中国側の持分支配） ●各種普通レベル（PO）ベアリング及び部品（鋼球，固定具），半製品の製造 ●一般ポリエステル長繊維，短繊維設備の製造 ●320馬力以下のブルドーザー，30トン以下の液圧掘削機，6トン級以下の車輪式ローダ，220馬力以下のグレーダー，地ならしローラー，フォークリフト，135トン級以下の電力伝動の非道路ダンプカー…… ▲400トン以下の回転式，キャタピラ式クレーンの製造（合弁，合作に限定） ◆船舶（ブロックを含む）の修理，設計と製造（中国側の持分支配） ✖開口式（酸性ミスト直接排出式）塩酸電池，水銀を含むボタン式酸化銀電池，水銀を含むボタン式アルカリ性亜鉛マンガン電池，ペースト式亜鉛マンガン電池，ニッカド電池の製造
自動車	○自動車のエンジンの製造，エンジン研究開発機構の建設：出力70キロワット以上のガソリンエンジン，出力50キロワット以上の排気量3リットル以下のディーゼルエンジン…… ○自動車主要部品の製造及び主要技術の研究開発：デュアルクラッチトランスミッション（DCT），オートメーテッドマニュアルトランスミッション（AMT），ガソリンエンジンターボチャージャー…… ○△自動車電子装置の製造と研究開発：○エンジン及びシャーシ電子制御システム及び主要部品，車載電子技術（自動車情報システム及びナビゲーションシス

分野	項目
	テム），△自動車電子バスネットワーク技術（合弁に限定）…… ○◇新エネルギー自動車の重要部品の製造：◇充電式動力電池（エネルギー密度≧110Wh/kg，循環寿命≧2000回．外資の比率は50％を超えないものとする），○電気自動車電気制御集積回路……
電子情報	○TFT-LCD，PDP，OLED等フラットディスプレー，ディスプレー材料の製造（第6代以下のTFT-LCDガラス基板は除く） ○集積回路の設計，幅0.18ミクロン以下の大規模デジタル集積回路の製造，0.8ミクロン以下のアナログ，デジタル集積回路の製造，MEMS及び化合物半導体集積回路の製造及びBGA，PGA，CSP，MCM等の先進パッケージとテスト ○タッチシステム（タッチスクリーン，タッチモジュール等）の製造 ○第三代以降の移動体通信システムの携帯電話，ベースステーション，基幹回線設備及びネットワーク検査設備の開発と製造 ○IPv6に基づく次世代インターネットシステム設備，末端設備，検査設備，ソフトウェア，チップの開発と製造 ○民間用衛星部品の製造 ○衛星通信システム設備の製造 ○衛星ナビゲーション測位受信設備及び主要部品の製造 ○事務機械の製造：多機能一体化事務設備（コピー，印刷，ファックス，スキャナ），カラープリンタ設備，精度2400dpi以上の高解像度のカラープリントヘッド，感光ドラム △航空交通管制システム設備の製造（合弁，合作に限定） ◇民間用衛星の設計と製造（中国側の持分支配） ●衛星テレビ放送地上受信設備及び主要部品の生産
土木工事業	○道路，独立した橋梁及びトンネルの建設，運営 ○都市高速道路の建設，運営 ○港湾の公用埠頭施設の建設，運営 ○石油（ガス）輸送パイプライン，石油（ガス）タンクの建設，運営 △支線鉄道，地方鉄道及びその橋梁，トンネル，連絡船及びステーション施設の建設，運営（合弁，合作に限定） ◇幹線鉄道網の建設，運営（中国側の持分支配） ◇高速鉄道，鉄道旅客運輸専用路線，都市間鉄道インフラ総合メンテナンス（中国側の持分支配） ◇民間用飛行場の建設，運営（中国側の相対的持分支配） ◇総合水利拠点の建設，経営（中国側の持分支配）
鉄鋼	○鉄鉱石，マンガン鉱石の探査，採掘と選鉱
非鉄金属	○直径200mm以上のケイ素単結晶及び研磨ディスクの生産 ○ハイテク非鉄金属材料の生産：化合物半導体材料（ガリウム砒素，リン化ガリウム，リン化インジウム，窒化ガリウム），高温超伝導材料，記憶合金材料（チタンニッケル，銅基及び鉄基記憶合金材料）……

分野	項目
非鉄金属	●貴金属（金，銀，プラチナ族）の探査，採掘 ●タングステン，モリブデン，錫（錫化合物を除く），アンチモン（酸化アンチモン及び硫化アンチモンを含む）等の希少金属の製錬 ●電解アルミ，銅，鉛，亜鉛等の非鉄金属の製錬 ▲希土類の精錬，分離（合弁，合作に限定） ◆海洋マンガン団塊，海砂の採掘（中国側の持分支配） ------ ✘タングステン，モリブデン，錫，アンチモン，蛍石の探査，採掘 ✘希土類の探査，採掘，選鉱 ✘放射性鉱物の探査，採掘，選鉱 ✘放射性鉱物の製錬及び加工
化学工業	○ファインケミカル：触媒新製品，新技術，染（顔）料の商品化加工技術，エレクトロニクス化学品及び製紙化学品，食品添加物，飼料添加物，皮革化学品（N-N ジメチルホルムアミドを除く）…… ○クロロフルオロカーボン代替物の生産 ○高性能フッ素樹脂，フッ素膜材，医療用フッ素含有中間体，環境親和型冷却剤及びクレンザーの生産 ○新型肥料の開発と生産：バイオ肥料，高濃度カリウム肥料，複合肥料，持続放出・放出制御肥料，複合型微生物接種剤，複合微生物肥料，わら及びゴミ腐敗剤，特殊機能微生物製剤 ○新型化合物薬物又は活性成分薬物の生産（原料薬及び製薬を含む） ○新型抗がん剤，新型心臓・脳・血管薬物及び新型神経系統用薬物の生産 ○バイオテクノロジー技術を採用する新型薬物の生産 ------ ●ソーダ灰，カセイソーダ並びに一定規模以下の又は旧式技術の採用による硫酸，硝酸，炭酸カリウムの生産 ●感光材料の生産 ●麻薬類を容易に製造可能な化学品の生産（エフェドリン，3,4-亜基二酸化フェニル-2-アセトン，フェニル酢酸，1-フェニル-2-アセトン，ピペロナール，サフロール，イソサフロール，無水酢酸） ●フッ化水素等低水準のHCFCs又は氟氯化合物の生産 ●旧式技術による，有害物質を含む，一定規模以下の顔及び塗料の生産 ●カムセル鉄鉱石の加工 ●資源の占有が大きい，環境汚染が深刻な，旧式技術による無機塩の生産 ●クロロマイセチン，ペニシリンG，リンコマイシン，ゲンタマイシン，ジヒドロストレプトマイシン，アミカシン，塩酸テトラサイクリン，オキシテトラサイクリン，メデマイシン，ロイコマイシン…… ●アナルギン，アセトアミノフェン，ビタミンB1，ビタミンB2，ビタミンC，ビタミンE，多種ビタミン製剤及び内服カルシウム剤の生産 ●国の免疫計画に入っているワクチンの種類の生産 ●血液製剤の生産 ◆麻酔薬品及び一類規制精神薬品原料薬の生産（中国側の持分支配）
探査設計	その他各分野参照

分野	項目
科学技術	○バイオテクノロジーとバイオ医学テクノロジー，バイオマスエネルギー開発技術 ○海洋開発及び海洋エネルギー開発技術，海洋化学資源総合利用技術，関連製品の開発及び高付加価値加工技術，海洋医薬と生物化学製品開発技術 ○省エネルギー技術の開発とサービス ○資源再生及び総合利用技術，企業生産排出物再利用技術の開発と応用 ○環境汚染処理及び監視測定技術 ○砂漠化防止及び砂漠整備技術 ○民間用衛星応用技術 ○研究開発センター ○ハイテクノロジー，新製品開発及び企業インキュベーションセンター △原油採掘回収率の向上，及び新技術の開発と応用（合弁，合作に限定） △物質探査，ボーリング，油井の探索，石油掘削記録，地下作業等，石油探査，開発の新技術の開発と応用（合弁，合作に限定） ◆測量製図会社（中国側の持分支配） ✘人体幹細胞，遺伝子診断と治療技術の開発と応用 ✘大地測量，海洋測量製図，測量製図航空撮影，行政区域境界測量製図，地形図及び普通地図編製，ナビゲーション電子地図の編製

(3) その他の戦略的分野

分野	項目
郵便	✘郵便会社，郵便の国内速達業務
出版・文化サービス	○体育施設の運営，フィットネス，競技パフォーマンス及び体育研修及び仲介サービス ◇上演場所の運営（中国側の持分支配） ▲ラジオ，テレビ番組，映画の製作業務（合作に限定） ◆映画館の建設，運営（中国側の持分支配） ◆演出代理機構（中国側の持分支配） ✘ニュース機構 ✘書籍，新聞，定期刊行物の出版業務 ✘オーディオ・ビジュアル製品及び電子出版物の出版，制作業務 ✘各級のラジオ放送局（ステーション），テレビ局（ステーション），ラジオ・テレビチャンネル（周波数），ラジオ・テレビ放送ネットワーク（送信局，中継局，ラジオ・テレビ衛星，衛星送信ステーション…… ✘ラジオ・テレビ番組の製作運営会社 ✘映画製作会社，配給会社，興業会社 ✘ニュースサイト，ネットワーク視聴番組サービス，インターネット利用サービス営業場所，インターネット文化運営（音楽を除く）
都市内旅客運送	◇都市地下鉄，電車等の軌道交通の建設，経営（中国側の持分支配）
水利・環境・公共施設管理	○汚水，ゴミ処理工場，危険廃棄物処理の処置工場（焼却場，埋立地）及び環境汚染処理施設の建設，経営

分野	項目
水利・環境・公共施設管理	◇総合水利拠点の建設，経営（中国側の持分支配） ✘自然保護区及び国際重要湿地の建設，運営
教育・衛生・社会事業	○職業技能訓練 ○老人，障害者及び児童サービス機構 △高等教育機関（合弁，合作に限定） ▲普通高校教育機関（合作に限定） ✘義務教育機構，軍事，警察，政治及び党学校等の特殊領域の教育機構
たばこ	△ジアセテート繊維及び繊維束の加工（合弁，合作に限定） ●たばこの葉の加工生産 ◆……，たばこ，……の卸売，小売及び物流配送（30を超える支店を設立し，複数のサプライヤーから仕入れた異なる種類及びブランドの商品を販売するチェーン店は，中国側の持分支配とする）
ガス・水道	○給水場の建設，運営 ○水再生工場の建設，運営 ◆人口50万以上の都市の都市ガス，熱エネルギー及び給排水パイプ網の建設，運営（中国側の持分支配）
鉄道	●鉄道貨物輸送会社 ◆鉄道旅客輸送会社（中国側の持分支配）
金融	●銀行，財務会社，信託会社，貨幣仲介会社 ●保険仲立会社 ◆保険会社（生命保険会社は外資比率が50％を超えてはならない） ◆証券会社（A株販売，B株及びH株並びに政府及び会社債権の販売と取引に限定，外資比率は1/3を超えてはならない），証券投資ファンド管理会社（外資比率は49％を超えてはならない） ◆先物取引会社（中国側の持分支配）

出所：「外商投資産業指導目録」2011年版より作成．JETROの翻訳をもちいた．戦略的分野の関連項目を，制限類と禁止類では全部，奨励類では一部抽出した．各分野については，第2章と第5章を参照されたい．

注：✘が付いている項目は禁止類である．○と●はそれぞれ外資の出資比率に制限がない奨励類と制限類の項目，△と▲はそれぞれ合弁・合作に制限された奨励類と制限類の項目，◇と◆はそれぞれ外資が持分支配しない条件が付いている奨励類と制限類の項目を表している．……は細目を省略したことを示している．

に対して，外資系企業には15％という優遇税率，そして，「二免三減」（利益計上後，2年間免税，次の3年間半減税）などの「定期減免税優遇」が適用されてきた．しかし，これらの優遇措置は2008年に地場企業と外資系企業の企業所得税率（25％）の統一に伴って，撤廃された[4]．その背景には，

中国の産業構造の変化，外資系企業に与える上記のような「超国民待遇」に対する批判の高まり，貿易黒字の拡大，貿易摩擦の増幅などの事情があった．

ところが，優遇政策が適用される産業もある．たとえば，国家の重点的支援が必要なハイテク企業は 15% の所得税率が適用可能であるし，経済特区や上海浦東新区の新設ハイテク企業は「二免三減」が適用される．ハイテク企業を具体的に規定した「ハイテク企業認定管理弁法」(2008 年 4 月科学技術部・財政部・国家税務総局発布)によれば，国家が重点的にサポートするハイテク分野は，電子情報技術，バイオ及び新医薬技術，航空・宇宙産業技術，新素材技術，ハイテクサービス業，新エネルギー及び省エネ技術，資源及び環境技術，ハイテクに基づく伝統産業革新技術であり，外資参入奨励項目と重なる部分が非常に多い．なお，これらの優遇措置の適用は地場企業と外資系企業を問わない．

このように，多くの戦略的分野では，外資の参入が可能である．これに対する国内私的資本の反発を和らげるため，国務院が国内私的資本の参入規制を緩めた 2005 年の通達の中で，わざわざ「外資の参入が許可されている産業分野は，国内私的資本にも開放する」の一文を入れたのである（第 3 章）．

ところで，軍事工業（武器弾薬製造など），非鉄金属（希土類の探査，採掘，選鉱など），郵便，出版・文化サービス（ニュース機構，書籍，新聞，定期刊行物の出版業務，ニュースサイトなど）では，外資の参入禁止が目立つ．

さらに，外資の参入が制限される項目も多く，たとえ外資の参入が奨励されている投資項目でも，「中国側の持分支配」や，「合弁，合作に限定」などの条件が付けられたものも多数ある．とりわけ，電気通信，石炭，航空運輸，都市内旅客運送，たばこ，鉄道，金融では無条件の奨励項目が設けられていない．ちなみに，卸売・小売（物流除外）も奨励項目が設けられていない．

WTO 加盟に際して，中国は加盟後の外国貿易権の開放，金融・保険・証券，卸売・小売などサービス業の開放を約束した．確かに外資に対する規制は幾分緩和された．たとえば，生命保険では外資の出資が 50% 以下であれ

ば投資可能になり，その他の保険会社では外資の単独出資の認可も可能になった．航空輸送会社（中国側の持分支配）も制限類から奨励類にランクアップされた．「増値電信業務」では，外資比率は50％以下，「基礎電信業務」[5]では外資比率は49％以下という条件のもと，外資が電信会社に参入できるようになった．とはいえ，出資比率制限などが目立っており，これらの分野における外資の活動はやはり危惧されている．

　表に付け加えて言うと，2011年まで奨励されてきた自動車完成車製造への外資参入も，実は「外資比率は50％を超えないこと」という条件が付いていた．実際に，一汽大衆（第一汽車とフォルクスワーゲン・アウディの合弁）では国内資本と外資が6対4であるが，天津一汽トヨタ（第一汽車とトヨタの合弁），東風日産（東風汽車と日産の合弁），北京現代（北京汽車と現代（ヒュンダイ）の合弁），広汽本田（広州汽車とホンダの合弁）など国内資本と外資が5対5出資のケースが多い（日刊自動車新聞社・日本自動車会議所編2013；李2009）．

　したがって，外資の産業支配力を評価する際，外資が参入した外資系企業のデータに基づいて測った場合，とりわけ，外資の出資比率に制限が多い戦略的分野において，外資の力に対する評価が過大になる．

3．外資導入と技術・知識のスピルオーバー

　経済特区の設置，「南巡講話」とWTO加盟を経て，外国からの投資が拡大した．外資は直接に中国の生産拡大，雇用増加，設備導入，技術獲得，市場化の加速をもたらした（大橋2003；羅・張2012）．ここでは，外国貿易の商品構造の変化を通じて外資導入によって中国の貿易の産業構造がどのように変化したのかを確認し，そして外資の技術・知識が地場企業にスピルオーバーしたのかについて調べる．

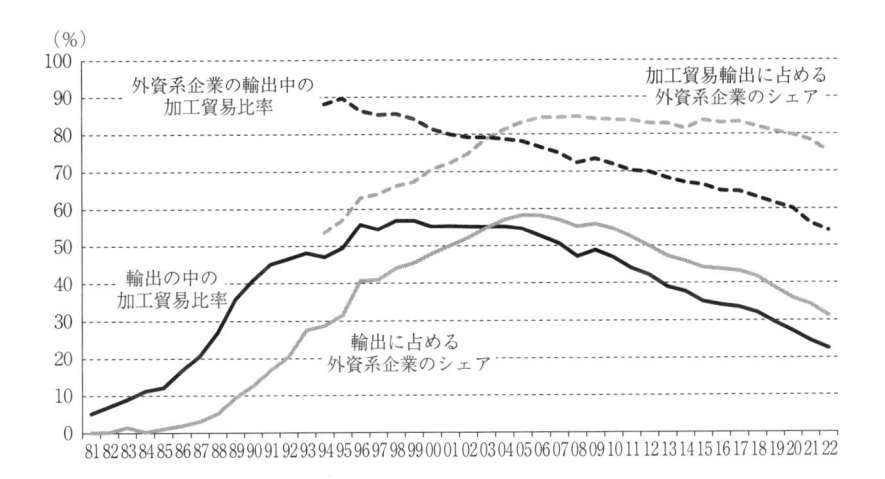

図4-3 輸出における加工貿易と外資系企業のシェア（1981-2022年）

出所：『中国貿易外経統計年鑑』2013年版，『中国海関統計年鑑』各年版，中華人民共和国海関総署「統計月報」より作成．

（1） 産業高度化

海外市場へのアクセスが外資導入の目的の1つである．2000年代半ばまで外国貿易に占める外資系企業のシェアが急速に伸びた．外資系企業の最も重要な貿易形態は加工貿易である．加工貿易とは，全部または部分の原材料，部品，包装材料などを輸入して，加工・組立てを行って生産した製品を国外に輸出することである．中国の輸出を見ると，加工貿易は2000年代までその約半分を占めており，そしてこの加工貿易の8割を担っているのは外資系企業である（図4-3）．

中国の最大の輸出企業は鴻海精密工業（台湾資本）の系列企業を束ねた富士康科技集団（Foxconn）である．富士康の2010年の輸出額は823億ドルに達し，中国の貨物輸出額の5.9%を占めた．

鴻海はアップルのスマホ，タブレット，パソコン製品のほか，アマゾンのタブレット，HPとデルのパソコン，任天堂とマイクロソフトのゲーム機，ソニーのテレビなどを受託製造するEMS（電子機器受託製造サービス）世

界最大手企業である．2012年度の売上高は11.6兆円に達し，パナソニックの7.8兆円を大幅に上回った巨大企業である．

中国の海関統計を見ると，鴻海の系列企業が輸出入企業ランキング上位の常連である．2010年，鴻海系列の富泰華工業（深圳）有限会社，鴻富錦精密工業（深圳）有限会社，鴻富錦精密電子（煙台）有限会社，鴻富泰精密電子（煙台）有限会社4社がそれぞれ輸出金額の2位，5位，10位，14位にランクインされると同時に，輸入金額の3位，5位，20位，43位にもランクインされている．この4社の輸出額が420億ドルに達し，輸入額も294億ドルに上っており，鴻海の輸出は典型的な加工貿易である．中国の外国貿易が急速に拡大し，国際収支も大幅な黒字になった背景には，富士康のような外資系企業の役割が非常に大きい．

中国は生産能力の拡大，製品品質の改善，生産性の向上を目的に，外国の優れた技術と設備の導入を図ってきた．外資は製造業を中心に，そして製造業の中でも，電子情報機器，装備，紡織，衣服・革製品などを中心に中国に投資してきた（第6章）．外資導入の結果，中国の貿易構造が大きく変化した（図4-4）．

中国の輸入の中心は機械類及び輸送機器類であり，そのシェアは4割を前後に推移してきた．次に輸入シェアが大きいのは（原油などの）鉱物性燃料と（金属原料などの）食用に適しない原材料である．これらの1次産品は約3割の輸入シェアを占めている．この3種類の商品だけで輸入の約7割を占めており，中国の輸入は主に機械部品・加工品，設備，エネルギー・資源であることがわかる．

輸出を見ると，機械類及び輸送機器類と雑製品だけで7割を占めている．1980年代半ばまで，外貨獲得のため，鉱物性燃料，食用に適しない原材料，食料品は輸出全体の約半分を占めていたが，その後シェアが急激に低下した．その代わりに，（衣類，履物，玩具などの）雑製品が1990年代初頭に輸出の約4割を占めて，中国のもっとも重要な輸出商品になった．さらに，1990年代半ばから労働集約型産業から資本・技術集約型産業へ輸出の主役の交代

第4章 外資の導入

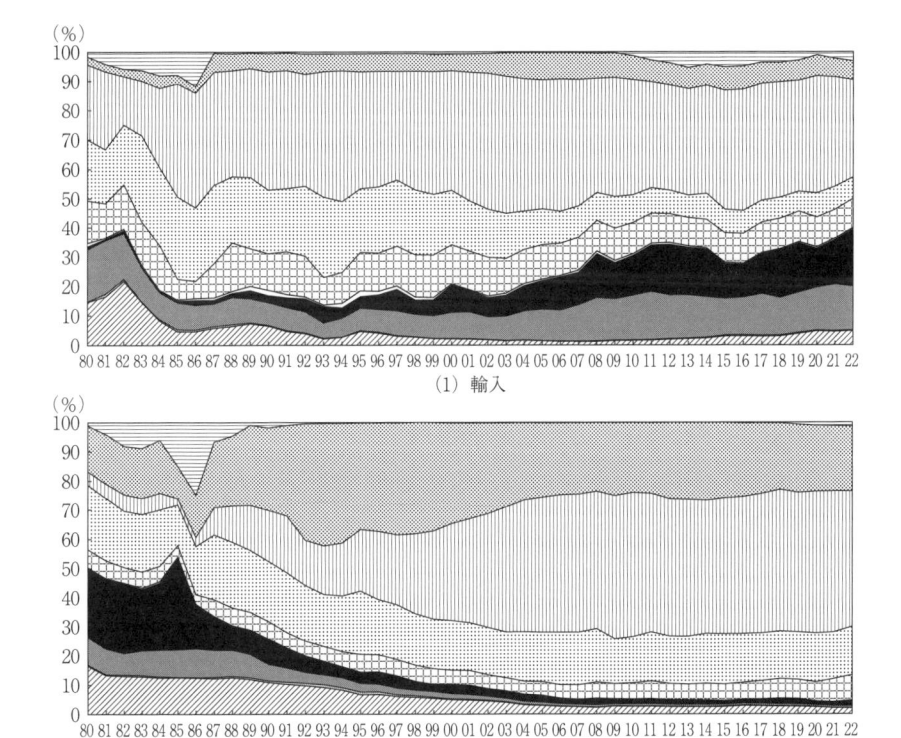

(1) 輸入

(2) 輸出

▨ 0：食料品及び動物
　　（生きているもの，主として食用のもの）
▩ 1：飲料及びたばこ
▨ 2：食用に適しない原材料（鉱物性燃料を除く）
■ 3：鉱物性燃料，潤滑油その他これらに類するもの
□ 4：動物性又は植物性の油脂及びろう
▦ 5：化学工業の生産品
▨ 6：原料別製品
▥ 7：機械類及び輸送機器類
▨ 8：雑製品
▤ 9：特殊取扱品

出所：UN Comtrade,『中国統計年鑑』1998年版より作成．
注：商品コードはSITC分類である．

図4-4　貿易の商品構造（1980-2022年）

が進んだ．2000年代後半になると，雑製品のシェアが約1/4にまで低下し，機械類及び輸送機器類の輸出が約半分を占めるように拡大した．

このように，機械分野はすでに中国の輸出と輸入の中心になった．しかし，一口に機械と言っても，さまざまな製品があり，技術レベルも一様ではない．ここでは，2桁SITC分類に基づいて，もっとも簡便な指数，貿易特化係数

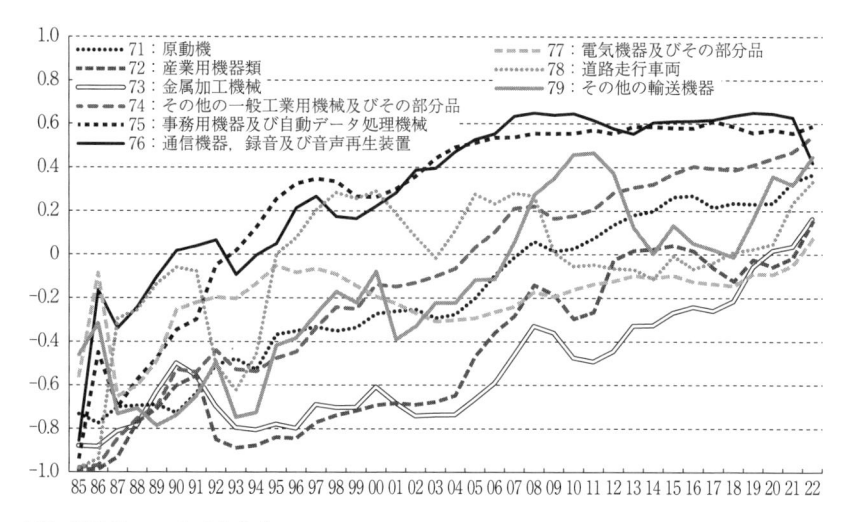

図中凡例:
- 71:原動機
- 72:産業用機器類
- 73:金属加工機械
- 74:その他の一般工業用機械及びその部分品
- 75:事務用機器及び自動データ処理機械
- 76:通信機器,録音及び音声再生装置
- 77:電気機器及びその部分品
- 78:道路走行車両
- 79:その他の輸送機器

出所:UN Comtrade より作成.
注:商品コードは SITC 分類である.

図 4-5 中国の機械類及び輸送機器類の貿易特化係数(1985-2022 年)

〔(輸出-輸入)/(輸出+輸入)〕をもちいて中国の機械分野の国際競争力を調べた(図 4-5).貿易特化係数が高ければ高いほど輸入より輸出が多く,国際競争力が高いと考えられる.

貿易特化係数を見ると,(コンピューター,複写機などの)事務用機器及び自動データ処理機械,(テレビ,ラジオ,電話機,送信機などの)通信機器,録音及び音声再生装置のように,中国が国際競争力を身につけた分野もあれば,金属加工機械のような競争力が未だに弱い分野もある.しかし,いずれの機械・輸送機器分野においても,中国は国際競争力を大きく強化したことは,間違いない.この分野に対する外資の旺盛な投資を考えると,中国の輸出構造の変化における外資の役割が非常に高く評価できる.

もっとも,中国の貿易構造だけに基づいて産業高度化水準を測ることは,実情を幾分過大評価している点に留意すべきである.たとえば,iPhone5(16GB)の米国販売価格 649 ドルから,中国が受け取る製造コスト相当分はたった 8 ドルといわれている(Rassweiler 2012).iPad や iPhone を裏返

して見ると，「Designed by Apple in California. Assembled in China」が印字されている．つまり，これらのアップル製品の製造において，中国の主要な役割は，アップルのデザインにしたがって，韓国，日本，アメリカなどから輸入した部品を組み立てるだけのことである．

とはいえ，外資の導入が工業化を促進し，産業高度化をもたらしたことは間違いない．われわれはすでに戦略的分野の外資政策を見たが，中国は外資の導入を産業発展のために利用してきた．たとえば，2009年，中国は世界一の自動車生産大国になり，2013年に自動車生産台数が2,000万台の大台に乗った．フォルクスワーゲン，GM，現代，日産など外国自動車資本の進出がなければ，年間2,000万台の自動車生産は想像できない．町中を走っている乗用車ブランドを見ても，大半は外国勢のものである．近年，大気汚染やエネルギー問題に対処するため，新エネルギー自動車産業の育成が重要視されるようになった．そこで，外資の力を借りようと，外資誘致政策も相応に修正されたことは，前記のとおりである．たとえば，2013年，トヨタが中国民間電池メーカーとのハイブリッド車用電池合弁生産に乗り出し，常熟市に大規模研究開発センターも完成させた．さらに，合弁相手の第一汽車と広州汽車と，中国の道路に合ったハイブリッド車制御技術を共同開発することも表明した．

(2) 技術と知識のスピルオーバー

外国の技術や経営ノウハウは，外資導入を通じて，外国の企業から中国の子会社や中国地場企業に意図的に移転されるであろう．それだけにとどまらない．外資系企業の経営活動が意図的でなくても，結果的に中国地場企業の技術力や生産性を向上させるといったスピルオーバー効果も存在すると考えられる．

スピルオーバーのチャンネルは，主に産業内スピルオーバー（intra-industry spillover）と産業間スピルオーバー（inter-industry spillover）に分類できる．後者はさらに後方スピルオーバー（backward spillover）と前方スピル

オーバー（forward spillover）に分けることができる[6]．

　産業内スピルオーバーは水平的スピルオーバー（horizontal spillover）とも呼ばれている．産業内スピルオーバーは，まず，外資系企業の技術と管理・組織イノベーションに対する地場企業の模倣から発生すると考えられる．

　また，外資導入の結果，外資系企業は中国が必要とする資本，技術，設備を投入しただけではなく，中国の労働者を雇用し，技術を習得させ，人的資本を高めた．外資系企業が訓練したこれらの労働者，技術者，経営者が地場企業に転職した場合も，彼らが新しい企業を設立した場合も，外資系企業の技術や経営ノウハウが流出して，スピルオーバーが発生する．もちろん，報酬条件などに惹かれて，地場企業の技術者・経営管理者が外資系企業に引き抜かれて，地場企業の生産性が低下することも起こりうる．

　外資の参入によって，競争が激化するが，競争はもろ刃の剣である．一方では，外資系企業との激しい競争に勝ち抜くために，地場企業が効率改善活動と技術導入を進め，その結果，技術レベルが向上すると考えられる．他方では，競争によって地場企業の市場が外資系企業に奪われた場合，地場企業の生産性が低下する可能性もある．たとえば，洗剤，化粧品，自転車，飲料，感光材料など多くの業種において，外資との合弁や合併の結果，外国ブランドが国内著名商標に取って代わって市場を支配していると批判されている（呉 2011）．

　地場自動車メーカーを例にとると，中国の 2012 年のグループ別生産台数第 9 位の自動車メーカー奇瑞グループは，第一汽車とフォルクスワーゲンの合弁で生産していた Jetta を模倣して，初代乗用車風雲のシャーシを製造した．同様に，第 11 位の自動車メーカー吉利の初代乗用車豪情も，第一汽車とダイハツの提携生産のシャレードに似ているといわれている．

　奇瑞と吉利では経営者や技術者の中に，外国自動車メーカーと合弁している第一汽車と東風汽車の技術者が多い．奇瑞の創業社長尹同躍も第一汽車出身である．もちろん，これらの地場企業が草創期を卒業してさらなる成長を遂げ続けられたのは，市場競争に勝ち抜くための経営者や技術者たちの懸命

な努力によるところがもっとも大きい（財政部科研所調研組 2008; 江ほか 2011; 田ほか 2010）．

スピルオーバーは産業内にとどまらず，産業をまたがって発生する可能性もある．いわゆる産業間スピルオーバーである．産業間スピルオーバーは垂直的スピルオーバー（vertical spillover）ともいわれている．

地場企業が外資系企業のサプライヤーの場合の産業間スピルオーバーは後方スピルオーバーである．外資系企業が中間財に対する需要を増やし，それを生産する地場企業に品質レベルを求めたり，品質達成のために地場企業に関連知識を移転したりした場合，地場企業にイノベーションをもたらす可能性がある．たとえば，中国は長年外国合弁自動車メーカーに対して，国産化率の達成を求めてきた．外資系企業の自動車部品の中国生産を促すほか，地場部品メーカーの品質向上と技術習得に対する外資の協力を引き出す狙いもあった[7]．

ところが，中間財について，外資系企業が海外から調達したり，地場生産者間の競争が激化したりした場合，外資の参入が結果的に地場企業を市場から追い出すこともありうる．たとえば，上海市と北京市の外資系企業に対するアンケート調査結果によれば，外資は地場部品メーカーに対して，生産管理方法のアドバイス，コーディネーターの設置，技術者の養成など積極的な役割を果たしているとはいえ，部品は主に海外企業と国内の外資系企業に依存しており，中国国内調達比率が低い（原・宋 2007）．

もう1つの産業間スピルオーバーは外資系企業が地場企業に中間財を提供した場合の前方スピルオーバーである．外資系企業の先進的・低コストの中間財とその付随サービスの取得を通じて，地場企業の生産性の向上が期待できる．たとえば，吉利が天津トヨタ自動車エンジン公司のエンジンを採用したように，地場自動車メーカーは外資系企業の重要部品の生産能力を活用している（江ほか 2011; 田ほか 2010）．外資系企業の先進的な中間財が，地場企業の成長を支えたのである．

ところで，スピルオーバーが現れるかどうかは，地場企業がスピルオーバ

ーを吸収する能力をもっているかどうかと関係する．外資受入国の経済制度，発展水準，人的資本レベル，技術水準，内外技術ギャップの大きさなど，さまざまな要素が外資のスピルオーバーに影響を与えていると考えられる．

それでは，中国では外資のスピルオーバーは実際に存在するのか[8]．

Jeon et al.（2013）は国家統計局の1998-2007年の製造業企業個票データをもちいて，地場企業のTFPに対する外資のスピルオーバーを分析した．その結果，外資はプラスの産業間スピルオーバーを有する一方，とりわけ，低い技術集約度の産業では，統計的に有意のマイナスの産業内スピルオーバーが検出された．ただし，この研究では前方スピルオーバーと後方スピルオーバーに分けた分析はなされなかった．

陳（2012）は世界銀行の1999-2002年の1,566社の中国製造業企業調査個票データをもちいて分析した．地場企業のTFPに対して，産業内では外資の販売拡大がマイナスの影響を与えたが，産業間では外資がプラスの前方スピルオーバー効果をもっている一方で，後方スピルオーバーが統計的に有意でない，と結論した[9]．

八代（2011）は国家統計局の製造業企業個票データと「工業企業科技活動統計」を産業・省レベルに統合したうえで接続して，2000-07年の31省・39業種の集計データセットを作成した．このデータセットをもちいて地場企業のTFPに対する外資のスピルオーバーを分析した結果，やはり産業内において外資のスピルオーバーが検出できなかったが，外資系企業のプラスの前方スピルオーバーとマイナスの後方スピルオーバーが検出された．

八代（2011）はさらに地場企業のTFPだけでなく，その発明特許申請数に対する外資のスピルオーバーも調べた．対照的な結果が現れた．産業間では外資のスピルオーバーは検出されなかったが，産業内では外資のプラスの寄与が検出された．TFPが生産効率の向上といったプロセス・イノベーションを表すのに対して，発明特許申請数は革新的な技術・新製品の開発といったプロダクト・イノベーションを表す．上記の研究結果は外資の財の生産活動と知識の生産活動とが地場企業に対して異なる性質のスピルオーバーを

もたらしたとして捉えられる．

王ほか（2012）は，国家統計局の1998-2001年の9つの製造業の2桁業種の企業個票データをもちいて，地場企業のTFPに対する同じ省・同じ2桁業種の外資系企業のスピルオーバーと地場企業・外資系企業技術格差の関係を調べた．適度な内外の技術レベルの差が，地場企業が外資の技術を吸収する条件になっており，外資のスピルオーバーには閾値条件が存在することが判明した．

このように，外資が地場企業にプラスのスピルオーバーを与えたかどうかは一概に答えられない．大規模な企業個票データをもちいた分析結果によれば，地場企業の生産性に対する前方スピルオーバーの存在が確認できる．しかし，マイナスの後方スピルオーバーあるいは産業内スピルオーバーを検出した研究もある．外資の活動は同産業の地場企業と地場サプライヤーに競争圧力をかけ，その市場シェアを縮小させて生産効率を低下させた可能性がある．とはいえ，産業内では外資が地場企業の知識生産活動を支えているとの分析もある．また，スピルオーバーには内外資本の技術格差の閾値条件が存在しているように，たとえ外資にマイナスのスピルオーバーが観察されたとしても，外資を排除するのではなく，外資のプラスのスピルオーバーが引き出せるような政策制度を構築したほうが賢明であろう．

4.「外資脅威論」

WTO加盟後，外資の中国進出が加速する中で，外資の経済効果，技術移転効果，優遇政策の必要性，外資の産業独占・寡占状況などについて，議論が交わされた（大橋2008）．2005年，当時の中国建設機械最大手，地方国有企業の徐工機械に対する外資買収が，「外資脅威論」に火をつけた．

2005年10月，米投資ファンドのカーライルが徐州市との間で，3.75億ドルを上限に徐工機械の85％の株式を取得することについて合意した．翌年6月，徐工機械の入札に敗れた私有企業の三一重工の向文波社長が，徐工機

械の買収にカーライルが提示した買収額を3割上乗せする考えを個人のブログ上で提案し，外資買収が戦略的分野の安全を脅かしたと猛批判した．外資買収反対の世論が瞬く間に拡大し，商務部と国資委が事情聴取に乗り出した．その後，買収価格の引き上げと取得株式数の引き下げについて協議されたが，最終的にカーライルが徐工機械への出資を断念した．

向文波がブログを通じて徐工機械買収を批判したことに歩調を合わせたかのように，同じ6月に商務部が「中国産業の外資支配報告書」を発表した（著者は北京交通大学李孟剛教授，同李文興教授と商務部蒋志敏）．報告書は，外資が市場，持分，技術，ブランド，知識財産権の各分野に対する支配を強めており，その結果，中国の産業安全がますます脅かされると警鐘を鳴らした（李ほか2006）．

2006年8月，商務部が2003年に発布・施行した「外国投資者の国内企業合併・買収に関する暫定規定」を大幅に改正して，「外国投資家の国内企業合併・買収に関する規定」として新たに発布した．この規定の第12条では，次のように定めている．

「外国投資家が国内企業を合併・買収して事実上の支配権を取得することによって，重点業種に関わり，国家の経済安全に影響を与えるもしくはそのおそれがある場合，または著名商標もしくは中国の老舗の屋号を保有する国内企業の事実上の支配権移転を引き起こす場合，当事者はこれにつき商務部に届け出なければならない．当事者が届出を行っていないが，その合併・買収行為が国家の経済安全に対して重大な影響を与えるもしくはそのおそれがある場合には，商務部は，関係部門と共同で，国家の経済安全に対する合併・買収行為の影響を取り除くために，当事者に対して取引キャンセルまたは関連持分・資産の譲渡もしくはその他の有効な措置をとるよう要求することができる．」

要するに，「国家の経済安全」を脅かす外資の国内企業に対する合併・買

収に関して，政府の審査が必要であり，政府が合併・買収を差し止めることができる．しかし，「重点業種」や「国家の経済安全」についての定義は示されなかった．

それでは，外資は脅威になったのか．「外資脅威論」の代表的論者，2007年に設立された北京交通大学「中国産業安全研究センター」が統計資料をもちいて，外資系企業の売上高シェアを調べた（李編 2012）．その計算結果を見ると，2010年末，皮革羽毛製品製造業，文化教育運動用具製造業，情報通信機器製造業，測量器具及び文化事務用機械製造業，自動車産業の自動車エンジンでは外資系企業の市場シェアが4割を超えている．食料品製造業，飲料製造業，衣服（靴）製造業，家具製造業，製紙業，医薬品製造業，化学繊維製造業，プラスチック製品製造業，電気機器製造業，ならびに自動車産業の自動車完成車製造と自動車・オートバイ附属品製造では，外資系企業の市場シェアが3割を超えている．報告書は世界基準では外資の市場支配警戒ラインは20％（一般産業では30％）であると説明し，上記の各業種の市場に対する外資の支配力が高いと主張した．

しかし，そもそも外資支配を警戒すべき産業と外資が支配している産業は，その意味が大きく異なる．また，上記の報告書の議論は外資系企業の支配力が外資の支配力を代理できるという前提に立っている．しかし，外資系企業には外資が支配できない企業も多く存在する（付録1）．外資の参入が奨励されるが，外資の持分支配が禁止されるといった投資項目も多く存在する．中国経済に対する外資の支配力を表すのは，外資企業の経済活動であり，外資系企業のそれではなかろう．

外資は本当に脅威になったのか，われわれは第5章で第2次経済センサスの企業個票データをもちいて詳しく分析する．

注
1) 「天安門事件」後，中国に対する西側諸国の投資が事実上中断したのに外資系企業の数や投資額が伸び続けたのは，台湾資本の対中投資拡大の影響である（大橋

2003).
2) 中国は大量に流入した外貨を為替管理した結果，外貨準備が急増した．2006 年に 1 兆米ドルの大台を突破して日本を超えて世界一になり，2011 年にさらに 3 兆米ドルを超えた．
3) 国家発展改革委員会が 2013 年に発表した「戦略的新興産業重点製品とサービスを指導する目録」を参照して，実際に 2011 年版と 1995 年版「外商投資産業指導目録」を比較すると，戦略的新興産業の関連奨励項目が大幅に増加し，求められる技術レベルも高まった．
4) なお，15% 所得税率が適用されている外資系企業については，企業所得税率が 2008-12 年の間，それぞれ 18%，20%，22%，24%，25% に漸次引き上げられ，「定期減免税優遇」を受けている外資系企業は期間満了まで引き続き受けられるといった移行措置が適用されている（2007 年 12 月国務院発布「企業所得税移行優遇政策の実施に関する通知」）．
5) 「基礎電信業務」とは公共ネットワーク基礎施設，公共データ伝送および基本音声通信サービスのことである．
6) スピルオーバーのチャンネルについては，Javorcik（2004）と陳（2012）の記述を参考にして整理した．
7) このような外国からの進出企業に対するローカルコンテント（local content）要求のほか，使用部品の製造要求，ライセンシング要求，出資比率規制など，多くの貿易関連投資措置（TRIMS）は，外資のスピルオーバー効果を高める目標をもっている（Görg and Greenaway 2004）．
8) 産業別集計データをもちいた外資スピルオーバー分析が多かった．しかし，一般に地場企業より外資系企業のパフォーマンスが高く，また外資が生産性の高い産業に対して重点的に投資する場合もある．高い外資系企業シェアをもつ産業の生産性が高いことは，外資の地場企業へのスピルオーバーとは無関係の可能性がある．したがって，近年，企業個票データをもちいた分析が提唱されている（八代 2011; 陳 2012）．
9) なお，産業内スピルオーバーに限って調べた結果，外資は雇用を通じて地場企業の TFP にプラスの影響を与えた（陳 2012）．

第5章

国有，私有と外資企業の「陣地」
―第2次経済センサス個票データベースに基づく分析―

　中国経済の主役は国有企業，私有企業，外資企業の中のどれであろうか．中国経済において国家資本の力がどれほど大きいのか．「国進民退」になったのか．外資が脅威になっているのか．中国は「国家資本主義」なのか．これらの質問に答えるために，国有，私有と外資企業の状況を丁寧に観察する必要がある．

　中国では体制移行が進んでいるが，国家資本の力も強化されている．国有企業のシェアが多くの産業において低下したものの，戦略的分野の国家資本を強化する政策も1990年代末から実施されてきた．国家資本が戦略的分野さえ抑えれば，「管制高地」から中国経済を制圧し，そして「公有制主導」によって社会主義を守ることができると考えられたのである（第2章）．

　実際に，私有企業の進出分野は規制や見えない壁によって制限されており，「国進民退」が批判されている（第3章）．外資の参入も多くの産業では禁止・制限され，外資の出資比率も規制されている．「外資脅威論」が声高に叫ばれており，外資の中国企業の合併買収に対する規制も強化された（第4章）．

　したがって，国有，私有と外資企業の攻防の分析には，産業の視点が欠かせない．とりわけ，国家資本が戦略的分野を支配しているのか，この分野に私的資本が浸透してきたのか，外資がどの産業分野において中国資本と「陣地」の争奪戦を繰り広げているのかなどを精査する必要がある．

　中国経済全体に対する国有，私有と外資企業の影響を分析するには，各産

業に対するこれらの企業の支配力を見るだけでは不十分である．各産業は製品・サービスの投入・販売などの経済活動を通じて他産業に影響を与え，そして他産業からも影響を受ける．各種所有制の資本が支配産業と他産業との産業間リンケージを通じて中国経済全体にインパクトを与えている．管見の限り，この問題は重視されてこなかった．

　産業間リンケージの調査を通じて，中国経済を支配する真の「管制高地」を浮き彫りにすることもできる．中国政府が重視している戦略的分野は本当に「管制高地」の役割を果たしているのか．国家資本が本当に戦略的分野といわれている産業をすべて堅守する必要があるのか．戦略的分野の支配だけで十分なのか．われわれはこれらの疑問についての答えを探りたい．

　本章では，まず，経済センサス個票データベースの利点を説明する．次に，第2次経済センサス個票データベースを利用して（農林漁業を除く）全産業における国有，私有と外資企業の力関係を分析する．管見の限り，これは中国経済における国家資本，国内私的資本と外資のプレゼンスを，4桁業種レベルまで掘り下げた初めての包括的調査である．そのうえで，2007年産業連関表をもちいて，国有，私有と外資企業のGDPシェアを試算し，それぞれの「陣地」が中国経済に与える影響を計算し，経済の「管制高地」に当たる産業を調べる．

1. なぜ経済センサス個票データベースの利用が望ましいか

　所有制・産業分析が正しい結論を導くかどうかは，その研究分析の基盤であるデータセットが中国経済をどこまで代表できるのか，ならびにこれらのデータを正確に利用できるのかにかかっている．

　黄（2011）は規模以上鉱工業企業集計データをもちいて，鉱工業企業を登記類型に基づいて国有企業，私営企業と外資系企業に分類して，三者の「鼎立」を主張している．しかし，企業の所有制比較分析では登記類型の私営企業と外資系企業が適切ではない問題とその国有企業データの曖昧さ（付録

1) を別にしても，産業というベクトルを入れた場合，三者の勢力図がどう変わるかも，残念ながら分析の視野に入っていない．

　鉱工業集計データのソースは，「鉱工業企業統計表制度」のもとで調査される「統計年報」である（徐2009）．民間企業の集計範囲は規模以上の企業であり，国有企業の集計範囲は2006年まではすべての企業であったが，2007年以降は規模以上の企業になった．なお，規模以上とは，売上高が500万元以上のことであったが，2011年以後2,000万元に基準が引き上げられた[1]．

　このデータセットは継続的に公表されてきたが，幾つかの利用上の問題を抱えている．第1に，公表の鉱工業企業集計では，国有企業の集計データは1999年以降公表されているが，私有企業と外資企業の集計が示されていない．この集計は3つの所有制企業の比較分析に利用しにくい．

　第2に，鉱工業集計データは，2桁業種レベルまでしか公表されていない．各種資本の力関係がもっと詳細な下位業種レベルにおいても成立するかは，集計データでは判断しようもない．

　第3に，当然のことながら，中国経済全般における支配状況は，鉱工業統計からは知ることができない．

　鉱工業統計と違って，経済センサスは農林漁業を除くすべての産業をカバーした全数調査である[2]．経済センサスの集計データも公表されているが，今までは2004年と2008年の2回しか経済センサスが実施されていないため，時系列比較には利用しにくい[3]．公表集計資料では，鉱工業を除いた産業の集計データも著しく貧弱である．事実，全産業にわたって公表された所有制・業種別統計は，企業法人の企業数と従業員数だけである．

　実証研究を見ると，加藤弘之教授は公表された第1次と第2次経済センサスの集計データをもちいて，2004-08年の国有企業の企業数・従業員数の増減を調べ，経済全体では国有企業の企業数シェアと従業員シェアがともに低下したことから「国進民退」が起きていないとしながらも，電力・ガス・水道，交通運輸・倉庫・郵便，金融・保険，不動産，物品賃貸・商務サービ

ス・旅行社，科学技術，水利・環境・公共施設管理，衛生・社会保険・社会福祉では，企業数と従業員数がともに増えたことを踏まえて国有経済が増強していると主張した（加藤・渡邊 2013）．Szamosszegi and Kyle（2011）は『中国統計年鑑』をもちいて，国有企業の付加価値について大胆な仮定を設けて試算した結果，2007 年の国有企業の GDP シェアは約 4 割であった[4]．

　重要な産業に焦点を絞り，調査対象を上位企業に限定して国家資本の支配力を測った研究もある．前記の Szamosszegi and Kyle（2011）は一部の戦略的分野に照準を合わせて，数社程度の上位国有企業を調査した．中屋（2013a）は調査対象を数十社規模に拡大して，発電出力，原油採掘量，電話回線数などの実物指標を調べて，戦略的分野に対する国家資本の支配を確認した．

　ところで，これらの先行研究でも見られるように，鉱工業集計データ，経済センサス集計データならびに上位企業調査では，観察できる産業が限定される，もしくは細かい業種レベルまで掘り下げられないといった難点がある．さらに，私有企業と外資企業のデータも公表されていない．そのため，国有，私有と外資企業の「陣地」について包括的に考察することができない．

　これらの問題は，第 2 次経済センサス個票データベースを利用すれば，一挙に解決できる（付録 2）．第 2 次経済センサス個票データベースは，農林漁業を除くすべての産業に従事する法人および法人格を有しない産業活動単位を網羅している．調査時点は 2008 年末である（付録 2）．

　中国経済における国家資本，国内私的資本と外資の構図を分析する際，資本支配に基づいて定義した国有企業，私有企業と外資企業のデータを利用することが望ましい．第 2 次経済センサス個票データベースの企業法人のデータには，資本支配を表す企業支配状況が記入されており，企業の所有制比較にとって利用しやすい．

2. 国有，私有と外資企業の「陣地」

　実際に中国では国家資本，国内私的資本と外資がどのような勢力図を見せているのか．

　集計結果を見る前に，データの集計方法について少し説明しておきたい．経済センサスでは，企業支配状況は国有支配，集団支配，私有支配，香港・澳門・台湾支配，外国支配とその他の計6種類がある．分析を簡潔にするため，その他を私有支配に統合し，香港・澳門・台湾支配と外国支配は外資支配に一本化した．そして，このように整理した国有支配，集団支配，私有支配と外資支配の4つの企業支配状況にしたがって，企業法人を国有企業，集団企業，私有企業と外資企業に仕分けた[5]．そのうえで，市場シェア（主営業務収入ベース）に基づいて，各業種の支配状況を調べた[6]．主営業務収入は主要な営業業務による収入である．そこで，市場シェアが50％以上であれば，市場を支配しているとみなした．

　われわれは4桁業種レベルのデータ整理にこだわった．国有，私有と外資企業の勢力図をより正確に描くために，4桁業種を観察することが必要である．たとえば，国有企業の支配が確認された輸送機器製造業（37）には自動車製造（372）や自転車製造（374）などの3桁業種が入っているが，自動車製造はさらに自動車完成車製造（3721）や自動車部品・附属品製造（3725）などに分類される．自動車製造では国有企業の市場シェアがもっとも高いが，自動車部品・附属品製造はむしろ民間資本の圧倒的支配部門である．

　なお，少数の企業法人のカバー率が低い産業については，法人全体の個票データをもちいて所有制分布を判断した．しかし，企業支配状況は企業法人に限って回答が必要である．企業法人のデータが利用できない産業は，法人の登記類型から所有制タイプを推測するほか方法がない．国有支配は110（国有），141（国有聯営）と151（国有単独出資有限会社）を，集団支配は120（集団所有制）と142「集団所有制聯営）を，外資支配は210～340（外

資系）を，私有支配はその残りの登記類型をそれぞれ集計した（付表1-1）．言うまでもなく，この場合，国有支配と集団支配が過小評価され，外資支配が過大評価されることになる．しかし，それにもかかわらず，これらのほとんどの産業は国有の支配下にあると判断できるので，分析の結論には影響がほとんどなかった．

ところで，主営業務収入と資産も企業法人もしくは企業会計制度を実施した法人だけのセンサス記入項目である．企業法人のデータが利用できない産業では，主営業務収入の代わりに年末従業員数を計算にもちいた．資産分布の集計ではこれらの産業を省いた．

農林漁業を除くすべての産業の市場支配状況と資産分布状況を整理した（付表2-2）．表が長いので，付録2に割愛した．

（1） 戦略的分野

各戦略的分野において，国有，私有と外資企業の市場シェアは次のような特徴を表している．

①軍事工業

国有企業は武器弾薬製造を圧倒的に支配している．

②送電・発電

この分野では国有企業が非常に大きな市場支配力をもっている．

ただし，（風力など）その他の発電では，私有企業も約4割の市場シェアをもっている．

③石油・石油化学

（石油）

石油関連ではもっとも重要な原油・天然ガスの採掘，石油精製ならびに関連産業の導管輸送業，石油及び同製品の卸売，自動車燃料小売は，国有企業が圧倒的に支配している．

オイル・シェールなどからの原油採取では，国有企業はほとんど市場シェ

アをもたないが，市場規模自体が非常に小さい．

（石油化学）

有機化学原料，合成材料と化学繊維を見ると，国有企業がこの分野で支配しているのは，繊維素繊維，アクリル繊維とビニロン繊維の製造だけである．ただし，有機化学原料と合成繊維単量体・重合体の製造では，国有企業も存在感を残している．

プラスチック及び合成樹脂と合成ゴムの製造では，私有企業と外資企業の市場シェアが近い．

上記以外の合成材料や化学繊維製造業種は，私有企業が支配している．

④電気通信

国有企業は固定電気通信，移動電気通信，有線放送伝送サービス，衛星通信を圧倒的に支配している[7]．

⑤石炭

れき青炭・無煙炭は国有企業の支配下にある．

そのほかの石炭化度が低い石炭の採掘やコークス製造は，私有企業が支配している．

⑥航空運輸

航空貨物運送では国有企業は民間企業と互角であるが，航空旅客運送や飛行場管理などその他の業種では国有企業が圧倒的な支配力を見せている．

⑦水運

私有企業は，内陸水運では約6割の市場シェアをもっている．また，沿海貨物海運では4割強の市場シェアをもって，国有企業と互角である．

上記以外の水運全業種，具体的には外航海運，沿海旅客海運，港湾管理などは，国有企業の「陣地」である．

⑧装備

装備について国資委が明確な定義を示さなかった．そのため，関連研究は，2桁業種部門の金属製品製造業，はん用機器製造業，特殊産業用機械製造業，輸送機器製造業，電気機器製造業，情報通信機器製造業，測量器具及び文化

事務用機械製造業全体を「装備製造業」として扱っている（李 2013）.

　もちろん，それでは装備を支配する国資委の欲望はあまりにも大きすぎて非現実的であろう．中国政府が重要視している装備とは何であろうか．「装備製造業の技術進歩と技術改造投資方向の指導目録（2009-2011）」（2009年工業情報化部・国家発展改革委員会発布），「戦略的新興産業分類（2012）（試行）」（2012年国家統計局発布），国資委企業の主要業務などを手がかりに調べてみた．なお，戦略的分野の軍事工業，自動車，電子情報などと重複するため，武器弾薬製造，自動車製造，情報通信機器製造業をわれわれの装備分類から除外した．その結果，中国政府が重要視している装備は，ボイラ及び原動機，金属加工機械，運搬装置，鉱山・冶金・建設業用機械，化学工業・木材・非金属加工用機械，電工機械・電子工業用機械，農林漁業用機械，鉄道輸送機器・装置，船舶及び浮体型装置，航空機，電機，配電及び制御装置の製造といった3桁業種に集中している．

　そのため，われわれははん用機器製造業，（武器弾薬製造を除く）特殊産業用機械製造業，（自動車製造を除く）輸送機器製造業，電気機器製造業の電機と配電及び制御装置，測量器具を装備として，そして上記の中国政府が重要視している装備分野とその他の装備分野をそれぞれ重要装備と一般装備と定義して，各種企業の市場シェアを調べた[8]．

　ほとんどの装備の製造は私有企業の支配下にある．外資が支配しているのは，育林及び木材伐採機械，医療診断・監視・治療用装置，時計類，光学機械器具の製造など少数の業種にとどまっている．

　国有企業支配の装備は蒸気タービン，冶金用機械，鉄道車両，浮体型装置，飛行機，宇宙船など少数の業種である．そのほかに国有企業の市場シェアが4割を超える装備も，金属工作機械，トラクタ，地質探査装置，鉄道用装置，金属製船舶などに限られている．国家資本の支配力はごく一部の重要装備に限定されている．

　⑨自動車

　自動車完成車製造（エンジン製造を含む）では国有企業の市場支配力が圧

倒的に強いが，改造自動車，路面電車，トロリーバス，車体などの製造は私有企業の支配領域である．自動車部品・附属品製造では，私有企業と外資企業が互角である．

⑩電子情報

統計によって電子情報産業の定義が少し異なる（中川 2007）．国資委企業の業務範囲を考えると，国資委が電子情報機器，つまり情報通信機器製造業と文化事務用機械を電子情報とさしていると考えるのが妥当であろう．

電子情報機器を見ると，軍需品の性格も兼ねているレーダでは，国有企業は 9 割以上の市場シェアを誇っている．しかし，その他の業種では，その市場シェアは軒並み低い．私有企業は，ただラジオ・テレビ番組の制作・送信装置と専門用受信装置の市場を支配している．

この産業では，外資の活躍には目を瞠るものが非常に多い．有線通信端末装置，移動通信及び端末装置，電子計算機とその関連製品，電子デバイス，電子部品，家庭用映像・音響装置，幻灯機・映写機，写真機，複写機，計算機及び貨幣処理機械などの製造は外資企業の「陣地」である．

電子情報関連の情報サービス業（電子計算機サービス業とソフトウェア業）を見ると，外資支配下のデータ処理を除いて，ほとんどが私有企業の市場支配分野である．

⑪土木工事業

鉄道・道路・ずい道・橋梁工事，水利・港湾工事，工場・鉱山建築工事では，国有企業の支配が強い．

私有企業は，（住宅・オフィスビルなどの）建築工事，（室外スポーツ施設や娯楽施設などの）その他の土木工事を支配している．

⑫鉄鋼

国有企業は製鋼を支配しており，圧延鋼材製造では 45％ の市場シェアをもって私有企業と互角である．

しかし，製鉄，合金鉄製造は私有企業の「陣地」になっている．鉄鋼関連の鉄属金属鉱も私有企業が支配している．

⑬非鉄金属

ほとんどの非鉄金属製造分野は私有企業の「陣地」である．

国有企業の支配は核燃料製造，銅，ニッケル・コバルト，すず，金の製錬・精製にとどまる．ほかに，アルミ製錬・精製と貴金属圧延における国有企業の市場シェアも5割近くある．

関連産業の非鉄金属鉱を見ると，ほとんどが私有企業の支配下にある．国有企業の支配分野は，放射性金属鉱だけである．

⑭化学工業

化学工業の範囲はかなり広い．化学製品製造業（石油化学を除く）と医薬品製造業を見ると，ほとんどの4桁業種が私有企業の「陣地」である．外資企業の支配業種は化粧品製造と口腔ケア用品製造だけである．

そもそも国資委が規定した基礎・支柱産業分野の中，化学工業，それに後述の探査設計と科学技術については，国有企業が世界一流企業になるという目標すら立てられなかった．国資委企業の主要業務などを調べると，国資委が重要視している化学工業分野は，ソーダ類と化学肥料であることがわかった．

この2分野を見ると，ソーダ類とカリ質肥料の製造では，国有企業の市場シェアが5割を超えており，窒素質肥料とりん酸質肥料の製造においても5割近くある．とりわけ化学肥料では国有企業と私有企業の攻防が激しい．

⑮科学技術（探査設計を含む）

専門技術サービス業では，国有企業の立ち位置が有利に見える[9]．

研究開発業と科学技術交流普及サービス業では，企業法人が少ないので，法人のデータを集計してみた．従業員数における純国有の法人のシェアはそれぞれ約7割と4割である．

⑯金融

銀行，生命保険，損害保険・健康保険などほとんどの重要な金融業は国有企業が掌握している．私有企業が支配しているのは，証券売買仲介，証券分析・コンサルタント，保険に附帯するサービスと質屋ぐらいである．

⑰鉄道

鉄道は国有企業の天下である[10]．

⑱郵便

信書などを扱う郵便は国有企業に独占されている．

⑲ガス・水道の生産・供給

水道の生産・供給では国有企業の支配が維持されているが，ガス事業では国有企業と民間企業が互角である．

⑳都市内旅客運送

（バスなど）都市内旅客乗合自動車運送と（地下鉄など）都市内鉄道旅客運送は，国有企業の支配下にある．ただし，（タクシーなど）都市内貸切旅客自動車運送は，私有企業が支配している．

㉑水利・環境・公共施設管理

企業法人が少ないので，法人の従業員数を集計してみた．この分野では，ほとんどの4桁業種が国有法人の「陣地」である．

ただし，水汚染処理などごく少数の業種では，国有と民間が互角と推測される．

㉒教育・衛生・社会事業

この分野も法人の従業員数を集計してみると，国有法人の支配力が圧倒的に強い．ただし，学齢前教育，職業技能訓練と外来診察だけは私有法人に支配されている可能性が高い．

㉓たばこ

たばこ製造における国有企業の市場シェアが圧倒的に高い．

たばこは専売なので，関連産業のたばこ卸売においても国有企業の市場シェアがきわめて高い．

㉔出版・文化サービス

ニュース供給，新聞出版，ラジオ・テレビ放送，文芸創作・演出，スポーツサービスなどの事業が含まれているが，この分野も法人の従業員数を集計してみると，ほとんどすべての4桁業種が国有法人の「陣地」である．

ただし，私有法人は音声・映像製作と文化芸術仲介代理における支配力が強い．

関連する産業として，書籍・新聞雑誌の卸売・小売も国有企業の支配力が大きい．私有法人も音楽・映像製品及び電子記録物の卸売と小売を圧倒的に支配している．

(2) 国有企業の支配分野

上記の戦略的分野を精査してみると，国有企業（または国有法人）は戦略的分野を広範囲にわたって支配していることがわかった．

ほかには，塩の製造や硬貨鋳造などの強い政府規制分野も，国有企業が支配している．また，当然のことながら，法人の従業員数シェアを見ると，中国共産党機関，国家機構などの公共管理業，ならびに労働団体，婦女連合会，共青団などの民衆団体に対する国有法人の影響もかなり大きい[11]．

そのほかに，船舶修理・分解，放射線加工，熱の生産・供給，道路の管理保守，農産品倉庫，穀物・豆類・いも類卸売，（企業グループや持ち株会社の本部などの）企業管理機構，興信・保安サービスも国有企業に支配されている．

国有企業の資産を調べてみた．（従業員数推計産業を除いた）上位40の4桁業種は国有企業の資産の88%を占めている．そのほとんどが国有企業が支配している金融，電力，鉄鋼，電信，石油，石炭，自動車，インフラ建設，航空運輸などの戦略的分野である．このように，国有企業が支配しているのはほとんど戦略的分野であり，それに国家資本が戦略的分野に集中しているのである．

(3) 外資企業の支配分野

戦略的分野の精査で見たように，外資企業がもっとも注目されているのは，通信端末，電子計算機，集積回路，電子部品，家庭用映像・音響装置，複写機など大半の電子情報機器製造に対する強力な市場支配力である．

第5章　国有，私有と外資企業の「陣地」　　　　　　　　　　141

　しかし，その他の戦略的分野では，外資の支配は，育林及び木材伐採機械，医療診断・監視・治療用装置，データ処理などごく少数の業種に限られている．

　ところで，外資支配の中には，家庭用ちゅう房電器，家庭用衣料衛生関連電器，家庭用理美容・保健用電器，家庭用映像・音響装置，写真機，有線通信端末，移動通信端末，電子計算機，化粧品，口腔ケア用品，時計，キャンデー・チョコレート，炭酸飲料，電子楽器などの製造とファーストフードサービスなど，生活関連の消費財・サービスに関わる分野も多い．

(4)　外資が脅威になっている業種

　外資企業の市場シェアが40～50％の4桁業種を調べた．全部で41業種を数える．

　その中に，即席めん類・レトルト食品，果実・野菜ジュース，革製履物，文房具，ボール類などの運動用具，がん具，石けん・合成洗剤，自転車及び車いす，眼鏡，貴金属・宝石製品などの製造や（郵便以外の）その他の文書・小荷物配達など生活に密着する業種は半数を超える．前記のように，外資企業の市場シェアが50％を超える支配分野も日用消費財・サービス関連が多い．そのため，外資の脅威が実感しやすい．

　既述のように，電子情報機器を除いて，外資企業が制圧した戦略的分野はまだ非常に少ない．とはいえ，外資が脅威になっている分野の中に，空気・ガス圧縮機，冷凍機・空調設備，プラスチック加工機械，電子工業用機械，電力用電子部品・装置，分析機器，航法用・気象観測用及び海洋用測量器具，電子応用測量器具といった装備の製造，合成ゴム製造，通信送信装置製造など生産財関連の業種も多い．これらの産業は，外資が海外において技術・ノウハウを培った優位産業である．外資は重要装備や石油化学などの「陣地」をさらに広げる可能性はある．

　外資企業の市場シェアが40％以上の4桁業種は85を数えるが，その中に外資企業の資産と中国資本支配企業の資産がともに上位100に入る業種は，

社会経済関連コンサルタント（外資：9位；中国資本：57位）だけである．中国資本と外資はまだ本格的に正面衝突する局面に入っていないと言えよう．

(5) 国有企業と民間企業の「陣地」争奪

　私有企業の支配範囲はもっとも広い．その「陣地」は，市場シェアが確認できた764の4桁業種中，実に518業種を数える．

　民間企業（私有企業，外資企業と集団企業）と国有企業がどの業種において，激しく市場シェアを奪い合っているのか．国有企業の市場シェアが40〜60％の53の4桁業種を調べた．（風力など）その他の発電，有機化学原料製造，（インターネットなど）その他の電気通信，航空貨物運送，沿海海運，はん用内燃機関及び部品の製造，金属工作機械製造，トラクタ製造，鉄道用装置及び器材・部品の製造，金属製船舶製造，製鋼，圧延鋼材，アルミ製錬・精製，窒素質肥料製造，証券売買仲介，ガス業など，戦略的分野に属する業種が圧倒的に多い．このように，一部の戦略的分野では国有企業と民間企業の「陣地」争奪戦が激しい．

　次に国有企業の市場シェアが60％以上の4桁業種の中，民間企業の資産が上位に入る業種を見ると，商業銀行，生命保険，れき青炭・無煙炭鉱，鉄道・道路・ずい道・橋梁工事，火力発電，自動車完成車製造など，国家資本が重要視している戦略的分野がある．これらの業種は「国進民退」批判の的にもなっている．「国進民退」という言葉が物語っているのは，戦略的分野の攻略に際して，国家資本の懸命な抵抗に遭遇した民間資本の焦りではなかろうか．しかし，少しずつではあるが，ほとんどの戦略的分野において，国家資本支配の終わりが始まったとみたほうが妥当であろう．第6章でまた鉱工業の時系列データをもちいて観察しよう．

3. 国有，私有と外資企業のプレゼンス：産業連関の視点から

　すでに国有，私有と外資企業の「陣地」を精査した．ここでは，さらに産

業連関表をもちいて，経済全体に対する国有，私有と外資企業の影響を試算し，中国経済の「管制高地」を調べてみる．

(1) データの説明

2008年の経済センサスにもっとも近い年次の産業連関表は2007年産業連関表である．分析を進めるため，次の2つのデータセットをあらかじめ用意した．

1つ目のデータセットは，産業連関部門がもっとも詳細な2007年135部門産業連関表（A表，商品×商品表）である．

2つ目のデータセットは，各種企業の「陣地」や産業の特徴に基づいて，2007年産業連関表の135部門を統合して得られた40の産業連関部門の産業連関表である（統合方法は付表2-2参照）．

なお，135部門の中の装備関連部門を重要装備と一般装備に分類することができないので，重要装備の中のボイラ及び原動機，金属加工機械，運搬装置，鉱山・冶金・建設業用機械，化学工業・木材・非金属加工用機械，農林漁業用機械，鉄道輸送機器・装置，船舶及び浮体型装置，電機，配電及び制御装置をまとめて重要設備とし，そのほかの装備はその他の機器にまとめた[12]．

この40部門を，国有企業支配下の戦略的分野，民間企業支配下の戦略的分野，それに競争的分野の3つの分野に分類した．なお，実際に競争的分野はすべて民間資本に支配されている．

(2) GDPに占める各種資本のシェア

それでは，中国経済において，国有，私有と外資企業がそれぞれどれぐらいのウェイトを占めているのか．1つ目のデータセット，2007年135部門産業連関表をもちいて，産業連関部門と国民経済業種分類を対応させたうえで，135部門の付加価値をそれぞれ国有企業，集団企業，私有企業と外資企業に案分したうえで，所有制ごとに集計した[13]．案分の基準は，原則として

2008年経済センサス個票データベースの企業法人データセットをもちいて算出した主営業務収入の各種所有制企業のシェアである[14]．ただし，法人に占める企業法人の比率が小さい産業では，法人のデータに基づいて計算した従業員数の各種所有制シェアをもちいた．なお，経済センサスの調査対象ではない農林漁業は，すべて私有企業の産業とした．

中国経済における国有，私有と外資企業の勢力図を鳥瞰してみよう（表5-1）．中国GDPの半分を創出している私有企業こそ中国経済の主役であろう．ところが，国有企業もGDPの約1/3を生み出しており，中国経済に対する国家資本の関与はなお大きい．われわれの国有企業のGDPシェアの計算結果がSzamosszegi and Kyle（2011）に基づく計算結果41.8%より7%ポイント低いことも付記しておこう．驚いたことに，外資企業はGDPの1割しか創出していない．確かに中国経済にとって国有，私有と外資企業はともに欠かせない重要な役割を果たしている．しかし，この状態を「鼎立」と言うならば，鼎の3本足の太さが均等でないことに注意が必要である．

(3) 仮説的抽出法

ところで，国有企業，私有企業と外資企業は単にそれぞれの「陣地」を支配しているだけではなく，経済活動の中で，産業連関を通じて，他産業にも影響を及ぼし，さらには他産業からも影響を受けている．各「陣地」が孤立して存在しているわけではないのである．

われわれは次に産業連関分析の手法をもちいて，各産業部門が直接にもしくは他部門とのリンケージを通じて間接に経済全体に与える影響を調べたいが，その際の手法として，仮説的抽出法（HEM: hypothetical extraction method）が有力である．仮説的抽出法について少し説明しておこう[15]．

産業連関分析では，需要サイドから見ると，

$$x = Zi + f = Ax + f \tag{1}$$

が成立する．ただし，xは生産額を示す列ベクトル，Zは産業連関表の中

表 5-1　135 産業連関部門の所有制別付加価値試算

135 産業連関部門		付加価値 （億元）	所有制別付加価値（億元）			
			国有企業	集団企業	私有企業	外資企業
001～005	農林漁業	28,659	0	0	28,659	0
006	石炭鉱業	4,429	2,576	265	1,517	71
007	石油鉱業	5,697	5,072	28	92	505
008	鉄属金属鉱業	1,205	206	52	926	21
009	非鉄金属鉱業	958	272	195	467	24
010	非金属鉱業・その他の鉱業	1,511	149	155	1,162	45
011	精穀・製粉業	764	46	19	679	20
012	飼料加工業	689	19	21	535	115
013	植物油脂加工業	816	76	23	412	305
014	糖類製造業	138	28	3	89	17
015	屠畜・肉製品加工業	770	54	31	537	149
016	水産物加工業	566	11	89	347	118
017	その他の農副食品加工業	675	13	33	487	141
018	レトルト食品製造業	249	7	17	145	79
019	処理牛乳及び乳製品製造業	304	54	15	168	66
020	調味料・発酵製品製造業	222	34	17	121	50
021	その他の食料品製造業	885	33	35	583	233
022	発酵アルコール・酒類製造業	1,010	315	46	509	140
023	清涼飲料製造業・製茶業	664	24	21	317	302
024	たばこ製造業	2,427	2,411	9	7	0
025	綿・化繊紡織・染色加工業	2,275	106	75	1,820	274
026	毛紡織・染色整理加工業	373	10	31	279	53
027	麻紡織及び絹・人絹織物・染色加工業	390	11	11	328	39
028	紡織製品製造業	727	11	21	537	157
029	ニット製品製造業	1,150	22	42	810	275
030	衣服（靴）製造業	2,585	33	77	1,685	790
031	皮革羽毛製品製造業	1,446	11	44	857	534
032	木材類加工製造業	1,467	39	38	1,272	119
033	家具製造業	1,146	21	17	808	299
034	製紙業	1,816	146	94	1,143	433
035	印刷業	1,120	126	71	749	175
036	文化教育運動用具製造業	621	10	19	311	281
037	石油精製業	2,738	2,297	20	357	64
038	コークス製造業	1,015	210	48	672	85
039	基礎化学原料製造業	1,953	761	77	855	260
040	肥料製造業	678	271	22	355	29
041	農薬製造業	212	35	10	149	18
042	塗料・印刷インキ・顔料及び類似製品製造業	570	21	24	338	187
043	合成材料製造業	1,652	397	114	628	513
044	専用化学製品製造業	1,009	86	59	677	187

135 産業連関部門		付加価値 (億元)	所有制別付加価値 (億元)			
			国有企業	集団企業	私有企業	外資企業
045	日用化学製品製造業	604	28	11	308	258
046	医薬品製造業	2,060	342	111	1,215	391
047	化学繊維製造業	720	88	32	484	117
048	ゴム製品製造業	881	119	40	495	227
049	プラスチック製品製造業	2,254	84	79	1,488	604
050	セメント・石灰・石こう製造業	1,666	420	132	979	135
051	コンクリート・石膏製品製造業	831	69	36	649	77
052	かわら・れんが・石材及びその他の建築材料製造業	1,217	19	71	1,030	97
053	ガラス及びガラス製品製造業	965	74	39	669	184
054	陶磁器製品製造業	385	12	15	292	66
055	耐火材料製造業	704	29	42	571	61
056	黒鉛及びその他の非金属鉱製品製造業	496	41	24	394	38
057	製鉄業	619	212	14	359	35
058	製鋼業	2,020	1,075	120	722	104
059	圧延鋼材製造業	5,020	2,269	255	2,030	466
060	合金鉄製造業	438	50	41	330	17
061	非鉄金属製錬・精製・合金製造業	1,833	860	56	792	124
062	非鉄金属圧延加工業	1,997	226	226	1,257	288
063	金属製品製造業	3,687	221	165	2,528	773
064	ボイラ及び原動機製造業	658	307	20	253	78
065	金属加工機械製造業	635	118	28	417	72
066	運搬装置製造業	514	152	18	220	125
067	ポンプ・弁・圧縮機及び類似機械製造業	967	67	34	639	227
068	その他のはん用機器製造業	3,156	235	134	2,259	528
069	鉱山・冶金・建設用機械製造業	1,051	372	38	451	189
070	化学工業・木材・非金属加工用機械製造業	604	40	11	364	188
071	農林漁業用機械製造業	298	69	13	188	29
072	その他の特殊産業用機械製造業	1,234	209	52	687	285
073	鉄道輸送機器・装置製造業	245	170	12	48	15
074	自動車製造業	4,535	2,037	127	1,455	916
075	船舶及び浮体型装置製造業	799	356	14	326	103
076	その他の輸送機器製造業	844	244	23	412	166
077	電機製造業	554	76	28	305	146
078	配電及び制御装置製造業	1,064	103	81	610	271
079	電線・ケーブル及び電工器材製造業	1,094	58	69	780	188
080	家庭電器・非電力利用家庭用器具製造業	1,090	109	105	514	362
081	その他の電気機械製造業	825	33	19	395	378
082	通信装置製造業	1,284	139	196	105	844
083	レーダ及びラジオ・テレビジョン装置製造業	195	63	2	73	58
084	電子計算機製造業	1,960	55	3	73	1,828

135産業連関部門		付加価値 (億元)	所有制別付加価値 (億元)			
			国有企業	集団企業	私有企業	外資企業
085	電子部品・デバイス製造業	2,582	148	37	481	1,916
086	家庭用映像・音響装置製造業	566	134	9	83	340
087	その他の電子装置製造業	221	14	2	83	121
088	測量器具製造業	766	96	26	384	260
089	文化事務用機械製造業	267	5	2	31	229
090	その他の製造業	1,543	89	46	995	412
091	廃棄物再生業	3,531	204	216	2,511	600
092	電気（熱）業	8,810	7,997	110	374	329
093	ガス業	222	109	5	52	56
094	水道業	548	323	64	125	37
095	建設業	14,513	5,022	1,196	8,119	177
096	鉄道業	2,470	2,114	53	303	0
097	道路運送業	4,879	1,268	364	3,112	134
098	都市内旅客運送業	1,182	596	90	455	41
099	水運業	3,035	2,111	126	665	134
100	航空運輸業	675	538	5	94	39
101	導管輸送業	211	196	0	9	6
102	その他の運送サービス業	1,892	501	57	994	340
103	倉庫業	279	173	9	79	17
104	郵便業	358	303	3	22	31
105	電気通信業	5,152	4,298	37	389	428
106	電子計算機サービス業	346	37	7	218	84
107	ソフトウェア業	523	49	13	272	190
108	卸売・小売業	17,332	5,631	704	9,689	1,308
109	宿泊業	1,191	393	73	580	145
110	飲食業	4,376	187	131	3,290	768
111	銀行業・証券業及びその他の金融業	12,262	9,816	920	1,355	170
112	保険業	1,169	847	82	212	28
113	不動産業	12,319	1,951	883	7,883	1,602
114	物品賃貸業	110	22	5	75	7
115	商務サービス業	3,184	1,051	304	1,320	509
116	旅行社	514	176	23	305	9
117	研究開発業	601	414	8	143	36
118	専門技術サービス業	1,776	1,032	67	593	84
119	科学技術交流普及サービス業	404	168	20	200	17
120	地質探査業	184	146	1	35	1
121	水利管理業	314	284	11	19	0
122	環境管理業	288	221	21	43	3
123	公共施設管理業	508	283	23	195	8
124	住民サービス業	2,349	146	151	1,978	73
125	その他のサービス業	1,669	182	113	1,270	105

148

	135 産業連関部門	付加価値 (億元)	所有制別付加価値（億元）			
			国有企業	集団企業	私有企業	外資企業
126	教育	7,310	6,034	201	1,063	12
127	衛生事業	3,550	2,806	292	445	7
128	社会保険事業	125	112	5	8	0
129	社会福祉事業	143	76	18	48	0
130	出版業	395	342	5	47	1
131	映像音声情報制作業	371	298	7	64	3
132	文化芸術事業	217	164	6	46	1
133	スポーツサービス業	66	42	1	21	2
134	娯楽業	474	24	19	370	61
135	公共管理と社会組織	8,685	5,963	81	2,635	6
合計	金額（億元）	266,044	92,404	11,177	133,345	29,118
	所有制シェア（%）	100.0	34.7	4.2	50.1	10.9

出所：『中国2007年投入産出表』，2008年経済センサス個票データベースより作成．
注：各産業連関部門の付加価値の所有制構成は，各所有制企業の主営業務収入シェアと従業員シェア（法人に占める企業法人の比率が低い産業のみ）に基づく．

間取引行列，i は単位列ベクトル，f は最終需要列ベクトル，A は投入係数行列である．

投入係数行列は，$A = Z\hat{x}^{-1}$ なので，各々の列産業の生産に対する各行産業からの投入シェアを表している．なお，$\hat{x}$ は x を対角化した対角行列である．

式(1)からは，

$$x = (I-A)^{-1}f \tag{2}$$

が得られる．I は単位行列である．$(I-A)^{-1}$ はレオンチェフ逆行列と呼ばれている．

式(2)は，最終需要が変化したとき，中間財需要を通じて，川下産業から川上産業への生産波及を示しており，レオンチェフ・モデルと呼ばれている．

同様に，供給サイドから見ると，

$$x' = i'Z + v' = x'B + v' \tag{3}$$

が成立する．ただし，「′」は行ベクトルを表し，v' は付加価値額行ベクトル，B は産出係数行列である．

産出係数行列は，$B = \hat{x}^{-1}Z$ なので，各々の行産業の生産が各列産業への販売シェアを表している．

式(3)からは，

$$x' = v'(I-B)^{-1} \tag{4}$$

が得られる．$(I-B)^{-1}$ はゴシュ逆行列と呼ばれている．

式(4)は，付加価値額が変化したとき，中間財配分を通じて，川上産業から川下産業への生産波及を示しており，ゴシュ・モデルと呼ばれている．

したがって，中間財の需要を川下から川上へ次々と波及していくプロセスを示すレオンチェフ・モデルは，後方連関効果の概念に対応している．しかし，レオンチェフ・モデルは前方連関効果の計測には合致しない．とりわけ，感応度係数が前方連関効果の指標として不適切であると批判されている（黒田ほか 2012）．前方連関効果に対応しているのはゴシュ・モデルである．

仮説的抽出法は，次のように産業部門を抽出する前後における経済全体の生産額の変化を計算する．抽出する産業部門を下付き数字 1，残りの産業部門を下付き数字 2 で表すと，投入係数行列，産出係数行列，生産額列ベクトル，最終需要列ベクトル，付加価値額行ベクトルはそれぞれ下記のように表記できる．

$$A = \begin{bmatrix} A_{11} & A_{12} \\ A_{21} & A_{22} \end{bmatrix}; \quad B = \begin{bmatrix} B_{11} & B_{12} \\ B_{21} & B_{22} \end{bmatrix}; \quad x = \begin{bmatrix} x_1 \\ x_2 \end{bmatrix}; \quad f = \begin{bmatrix} f_1 \\ f_2 \end{bmatrix}; \quad v' = [v'_1 \; v'_2]$$

なお，産業部門 1 は，自部門からの中間需要の仕入れや自部門に対する製品・サービスの供給を継続するとする．その場合，仮説的抽出法に基づいて，後方連関効果と前方連関効果が次のように計算される．

150

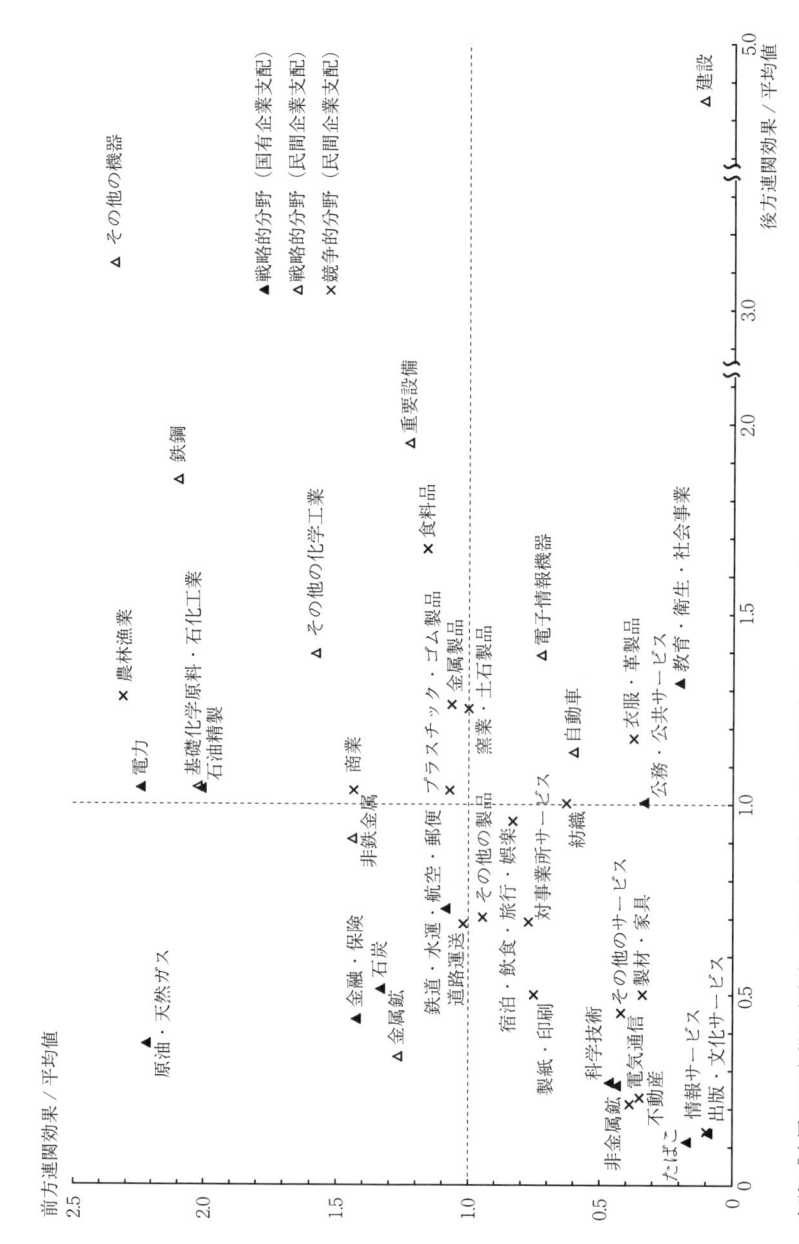

図5-1 各産業の連関効果（2007年）

出所：『中国2007年投入産出表』、2008年経済センサス個票データベースより作成.

産業部門1が各産業部門に対する後方連関効果は，

$$\Delta x = x - \bar{x} = (I-A)^{-1}f - (I-\bar{A})^{-1}f \tag{5}$$

であり，前方連関効果は，

$$\Delta x' = x' - \bar{x}' = v'(I-B)^{-1} - v'(I-\bar{B})^{-1} \tag{6}$$

である．ただし，「￣」アクセントは，抽出後を表す．$\bar{A} = \begin{bmatrix} A_{11} & A_{12} \\ 0 & A_{22} \end{bmatrix}$, $\bar{B} = \begin{bmatrix} B_{11} & 0 \\ B_{21} & B_{22} \end{bmatrix}$ である．

経済全体に対する後方連関効果と前方連関効果は，それぞれ $i'\Delta x$ と $\Delta x'i$ である．

(4) 「管制高地」

統合した40部門のデータセットを利用して，仮説的抽出法に基づいて，各産業部門が経済全体に与える連関効果を計算した（図5-1）．

大きな前方連関効果または後方連関効果をもつ産業を見ると，戦略的分野が圧倒的に多い．競争的分野は一般的に連関効果が小さい．しかし，農林漁業と商業の前方連関効果，それに食料品，金属製品，農林漁業と窯業・土石製品の後方連関効果が大きい．

戦略的分野の中，たばこ，電気通信，科学技術，出版・文化サービスは連関効果が非常に小さい．これらの産業は経済に対する直接の牽引力ではなく，世論統制，科学技術整備，財政収入確保などの要素の影響によって戦略的分野に指定されたであろう．

それでは，どちらの産業が中国経済の「管制高地」であろうか．前方連関効果または後方連関効果の上位10部門を経済の「管制高地」と定義した[16]．一方では，後方連関効果の上位10部門に，戦略的分野は建設（1位），その他の機器（2位），重要設備（3位），鉄鋼（4位），その他の化学工業（6位），

電子情報機器（7位），教育・衛生・社会事業（8位）の7産業部門，競争的分野は食料品（5位），農林漁業（9位），金属製品（10位）の3産業部門がそれぞれ入った．

他方で，前方連関効果の上位10部門に，戦略的分野はその他の機器（1位），電力（3位），原油・天然ガス（4位），鉄鋼（5位），基礎化学原料・石化工業（6位），石油精製（7位），その他の化学工業（8位），非鉄金属（9位）の8産業部門，競争的分野は農林漁業（2位）と商業（10位）の2部門がそれぞれランクインした．

これらの産業部門は中国経済の重要な「管制高地」であるが，競争的分野より戦略的分野のほうが圧倒的に多い．

国家資本が戦略的分野に再編されてきたが，国有企業が本当に「管制高地」を制圧したのか．国有企業が支配している「管制高地」は，後方連関効果が強い教育・衛生・社会事業，それに前方連関効果が強い電力，原油・天然ガス，石油精製だけである．なお，自動車と鉄鋼においても，国有企業が4割以上の市場シェアを有している．もちろん，建設（鉄道・道路・ずい道・橋梁工事，水利・港湾工事，工場・鉱山建築工事），鉄鋼（製鋼），非鉄金属（銅，ニッケル・コバルト，すず，金の製錬・精製），重要設備とその他の機器（蒸気タービン，冶金用機械，武器弾薬，鉄道車両，浮体型装置，飛行機，宇宙船の製造），基礎化学原料・石化工業（ソーダ類と繊維素繊維，アクリル繊維，ビニロン繊維の製造），その他の化学工業（カリ質肥料の製造），食料品（塩製造），商業（穀物・豆類・いも類卸売，たばこ卸売，書籍卸売，新聞雑誌卸売，石油及び同製品の卸売，書籍小売，新聞雑誌小売，自動車燃料小売）において，一部の4桁業種では国有企業の市場支配が見られる（括弧内は業種名）．

しかし，全体像として私有企業は大半の「管制高地」を支配しているように見える．外資企業も電子情報機器を圧倒的に支配している．「管制高地」の多くはすでに民間企業に浸食されたのである．「管制高地」に対する国有企業の支配は，かなり限られていると言わざるを得ない．

注

1) 第2次経済センサス個票データベースをもちいて確認した結果，鉱工業2桁業種における国有企業支配の有無を測るぐらいならば，公表の規模以上鉱工業企業統計（従業員数，主営業務収入と資産）の利用はほとんどの業種では十分である（徐 2013）．
2) 鉱工業センサスも全数調査であり，1985年と1995年に計2回実施された．なお，予定されていた2005年の鉱工業センサスは第1次経済センサスと合同して実施された．
3) 第3次経済センサス（調査時点2013年12月31日）の実施も始まった．
4) 具体的には，①第1次産業では国有企業が存在しない，②（暗黙裡）鉱工業では売上高が500万元未満の国有企業が存在しない，③建設業の国有企業に占める非会社制純国有企業の付加価値比率が鉱工業のそれと等しい，④第3次産業の国有企業付加価値シェアは，国有企業の都市固定資産投資シェアと国有単位の都市単位従業員シェアの平均と等しい，と仮定した．ただし，その付録データを確認した結果，国有シェアの推計には実際に2009年のデータが使われた．2007年のデータを使ってGDPの国有シェアを計算し直した結果，Szamosszegi and Kyle (2011) より約2%ポイント高く，41.8%になった．なお，その後，国有鉱工業企業の付加価値の公表が中止されたので，この方法の利用には別途工夫が必要である．
5) なお，集団所有の中には，本当の公有制の集団所有の企業のほか，実際に多くの従業員持株会社のような私有企業もあれば，国有企業の運営状況に近い企業もある．
6) この個票データベースには資本のデータがない．
7) 移動電気通信のデータを見ると，多くの中国移動など国有大手企業の傘下企業が外資系企業になっている．中国移動などが海外に上場しており，これらの企業の国内投資企業は国内資本迂回投資の外資系企業である．この場合，すべて国有企業に分類し直した．また，外資企業は約6割の無線放送伝送サービスの市場を獲得したが，そのほとんどが技術開発を業務内容とした1社によるものである．紛らわしく思われるが，電気通信産業の中の「放送伝送」とは，ラジオ・テレビジョン信号の伝播サービスを意味する．番組の制作・放送は，映像音声情報制作業の業務である．
8) もちろん，これは完璧な装備定義とは考えていない．各産業の4桁業種はすべて重要視されているわけではないし，産業用ロボットなどは重要装備の中に含まれていない．データの制約を受けてこのように装備を定義したのである．
9) 付表2-2では地震サービス，海洋サービス，測量製図などでは私有企業の市場シェアが大きいが，この分野では企業法人数が法人数の約7割しか占めていない．法人ベースの比較では，国有法人がほとんどの4桁業種を支配している．
10) 鉄道貨物駅サービスの主営業務収入と資産の数値が等しい（データ異常）私有

企業を削除した．
11) ただし，社会団体や自治組織では民間の力が大きい．
12) 産業連関表の産業分類では，国家資本支配の武器弾薬製造を単独に分離できないため，その他の機器に含めることにした．
13) 国家統計局国民経済核算司編（2007）では対応表が示されている．対応方法は付表 2-2 を参照されたい．
14) 2007 年規模以上鉱工業のデータをもちいて検証してみた．このような主営業務収入シェアに基づく試算では国有企業の付加価値シェアは 35.0% であり，実際の 34.1% にかなり近い（『中国統計年鑑』2008 年版）．
15) この部分は，Miller and Lahr（2001）と黒岩（2006）に依拠している．
16) なお，Sonis et al.（2000）は，後方連関効果と前方連関効果がともに平均水準を上回る産業をキー・セクターと定義した．

第6章
国有企業と民間企業の「進退」
―規模以上鉱工業企業個票データベースに基づく分析―

　第5章では，第2次経済センサス個票データベースをもちいて，国有，私有と外資企業の影響力を比較した．国有企業が支配しているのはほとんど戦略的分野であり，それに国有企業が戦略的分野に集中しているのである．しかし，私的資本も急成長して勢力を拡大してきた．民間企業と国有企業のせめぎ合いが戦略的分野にまで広がった．40産業連関部門を見ると，中国経済の「管制高地」の大半はすでに民間企業に支配された．とはいえ，後方連関効果が強い教育・衛生・社会事業，それに前方連関効果が強い電力，原油・天然ガス，石油精製はまだ国有企業の「陣地」である．

　本章は，国有企業と民間企業の変化に注目して，規模以上鉱工業企業個票データベース（1998-2007年）をもちいて，企業の財務指標と生産性指標に基づいて分析を進める．まず，鉱工業企業を国有企業，内国民間企業と外資企業に分けて，それぞれの1998年と2007年の企業数，従業員数，株主資本，売上高，利潤，ROE，労働生産性，設備生産性，労働装備率と資産負債率を集計して，マクロの視点から国有企業と民間企業の「進退」を調べる．次に，鉱工業企業を国有企業と民間企業に分けて，ミクロの視点からそれぞれの参入退出を詳しく分析する．具体的には，それぞれの企業の存続，民営化・国有化，退出と参入にともなう企業資産規模，労働装備率，ROEとTFPの変化を調査し，そして参入退出が各産業の国有企業と民間企業のTFPにどう影響を与えたかを調べてみる．最後に，「国進民退」の正体を考える[1]．

鉱工業に限定したのは，もっぱら時系列データ確保のためではあるが，鉱工業は中国のもっとも重要な産業部門である．鉱工業において国有企業と民間企業がどのように攻防を展開し，それぞれの収益性と生産性が向上したかどうかについての分析は，中国の資本主義の行方について重要な判断材料を与えてくれるに違いない．

1. マクロ的「進退」

第2次経済センサス個票データベースはほとんどの産業を網羅したので，研究者にとって素晴らしいデータである．しかし，国有企業と民間企業「進退」の分析には時系列データが欠かせない．このデータベースはこのような分析に向いていない．

鉱工業は中国経済の中でもっとも重要な産業分野である．その時系列財務データベース―規模以上鉱工業企業個票データベース（1998-2007年）は近年入手できるようになった．やはり多くの研究に利用されてきた．

データベースの紹介は付録3で詳述するが，一言で言えば，経済センサス個票データベースより遥かに詳細な企業プロフィールデータと財務データが含まれていることが，このデータベースの魅力である．

本題に入る前に，ここでは，まず，「国進民退」に関連して「進退」の概念を規定しよう．

中兼（2002）は民営化をミクロ的民営化とマクロ的民営化に分類している．ミクロ的民営化は国有企業に対する民営化であるが，マクロ的民営化は経済全体における民間資本の役割の拡大を意味する．国有企業と民間企業の「進退」も，それに倣ってミクロの視点とマクロの視点から見ることができる．

国有企業と民間企業の「進退」は，一方では，企業の新規設立，廃業，民営化・国有化，既存企業の規模拡大・縮小といったミクロの側面がある．いわゆる企業の参入退出である．

他方では，このようなミクロ的「進退」の結果，各産業の企業の数や株主

資本などが変化する．したがって，国有企業と民間企業の「進退」は産業レベルの所有制別集計をもちいて測ることもできる．これは「進退」のマクロ的側面である．

なお，国有企業と民間企業の「進退」が各産業に占めるそれぞれのシェアを増減させるであろう．シェアの変化は，企業の「進退」ではなく，相対的な力関係の変化を意味するであろう．

それでは，規模以上（売上高500万元以上）の鉱工業企業に焦点を合わせて，国有企業と民間企業のマクロ的「進退」を確認しよう（表6-1）[2]．なお，国有企業，内国民間企業（集団企業または私有企業）と外資企業の判別方法と産業分類は付録3を参照されたい．

1998-2007年の間，鉱工業企業が大幅に増加し，従業員数，株主資本，売上高も大きく伸びた．内国民間企業と外資企業の数がともに約4倍に増え，内国民間企業は，国有企業に取って代わって，雇用の主役にもなった．これに対して，国有企業の数と従業員数は大きく減少した．電力，水道などを除く大半の産業において，とりわけ食料品，紡織，石化以外の化学工業，窯業・土石製品，装備などでは，国有企業の企業数と従業員数の減少が激しい．

株主資本を見ると，内国民間企業は約4兆元増えたが，外資企業の資本拡大は約2兆元にとどまる．大半の産業では内国民間企業の資本拡大がもっとも大きい．外資企業の資本増強が中国資本支配企業を上回るのは電子情報機器だけである．

国家資本も衰退したわけではない．国有企業の株主資本も4兆元弱増えて，3倍に拡大した．国有企業の資本拡大に対して，電力が35％，原油・天然ガスと鉄鋼が各10％，石炭と自動車が各7％をそれぞれ寄与しており，資本の増大が戦略的分野に集中している．また，石炭，原油・天然ガス，石油精製，電力，水道，たばこ，鉄鋼，自動車では，むしろ国有企業の資本拡大が民間企業を上回っている．とりわけ，上記の鉄鋼と自動車を除いた6産業では，民間企業と比べて国有企業の資本増強が圧倒的に優勢であり，その結果，第5章で見たように，これらの戦略的分野に対する国家資本の強力な支配力

表 6-1 鉱工業産業の所有制別集計（1998 年，2007 年）

鉱工業産業	1998 国有	内国民間	外資	比率(%) 国有	比率(%) 外資	2007 国有	内国民間	外資	比率(%) 国有	比率(%) 外資
					企業数（社）					
901 石炭	571	1,183	12	32.3	0.7	593	6,243	38	8.6	0.6
902 原油・天然ガス	31	3	0	91.2	0.0	71	79	5	47.3	3.2
903 金属鉱	296	731	15	28.4	1.4	302	3,889	71	7.1	1.7
904 非金属鉱	210	716	23	22.1	2.4	155	2,405	98	5.8	3.7
905 食料品	2,394	4,343	816	31.7	10.8	939	20,045	2,887	3.9	12.1
906 たばこ	144	25	1	84.7	0.6	91	24	1	78.4	0.9
907 紡織	1,010	3,860	967	17.3	16.6	321	20,043	3,925	1.3	16.2
908 衣服・革製品	328	3,490	2,236	5.4	36.9	155	12,757	6,297	0.8	32.8
909 製材・家具	215	1,441	384	10.5	18.8	126	9,257	1,565	1.2	14.3
910 製紙・印刷	834	2,536	496	21.6	12.8	535	9,421	1,497	4.7	13.1
911 石油精製	86	255	21	23.8	5.8	96	798	91	9.7	9.2
912 石化	217	791	151	18.7	13.0	205	3,896	703	4.3	14.6
913 その他の化学工業	1,994	3,824	626	30.9	9.7	1,159	16,043	2,524	5.9	12.8
914 プラスチック・ゴム製品	470	3,081	943	10.5	21.0	266	12,883	3,412	1.6	20.6
915 窯業・土石製品	1,533	4,925	574	21.8	8.2	867	17,254	1,929	4.3	9.6
916 鉄鋼	293	1,471	59	16.1	3.2	209	5,076	344	3.7	6.1
917 非鉄金属	244	949	75	19.2	5.9	305	4,679	507	5.6	9.2
918 金属製品	356	3,018	657	8.8	16.3	306	12,736	2,553	2.0	16.4
919 自動車	504	1,179	161	27.3	8.7	528	5,905	1,354	6.8	17.4
920 電子情報機器	529	880	947	22.5	40.2	490	4,607	4,443	5.1	46.6
921 重要装備	1,530	3,309	502	28.6	9.4	1,216	15,318	3,065	6.2	15.6
922 その他の装備	1,629	6,958	1,322	16.4	13.3	1,165	31,837	6,211	3.0	15.8
923 その他の製品	219	1,933	982	7.0	31.3	167	6,392	2,891	1.8	30.6
924 電力	1,688	237	76	84.4	3.8	2,338	1,387	220	59.3	5.6
925 ガス	74	7	3	88.1	3.6	131	190	96	31.4	23.0
926 水道	438	79	3	84.2	0.6	847	331	47	69.1	3.8
鉱工業全体	17,837	51,224	12,052	22.0	14.9	13,583	223,495	46,774	4.8	16.5
					従業員数（千人）					
901 石炭	3,150	434	8	87.7	0.2	2,859	1,392	48	66.5	1.1
902 原油・天然ガス	1,018	1	0	99.9	0.0	783	18	1	97.7	0.2
903 金属鉱	352	142	2	70.9	0.4	281	584	16	31.9	1.8
904 非金属鉱	215	152	2	58.3	0.6	96	293	20	23.4	4.8
905 食料品	1,004	714	200	52.4	10.4	441	2,855	788	10.8	19.3
906 たばこ	160	9	0	94.8	0.0	132	7	0	95.1	0.1
907 紡織	1,447	1,208	234	50.1	8.1	395	3,848	1,138	7.3	21.1
908 衣服・革製品	171	905	783	9.2	42.1	81	2,893	2,851	1.4	48.9
909 製材・家具	77	258	67	19.2	16.6	58	1,219	479	3.3	27.3
910 製紙・印刷	425	495	102	41.6	10.0	194	1,170	435	10.8	24.2
911 石油精製	319	53	2	85.3	0.5	230	73	9	73.7	2.9
912 石化	300	162	37	60.2	7.4	315	554	133	31.4	13.3
913 その他の化学工業	1,716	671	108	68.8	4.3	868	2,329	456	23.8	12.5
914 プラスチック・ゴム製品	298	554	214	28.0	20.1	136	1,556	1,014	5.0	37.5
915 窯業・土石製品	1,033	1,251	136	42.7	5.6	379	2,809	478	10.3	13.0
916 鉄鋼	1,822	363	16	82.8	0.7	1,203	1,262	126	46.4	4.9
917 非鉄金属	451	162	19	71.4	3.0	494	691	133	37.5	10.1
918 金属製品	152	588	125	17.6	14.5	105	1,608	665	4.4	28.0
919 自動車	562	271	41	64.3	4.6	692	1,004	455	32.2	21.2
920 電子情報機器	430	232	408	40.2	38.1	323	1,046	3,718	6.3	73.1
921 重要装備	2,270	757	142	71.6	4.5	1,301	2,277	931	28.8	20.6
922 その他の装備	1,086	1,432	356	37.8	12.4	610	4,432	2,022	8.6	28.6
923 その他の製品	113	502	370	11.4	37.6	97	1,042	1,167	4.2	50.6
924 電力	880	60	26	91.1	2.7	1,374	180	59	85.2	3.7
925 ガス	62	1	0	98.5	0.4	47	17	18	57.9	21.4
926 水道	220	7	1	96.6	0.2	292	34	10	86.7	3.1
鉱工業全体	19,733	11,385	3,398	57.2	9.8	13,788	35,194	17,170	20.8	26.0

第6章 国有企業と民間企業の「進退」　　　　　　　　　　159

鉱工業産業	1998 国有	内国民間	外資	比率(%) 国有	外資	2007 国有	内国民間	外資	比率(%) 国有	外資
				株主資本	(億元)					
901 石炭	1,071	98	4	91.3	0.3	3,948	1,681	121	68.7	2.1
902 原油・天然ガス	1,268	0	0	100.0	0.0	5,255	58	19	98.9	0.4
903 金属鉱	246	54	2	81.6	0.5	699	948	51	41.2	3.0
904 非金属鉱	103	32	3	74.1	2.4	114	273	39	26.8	9.1
905 食料品	833	383	406	51.3	25.0	1,366	4,036	1,764	19.1	24.6
906 たばこ	720	5	0	99.2	0.0	2,262	14	0	99.4	0.0
907 紡織	456	462	239	39.4	20.7	362	3,393	1,314	7.1	25.9
908 衣服・革製品	74	337	290	10.6	41.3	46	1,545	1,343	1.6	45.8
909 製材・家具	36	97	59	19.0	30.6	80	1,028	433	5.2	28.1
910 製紙・印刷	305	219	158	44.7	23.2	528	1,484	1,248	16.2	38.3
911 石油精製	692	56	10	91.4	1.3	1,897	207	59	87.7	2.7
912 石化	665	139	81	75.1	9.2	1,910	1,335	843	46.7	20.6
913 その他の化学工業	1,299	390	288	65.7	14.6	2,626	4,198	1,840	30.3	21.2
914 プラスチック・ゴム製品	229	268	250	30.6	33.5	264	1,754	1,368	7.8	40.4
915 窯業・土石製品	684	444	267	49.0	19.1	982	3,278	1,090	18.4	20.4
916 鉄鋼	2,826	176	51	92.6	1.7	6,768	2,914	647	65.5	6.3
917 非鉄金属	417	118	40	72.5	7.0	2,016	1,786	474	47.1	11.1
918 金属製品	110	228	173	21.5	33.8	241	1,570	932	8.8	34.0
919 自動車	789	168	67	77.0	6.5	3,444	1,364	1,290	56.5	21.2
920 電子情報機器	606	176	476	48.2	37.8	1,098	1,595	5,122	14.0	65.5
921 重要装備	1,416	349	174	73.0	9.0	2,959	3,051	1,732	38.2	22.4
922 その他の装備	785	800	486	37.9	23.5	1,196	5,251	3,040	12.6	32.0
923 その他の製品	88	131	168	22.8	43.4	258	699	694	15.6	42.0
924 電力	2,705	167	283	85.7	9.0	16,198	884	886	90.1	4.9
925 ガス	151	1	2	98.3	1.3	218	76	91	56.6	23.6
926 水道	537	16	4	96.4	0.7	1,229	168	151	79.4	9.8
鉱工業全体	19,112	5,315	3,979	67.3	14.0	57,965	44,590	26,592	44.9	20.6
				売上高	(億元)					
901 石炭	857	216	7	79.4	0.7	5,935	4,402	224	56.2	2.1
902 原油・天然ガス	1,354	1	0	99.9	0.0	7,446	78	18	99.0	0.2
903 金属鉱	157	178	4	46.4	1.1	919	2,708	82	24.8	2.2
904 非金属鉱	73	128	7	35.0	3.3	159	924	77	13.7	6.6
905 食料品	1,548	1,369	705	42.7	19.5	2,512	14,805	5,665	10.9	24.6
906 たばこ	995	17	0	98.3	0.0	2,864	15	0	99.5	0.0
907 紡織	843	1,319	429	32.6	16.6	718	12,548	3,030	4.4	18.6
908 衣服・革製品	137	1,005	888	6.7	43.8	123	6,508	4,346	1.1	39.6
909 製材・家具	60	309	129	12.1	25.8	171	3,912	1,183	3.2	22.5
910 製紙・印刷	361	552	237	31.4	20.6	696	4,364	2,139	9.7	29.7
911 石油精製	1,347	112	30	90.5	2.0	9,497	1,193	356	86.0	3.2
912 石化	609	346	111	57.2	10.4	3,921	5,371	2,311	33.8	19.9
913 その他の化学工業	1,728	1,071	411	53.8	12.8	4,017	11,843	3,909	20.3	19.8
914 プラスチック・ゴム製品	333	748	396	22.6	26.8	704	6,009	3,223	7.1	32.4
915 窯業・土石製品	644	1,068	213	33.5	11.1	1,309	9,566	1,880	10.3	14.7
916 鉄鋼	2,479	543	65	80.3	2.1	13,794	13,768	2,616	45.7	8.7
917 非鉄金属	590	368	73	57.2	7.1	5,387	8,198	1,689	35.3	11.1
918 金属製品	202	709	335	16.2	26.9	672	6,299	2,706	6.9	27.8
919 自動車	1,165	379	83	71.6	5.1	9,447	4,585	3,422	54.1	19.6
920 電子情報機器	1,096	440	1,469	36.5	48.9	2,059	4,313	27,495	6.1	81.2
921 重要装備	1,796	844	297	61.1	10.1	7,016	9,786	4,475	33.0	21.0
922 その他の装備	938	2,137	890	23.7	22.4	2,823	19,514	8,914	9.0	28.5
923 その他の製品	117	446	373	12.5	39.8	579	2,695	1,970	11.0	37.6
924 電力	2,297	130	184	88.0	7.0	14,881	914	946	88.9	5.7
925 ガス	76	1	3	95.8	3.4	337	183	184	47.9	26.1
926 水道	181	13	2	92.6	0.8	443	113	74	70.3	11.7
鉱工業全体	21,985	14,446	7,340	50.2	16.8	98,430	154,614	82,936	29.3	24.7

	1998			2007			1998			2007		
鉱工業産業	国有	内国民間	外資	国有	内国民間	外資	国有	内国民間	外資	国有	内国民間	外資
	利潤（億元）						ROE（％）					
901 石炭	2	14	0	558	478	26	−0.4	10.6	4.2	10.8	22.8	19.9
902 原油・天然ガス	145	0	0	3,108	8	8	9.0	2.8	n.c.	55.0	11.1	33.9
903 金属鉱	6	18	0	186	465	22	1.4	30.0	3.9	21.4	39.9	40.2
904 非金属鉱	1	7	0	13	77	8	0.7	17.4	8.2	8.4	23.9	19.2
905 食料品	75	63	36	229	898	430	6.8	14.0	7.9	13.5	19.3	21.6
906 たばこ	109	1	0	482	1	0	10.5	12.8	2.3	14.6	8.8	5.5
907 紡織	3	43	8	18	583	130	0.0	7.4	2.7	3.9	14.1	8.8
908 衣服・革製品	6	44	17	6	347	209	6.6	10.7	5.0	11.2	18.7	13.7
909 製材・家具	1	15	4	10	226	50	0.9	13.2	6.7	11.1	18.9	10.4
910 製紙・印刷	28	31	12	54	274	183	6.9	11.7	6.8	7.8	15.5	13.4
911 石油精製	0	6	−1	28	56	12	−1.0	7.5	−10.2	−1.3	23.4	18.7
912 石化	−3	15	7	300	264	129	−1.1	8.6	6.7	13.8	16.8	13.9
913 その他の化学工業	79	64	41	302	890	439	4.5	13.1	12.5	9.3	17.6	20.9
914 プラスチック・ゴム製品	12	33	14	19	342	178	4.1	10.2	5.1	5.6	16.4	11.7
915 窯業・土石製品	7	45	5	96	709	147	0.3	8.0	1.6	8.3	18.3	12.1
916 鉄鋼	42	14	2	925	836	158	0.9	6.4	3.1	10.2	24.9	22.1
917 非鉄金属	−3	10	3	540	441	109	−1.4	6.5	6.7	22.1	21.3	20.8
918 金属製品	10	30	8	33	311	142	7.5	10.6	3.8	11.4	16.6	13.5
919 自動車	67	19	7	598	295	261	6.8	8.2	9.2	15.9	18.2	18.3
920 電子情報機器	81	35	52	105	250	994	11.5	17.7	10.2	8.5	13.4	17.6
921 重要装備	45	44	15	458	686	403	2.2	9.7	7.6	13.1	18.7	20.8
922 その他の装備	38	101	30	145	1,077	573	3.8	10.0	5.3	10.1	16.9	16.8
923 その他の製品	4	21	14	71	142	81	3.4	13.5	7.1	24.2	17.0	10.2
924 電力	187	6	33	1,371	88	142	5.7	2.1	10.8	6.7	8.3	14.8
925 ガス	0	0	0	26	18	13	−0.4	7.9	4.2	10.9	20.8	13.6
926 水道	19	1	0	0	11	19	3.3	5.4	2.8	−0.4	4.8	11.3
鉱工業全体	963	681	307	9,681	9,774	4,867	3.7	10.3	6.9	14.0	18.4	16.4
	労働生産性（万元/人）						設備生産性（％）					
901 石炭	1.4	2.0	4.2	10.0	13.7	16.8	31.9	103.5	72.5	75.7	143.0	95.3
902 原油・天然ガス	10.0	2.5	n.c.	72.4	20.5	104.1	77.1	142.8	n.c.	112.7	84.7	65.6
903 金属鉱	1.9	4.1	6.2	15.7	19.8	29.4	40.2	140.0	79.2	158.0	214.9	146.6
904 非金属鉱	1.7	2.9	8.7	8.6	11.9	16.4	33.6	163.9	106.5	83.9	173.3	126.9
905 食料品	4.7	5.3	10.1	18.2	16.1	21.7	67.6	115.1	62.4	108.6	167.6	143.0
906 たばこ	42.9	6.3	7.2	171.9	9.1	6.8	198.3	111.4	213.9	488.1	66.0	206.3
907 紡織	1.6	2.8	4.8	4.5	8.8	7.4	42.7	64.5	53.4	57.2	116.7	89.6
908 衣服・革製品	2.5	3.2	2.8	5.7	6.7	4.8	86.4	133.1	104.7	160.6	218.4	185.3
909 製材・家具	2.5	3.4	4.9	7.9	9.7	6.7	36.1	113.3	56.9	67.0	160.2	120.8
910 製紙・印刷	3.3	3.4	6.5	11.9	11.1	14.7	50.5	78.4	42.3	48.9	102.9	53.9
911 石油精製	8.8	5.5	12.2	62.8	39.5	95.3	35.3	64.5	14.4	96.5	190.8	173.5
912 石化	5.4	5.6	8.4	27.6	22.6	38.4	21.6	68.1	36.2	47.6	111.5	61.2
913 その他の化学工業	3.0	4.9	13.4	13.6	16.1	30.7	42.1	110.9	84.3	56.6	139.1	133.8
914 プラスチック・ゴム製品	3.5	3.7	5.2	11.7	10.8	8.8	50.6	94.1	51.0	75.8	142.5	87.9
915 窯業・土石製品	2.2	2.7	5.6	11.1	11.3	12.8	32.4	69.0	29.0	48.1	115.0	67.7
916 鉄鋼	3.8	3.8	9.0	30.7	28.3	44.4	27.2	91.0	37.5	63.9	138.0	102.3
917 非鉄金属	2.8	5.3	9.0	27.6	30.4	30.6	23.9	75.0	48.4	98.1	184.4	115.7
918 金属製品	4.0	3.4	6.9	16.1	10.8	11.1	73.2	108.5	58.2	119.8	184.0	125.0
919 自動車	5.4	4.1	7.0	33.8	12.8	20.3	54.3	107.1	62.5	134.2	164.5	111.1
920 電子情報機器	7.2	5.5	8.3	15.9	12.5	13.3	103.9	152.4	104.4	105.4	209.4	128.9
921 重要装備	2.2	3.5	6.0	14.1	13.0	13.8	44.8	113.5	68.6	109.9	194.2	146.6
922 その他の装備	2.9	4.3	6.9	13.0	15.1	11.2	56.9	116.6	64.7	131.9	197.5	136.2
923 その他の製品	3.6	2.6	3.0	18.3	7.2	4.7	55.8	144.8	90.5	86.0	180.7	144.9
924 電力	9.6	8.4	37.3	36.5	21.5	66.9	27.1	36.6	21.2	28.4	24.3	30.0
925 ガス	2.6	2.7	24.1	20.3	38.4	27.4	12.0	30.0	49.4	39.6	124.0	57.3
926 水道	4.4	6.1	6.7	7.5	17.6	39.1	19.9	24.1	7.7	17.1	36.1	35.9
鉱工業全体	3.9	3.7	6.0	23.9	13.0	12.1	42.8	96.0	59.7	67.2	146.7	109.6

鉱工業産業	1998 国有	1998 内国民間	1998 外資	2007 国有	2007 内国民間	2007 外資	1998 国有	1998 内国民間	1998 外資	2007 国有	2007 内国民間	2007 外資
	労働装備率（万元/人）						資産負債率（％）					
901 石炭	4.3	2.0	5.9	13.2	9.6	17.6	60.5	58.3	62.2	61.7	56.5	61.0
902 原油・天然ガス	12.9	1.8	n.c.	64.2	24.1	158.8	49.6	41.0	n.c.	36.7	48.1	58.1
903 金属鉱	4.8	3.0	7.8	9.9	9.2	20.1	47.0	49.8	63.0	42.9	47.4	48.1
904 非金属鉱	5.1	1.8	8.2	10.3	6.8	12.9	57.7	57.5	27.4	54.6	47.3	44.4
905 食料品	7.0	4.6	16.2	16.8	9.6	15.2	58.9	58.7	49.5	47.6	51.4	53.2
906 たばこ	21.6	5.6	3.4	35.2	13.8	3.3	41.7	64.0	48.1	23.2	34.1	88.5
907 紡織	3.9	4.4	8.9	7.8	7.6	8.2	68.2	62.4	51.3	58.1	60.4	51.3
908 衣服・革製品	2.9	2.4	2.7	3.5	3.1	2.6	59.8	56.5	56.0	65.4	55.8	51.4
909 製材・家具	7.0	3.0	8.6	11.8	6.1	5.5	69.9	56.9	58.3	55.2	51.9	53.1
910 製紙・印刷	6.5	4.3	15.3	24.3	10.8	27.3	57.6	60.8	54.6	52.4	56.0	54.8
911 石油精製	25.0	8.5	84.2	65.1	20.7	54.9	61.6	53.5	70.1	51.4	60.3	66.9
912 石化	25.1	8.3	23.2	58.0	20.3	62.7	57.0	56.4	56.8	47.8	62.5	57.8
913 その他の化学工業	7.2	4.4	15.9	24.1	11.6	22.9	61.4	59.1	49.1	54.2	52.5	47.9
914 プラスチック・ゴム製品	7.0	4.0	10.2	15.4	7.6	10.0	62.3	59.0	51.4	61.0	55.7	52.2
915 窯業・土石製品	6.9	4.0	19.3	23.1	9.8	18.9	59.4	60.8	49.7	56.5	53.8	50.0
916 鉄鋼	13.9	4.2	24.1	48.1	20.5	43.4	53.4	61.9	51.9	56.7	63.2	63.1
917 非鉄金属	11.8	7.0	18.5	28.1	16.5	26.5	64.9	59.8	54.9	57.3	56.0	56.3
918 金属製品	5.5	3.1	11.9	13.5	5.9	8.3	59.8	61.8	52.0	56.4	59.7	53.8
919 自動車	9.9	3.9	11.1	25.2	7.8	18.3	60.5	54.8	45.6	55.2	60.3	54.5
920 電子情報機器	6.9	3.6	7.9	15.1	6.0	10.3	59.7	57.9	57.2	53.4	57.6	63.7
921 重要設備	5.0	3.0	8.7	12.9	6.7	9.4	61.8	59.8	52.6	70.8	59.8	55.7
922 その他の装備	5.2	3.7	10.7	8.6	6.3	8.2	57.7	60.5	55.2	60.2	57.9	54.2
923 その他の製品	6.4	1.8	3.3	21.3	4.0	3.3	59.1	59.2	49.2	72.1	56.3	50.6
924 電力	35.3	22.9	175.7	128.5	88.7	222.8	50.6	53.9	53.7	50.4	67.4	57.3
925 ガス	22.0	9.0	48.8	51.2	31.0	47.8	39.2	52.9	22.9	56.6	48.3	57.5
926 水道	22.3	25.4	88.0	44.0	48.8	108.9	32.0	50.6	44.7	47.0	52.8	65.9
鉱工業全体	9.2	3.8	10.0	35.5	8.9	11.0	56.6	59.4	53.1	53.5	57.2	56.2

出所：規模以上鉱工業企業個票データベース（1998-2007年）より作成．クリーニング作業を実施した．

注：1）1998年は試算値であり，試算方法は付録3を参照されたい．n.c.は企業が存在しないため計算できないことを示す．ROE, 労働生産性, 設備生産性, 労働装備率, 資産負債率は各産業の集計に基づく計算結果である．

2）ROE＝（利潤―企業所得税）/株主資本×100（％）．
労働生産性＝付加価値/従業員数（万元/人）．
設備生産性＝付加価値/固定資産純額年平均余額×100（％）．
労働装備率＝固定資産純額年平均余額/従業員数（万元/人）．
資産負債率＝負債/資産×100（％）．

が維持されている．その中に原油・天然ガス，石油精製，電力といった強い前方連関効果をもつ「管制高地」も含まれている．さらに，国有企業の資本が減少した産業は紡織と衣服・革製品だけである．国家資本が戦略的分野に傾斜的に投入されたとはいえ，多くの競争的分野においても資本投入が続けられたのである．

大半の産業では，内国民間企業は資本を増強した結果，売上高シェアが大きく上昇して，市場の主役になった．しかし，原油・天然ガス，たばこ，石油精製，自動車，電子情報機器，電力では内国民間企業のシェアが低下したもしくは伸びが非常に小さかった．これらはすべてもとから内国民間企業の市場シェアが小さかった戦略的分野であるが，その中で，電子情報機器だけは外資企業の独壇場であり，ほかはすべて国有企業の支配分野である[3]．

外資企業は電子情報機器の市場シェアを大きく伸ばして，この分野のメインプレイヤーになった．石化，自動車，重要装備，ガス，水道などの戦略的分野における外資企業のシェアも拡大したが，まだ3割を超えていない．

国有企業の売上高も実に4.5倍に伸びた．しかし，内国民間企業や外資企業は国有企業以上に拡大した結果，鉱工業全体で見ると，国有企業の売上高シェアが5割から3割に大きく低下した．国有企業は原油・天然ガス，石油精製，電力とたばこにおける圧倒的な市場シェアを堅く守ったが，石化，その他の化学工業，鉄鋼，非鉄金属，重要装備およびガスでは国有企業の市場シェアが50%を下回り，石炭，自動車と水道の国有企業シェアも大きく低下した．戦略的分野に対する国有企業の市場支配が揺らいだのである．

1998-2007年の間，国有企業の利潤も10倍に膨らんだ．利潤の拡大に対して，原油・天然ガスが34%，電力が14%，鉄鋼が10%，石炭，自動車と非鉄金属が各6%を寄与しており，戦略的分野が国家資本の金の生る木である．国有企業のROEも目を疑うように改善し，資産負債率も低下した．国有企業が元気を取り戻したのである．

しかし，収益が拡大したのは国有企業だけではない．内国民間企業と外資企業は国有企業以上に利潤を伸ばした．ROEでは国有企業が民間企業を追い越した産業もほとんど存在しない．

驚いたことに，国有企業の労働生産性も大きく上昇して，民間企業を超えた産業も少なくない．しかし，労働生産性の改善と裏腹に，ほとんどの産業では国有企業の設備生産性は，国有企業，内国民間企業と外資企業の中でもっとも低い．国家資本が増強されたとともに，過剰雇用の解消が進んだ結果

として，労働装備率が上昇したことがその背景にある．国有企業と民間企業の間に労働装備率の違いがかなり大きい．そのため，各産業の国有・民間企業の生産性を測る指標として，労働生産性や設備生産性といった単要素生産性よりも，資本，労働と中間投入を含めた包括的な生産性指標—TFP のほうが適切であろう．

2. 鉱工業企業の参入退出

次に，ミクロの視点から国有企業と民間企業の「進退」を調べよう．

規模以上鉱工業企業個票データベースでは，企業ごとに ID が示されている．この ID を利用すれば，それぞれの企業を特定することができる．ところが，残念ながら，ID は必ずしも時系列的に連続していない問題が存在している（謝ほか 2008; Bai et al. 2009）．

われわれは，異なる年次において，観察される企業が次の条件を満たせば，同じ企業として判定した．まず，同じ ID の企業である．それに完全に同じ企業名をもつ企業である．そして，残された企業の内，同じ所在地コードを有する企業については，法人代表または電話番号が一致し，それに業種または主要製品が一致する企業を，同一企業と判断した．

企業の参入退出分析では，精確に企業の所有制を把握するため，鉱工業企業を国有企業と民間企業（内国民間企業または外資企業）の 2 つだけに分類した．

図 6-1 は 1998-2007 年の鉱工業企業の参入退出集計である．ここでは存続企業，退出企業，民営化・国有化企業，参入企業は，隣接する 2 つの年次において，2 年目の年末にデータベースに残った企業，消えた企業，企業支配状況が国有（民間）支配から民間（国有）支配に変わった企業，新たにデータベースに入ってきた企業のことをそれぞれさす．われわれのデータベースは売上高 500 万元以上の企業に限定されているため，参入企業は新規設立企業と，そして退出企業は廃業企業とは完全には一致しない．とはいえ，鉱工

(1) 企業数ベース

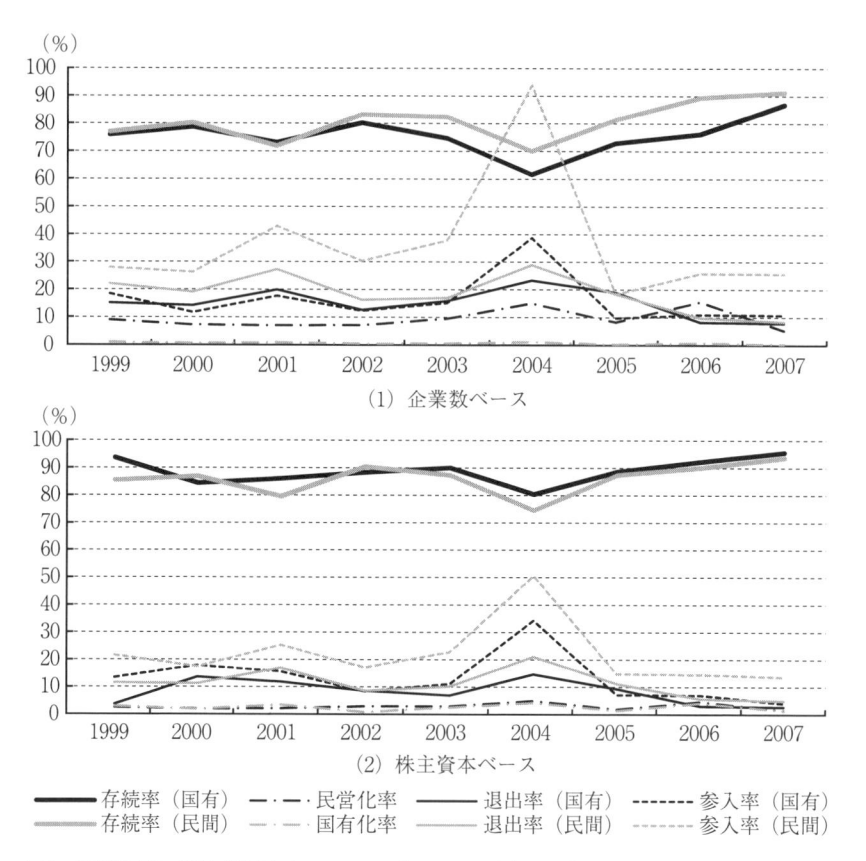

(2) 株主資本ベース

──── 存続率（国有）　─・─・ 民営化率　──── 退出率（国有）　------ 参入率（国有）
──── 存続率（民間）　─ ─ ─ 国有化率　──── 退出率（民間）　------ 参入率（民間）

出所：規模以上鉱工業企業個票データベース（1998-2007年）より作成．
注：参入企業は参入の年次，存続企業，退出企業，ならびに民営化・国有化企業はそれぞれ存続，退出，民営化・国有化の前の年次のデータに基づいて計算した．

図 6-1　中国鉱工業企業の参入退出（1999-2007年）

業において頭角を現した参入企業と没落した退出企業の「進退」は，中国経済の新陳代謝を促進する重要な一局面に違いない．

　中国は，1990年代末から国家資本の戦略的再編を促進してきた．民営化，国有化，産業分野（業務内容）の転換も各産業の業績に影響を与える．そのため，われわれは民営化と国有化を参入退出のカテゴリーとして扱い，産業分野の変更を従来の産業からの退出と新たな産業への参入とみなす．

中国鉱工業企業の参入退出には次のような特徴がある．第1に，2005年以後，存続率が上昇傾向を辿った．約9割の企業が次年末まで存続できるが，国有企業は民間企業より存続率が少し低い．しかし，株主資本ベースで見れば，むしろ国有企業の存続率は若干高い．国有大企業の存続が多いためであろう．

　第2に，存続率と反対に，退出率は近年低下してきた．民間企業も国有企業も毎年約1割の企業がデータベースから消え去る．また，2007年の参入率を見ると，民間企業が26％であり，国有企業の11％を大きく上回っている．

　なお，2004年の参入率が異常に高かったのは，その年が経済センサスの年であり，過去の調査から漏れていた企業が新たに調査対象に加えられたためである．企業の参入退出を分析する際，2004年のデータの扱いは慎重でなければならない．本章は参入退出分析において，2004年の参入，退出，存続，民営化，国有化に関わる企業個票データを除外した．

　第3に，毎年約1割の国有企業が民営化した．また，株主資本ベースでは民営化率が大きく縮小する事実から，民営化した国有企業は比較的に規模が小さいと推測できる．国有化した民間企業も存在するが，国有化率がかなり低い．しかし，株主資本ベースの国有化率が企業数ベースのそれより大きい．これは，国有化が比較的に大きい民間企業を中心に行われたことを示唆している．

　繰り返しになるが，データの制約により，われわれのデータベースでは売上高500万元未満の企業が除外されている．一般に小企業の参入退出は大企業より頻繁なので，実際に中国の鉱工業企業の新陳代謝はもっと激しいと考えられる．

　国家資本が戦略的分野を重要視しているため，参入退出における産業の色合いが濃いと考えられる．表6-2は産業別に参入退出企業をプールして集計した結果である．

　ほとんどの産業では，国有企業は民間企業より存続率が低い．しかし，原

表 6-2(a)　産業別参入退出集計（延べ企業数）

産業	国有企業（社）				民間企業（社）			
	存続	民営化	退出	参入	存続	国有化	退出	参入
901 石炭	3,743	276	617	687	16,177	123	3,495	6,294
902 原油・天然ガス	362	11	69	82	194	11	44	92
903 金属鉱	1,899	147	280	336	10,194	91	1,791	4,000
904 非金属鉱	1,142	89	232	220	7,470	35	1,843	3,071
905 食料品	8,938	1,394	2,379	1,790	71,027	648	10,974	23,134
906 たばこ	905	21	125	92	176	16	45	40
907 紡織	3,860	598	898	617	76,291	285	12,217	21,679
908 衣服・革製品	1,191	311	343	264	68,595	196	12,260	20,996
909 製材・家具	949	168	293	282	29,188	101	5,110	11,453
910 製紙・印刷	4,399	481	744	633	40,279	248	6,063	10,663
911 石油精製	560	47	106	122	2,901	40	750	1,055
912 石化	1,200	139	318	301	13,760	84	3,065	5,028
913 その他の化学工業	9,646	1,354	1,735	1,636	61,294	678	9,897	18,678
914 プラスチック・ゴム製品	1,925	379	572	434	52,945	231	9,563	16,767
915 窯業・土石製品	6,870	1,054	1,495	1,322	65,922	509	10,825	19,574
916 鉄鋼	1,516	171	337	290	18,402	103	4,742	6,068
917 非鉄金属	1,557	171	311	371	14,783	114	3,335	5,746
918 金属製品	1,647	292	524	456	47,735	181	10,020	17,222
919 自動車	3,199	393	575	601	21,171	241	3,624	7,262
920 電子情報機器	2,987	403	618	576	27,451	287	4,845	9,028
921 重要装備	8,556	833	1,657	1,451	53,188	449	10,268	18,241
922 その他の装備	8,029	1,189	1,877	1,599	117,342	648	20,295	37,359
923 その他の製品	952	138	291	221	33,613	94	6,623	11,028
924 電力	14,092	377	1,034	1,584	4,877	374	655	1,535
925 ガス	657	53	72	141	594	26	90	254
926 水道	4,623	78	243	620	1,329	61	154	300
鉱工業全体	95,404	10,567	17,745	16,728	856,898	5,874	152,593	276,567

	存続率	民営化率	退出率	参入率	存続率	国有化率	退出率	参入率
901 石炭	80.7	6.0	13.3	14.8	81.7	0.6	17.7	31.8
902 原油・天然ガス	81.9	2.5	15.6	18.6	77.9	4.4	17.7	36.9
903 金属鉱	81.6	6.3	12.0	14.4	84.4	0.8	14.8	33.1
904 非金属鉱	78.1	6.1	15.9	15.0	79.9	0.4	19.7	32.9
905 食料品	70.3	11.0	18.7	14.1	85.9	0.8	13.3	28.0
906 たばこ	86.1	2.0	11.9	8.8	74.3	6.8	19.0	16.9
907 紡織	72.1	11.2	16.8	11.5	85.9	0.3	13.8	24.4
908 衣服・革製品	64.6	16.9	18.6	14.3	84.6	0.2	15.1	25.9
909 製材・家具	67.3	11.9	20.8	20.0	84.9	0.3	14.9	33.3
910 製紙・印刷	78.2	8.6	13.2	11.3	86.5	0.5	13.0	22.9
911 石油精製	78.5	6.6	14.9	17.1	78.6	1.1	20.3	28.6
912 石化	72.4	8.4	19.2	18.2	81.4	0.5	18.1	29.7
913 その他の化学工業	75.7	10.6	13.6	12.8	85.3	0.9	13.8	26.0
914 プラスチック・ゴム製品	66.9	13.2	19.9	15.1	84.4	0.4	15.2	26.7
915 窯業・土石製品	72.9	11.2	15.9	14.0	85.3	0.7	14.0	25.3
916 鉄鋼	74.9	8.4	16.7	14.3	79.2	0.4	20.4	26.1
917 非鉄金属	76.4	8.4	15.3	18.2	81.1	0.6	18.3	31.5
918 金属製品	66.9	11.9	21.3	18.5	82.4	0.3	17.3	29.7
919 自動車	76.8	9.4	13.8	14.4	84.6	1.0	14.5	29.0
920 電子情報機器	74.5	10.1	15.4	14.4	84.2	0.9	14.9	27.7
921 重要装備	77.5	7.5	15.0	13.1	83.2	0.7	16.1	28.5
922 その他の装備	72.4	10.7	16.9	14.4	84.9	0.5	14.7	27.0
923 その他の製品	68.9	10.0	21.1	16.0	83.3	0.2	16.4	27.3
924 電力	90.9	2.4	6.7	10.2	82.6	6.3	11.1	26.0
925 ガス	84.0	6.8	9.2	18.0	83.7	3.7	12.7	35.8
926 水道	93.5	1.6	4.9	12.5	86.1	4.0	10.0	19.4
鉱工業全体	77.1	8.5	14.3	13.5	84.4	0.6	15.0	27.2

第6章　国有企業と民間企業の「進退」　　　167

表 6-2(b)　産業別参入退出集計（延べ株主資本）

産業	国有企業（億元）					民間企業（億元）				
	存続 t-1	民営化 t-1	退出 t-1	参入 t	存続伸び	存続 t-1	国有化 t-1	退出 t-1	参入 t	存続伸び
901 石炭	14,028	145	693	763	2,392	3,052	74	345	715	935
902 原油・天然ガス	20,013	123	2,190	3,230	2,607	538	128	83	68	59
903 金属鉱	2,614	48	286	194	369	1,532	46	216	473	548
904 非金属鉱	893	17	91	116	48	673	8	119	220	127
905 食料品	6,976	549	725	848	800	15,168	304	1,192	2,690	2,373
906 たばこ	9,949	16	550	345	1,464	63	14	13	16	0
907 紡織	2,934	274	330	278	187	13,850	120	1,174	2,125	2,177
908 衣服・革製品	373	59	45	48	7	8,985	26	996	1,543	1,331
909 製材・家具	451	65	45	72	15	3,380	42	344	800	604
910 製紙・印刷	3,111	256	198	249	287	7,780	119	522	1,069	1,203
911 石油精製	7,613	81	879	1,172	855	743	133	167	171	148
912 石化	7,412	131	870	1,237	518	5,007	194	483	1,268	879
913 その他の化学工業	12,685	794	1,157	1,579	1,261	15,390	384	1,301	2,570	2,810
914 プラスチック・ゴム製品	1,697	164	187	159	102	9,213	69	952	1,587	1,384
915 窯業・土石製品	5,256	380	471	475	347	11,903	258	1,210	2,284	1,758
916 鉄鋼	26,773	198	2,191	1,947	4,085	7,357	68	806	1,360	1,956
917 非鉄金属	5,389	147	504	915	1,075	4,183	110	563	1,049	1,201
918 金属製品	912	78	110	141	88	6,594	63	918	1,568	1,073
919 自動車	13,162	454	1,245	1,695	1,596	6,305	498	550	1,188	1,282
920 電子情報機器	6,160	689	654	705	608	17,731	393	1,062	2,824	2,879
921 重要装備	12,686	393	1,048	1,024	1,553	10,854	252	1,161	2,299	2,125
922 その他の装備	6,067	505	774	796	461	22,708	311	2,184	3,843	3,981
923 その他の製品	683	36	114	71	105	4,240	57	529	850	619
924 電力	54,500	909	1,776	5,332	4,381	6,176	1,004	420	1,239	334
925 ガス	979	51	173	148	88	260	16	35	75	39
926 水道	6,469	72	178	270	516	784	28	29	198	55
鉱工業全体	229,785	6,632	17,486	23,810	25,812	184,472	4,720	17,373	34,090	31,881

	存続率	民営化率	退出率	参入率	存続伸び率	存続率	国有化率	退出率	参入率	存続伸び率
901 石炭	94.4	1.0	4.7	5.1	16.1	87.9	2.1	9.9	20.6	26.9
902 原油・天然ガス	89.6	0.6	9.8	14.5	11.7	71.9	17.0	11.1	9.0	7.9
903 金属鉱	88.7	1.6	9.7	6.6	12.5	85.4	2.6	12.0	26.3	30.5
904 非金属鉱	89.2	1.7	9.1	11.6	4.7	84.1	1.0	14.9	27.5	15.9
905 食料品	84.6	6.6	8.8	10.3	9.7	91.0	1.8	7.2	16.1	14.2
906 たばこ	94.6	0.2	5.2	3.3	13.9	69.9	15.5	14.6	17.3	0.2
907 紡織	82.9	7.7	9.3	7.9	5.3	91.5	0.8	7.8	14.0	14.4
908 衣服・革製品	78.2	12.3	9.5	10.2	1.5	89.8	0.3	10.0	15.4	13.3
909 製材・家具	80.4	11.5	8.1	12.9	2.6	89.8	1.1	9.1	21.2	16.1
910 製紙・印刷	87.3	7.2	5.6	7.0	8.0	92.4	1.4	6.2	12.7	14.3
911 石油精製	88.8	0.9	10.3	13.7	10.0	71.2	12.8	16.0	16.4	14.2
912 石化	88.1	1.6	10.3	14.7	6.2	88.1	3.4	8.5	22.3	15.5
913 その他の化学工業	86.7	5.4	7.9	10.8	8.6	90.1	2.3	7.6	15.1	16.5
914 プラスチック・ゴム製品	82.8	8.0	9.2	7.8	5.0	90.0	0.7	9.3	15.5	13.5
915 窯業・土石製品	86.1	6.2	7.7	7.8	5.7	89.0	1.9	9.0	17.1	13.1
916 鉄鋼	91.8	0.7	7.5	6.7	14.0	89.4	0.8	9.8	16.5	23.8
917 非鉄金属	89.2	2.4	8.3	15.1	17.8	86.1	2.3	11.6	21.6	24.7
918 金属製品	82.9	7.1	10.0	12.9	8.0	87.1	0.8	12.1	20.7	14.2
919 自動車	88.6	3.1	8.4	11.4	10.7	85.7	6.8	7.5	16.2	17.4
920 電子情報機器	82.1	9.2	8.7	9.4	8.1	92.4	2.0	5.5	14.7	15.0
921 重要装備	89.8	2.8	7.4	7.2	11.0	88.5	2.1	9.5	18.7	17.3
922 その他の装備	82.6	6.9	10.5	10.8	6.3	90.1	1.2	8.7	15.2	15.8
923 その他の製品	82.0	4.3	13.7	8.5	12.6	87.9	1.2	11.0	17.6	12.8
924 電力	95.3	1.6	3.1	9.3	7.7	81.3	13.2	5.5	16.3	4.4
925 ガス	81.4	4.2	14.4	12.3	7.3	83.6	5.2	11.2	24.2	12.7
926 水道	96.3	1.1	2.6	4.0	7.7	93.3	3.3	3.4	23.6	6.6
鉱工業全体	90.5	2.6	6.9	9.4	10.2	89.3	2.3	8.4	16.5	15.4

出所：規模以上鉱工業企業個票データベース（1998-2007年）より作成．なお，2004年の参入，退出，民営化・国有化と存続は除外されている．

注：1) tは参入，退出，民営化・国有化と存続した年を表す．
　　2) 存続伸びは，既存の存続企業の株主資本の伸びを意味する．

油・天然ガス，たばこ，電力，ガス，水道などの戦略的分野は例外である．それに，株主資本ベースでは，ほとんどの戦略的分野において国有企業の存続率が民間企業より高い．

また，概して戦略的分野では国有企業の退出率も民間企業より低い．戦略的分野の民営化率も軒並み低い．それに，原油・天然ガス，たばこ，電力などの戦略的分野は，民間企業の国有化率上位産業でもある．

ほとんどの産業では，企業数を見ると，民間企業の参入が国有企業より圧倒的に多い．株主資本を見ると，参入した国有企業の資本が1,000億元を超えたのは，原油・天然ガス，石油精製，石化，その他の化学工業，鉄鋼，自動車，重要装備，電力であり，とりわけ，原油・天然ガス，石油精製，鉄鋼，自動車と電力では，参入してきた民間企業の資本を上回っている．その一方で，民間企業の参入は食料品，紡織，窯業・土石製品などの競争的分野だけではなく，石化，その他の化学工業，鉄鋼，自動車，装備など多くの戦略的分野においても目立っている．なお，前節で見たように，電子情報機器に対する外資の投資も旺盛である．

それでは，どのような企業が退出し，どのような企業が存続するのか．存続した企業がどう変化したのか．各年次の企業データをプールして産業別に企業の資産規模，労働装備率と収益性（ROE）を表6-3に整理した．表から幾つかの特徴が見て取れる．

第1に，国有企業，民間企業を問わず，退出企業は存続企業と比べて，概して資産規模が小さく，労働装備率が低く，収益力も弱い．

第2に，民営化された国有企業は存続した国有企業と比べて，おおむね資産規模と労働装備率が小さいが，収益性が高い．電力と水道のような例外もあるが，ほとんどの産業では民営化の対象は小規模・労働集約型の国有企業に集中している．それに，民間資本は比較的に好業績の国有企業を買収する傾向がある．

第3に，国有化企業では状況が一変する．存続した民間企業に比べて，国有化された民間企業のほうがより大きな資産規模，高い労働装備率と低い収

第6章　国有企業と民間企業の「進退」

表 6-3(a)　存続，退出，民営化・国有化と参入企業の財務指標（中央値）：資産（千元）

産業	国有企業 存続 t−1	t	a	民営化 t−1	t	b	c	退出 t−1	t	d	参入 t	e
901 石炭	88,572	97,091	**	33,146	34,194	**	**	33,581		**	31,916	
902 原油・天然ガス	1,748,800	2,209,505	**	109,344	106,955		**	1,194,199			445,401	
903 金属鉱	65,154	70,686	**	29,639	38,251	**	**	26,957		**	26,215	
904 非金属鉱	55,013	57,008	**	20,321	21,195			29,138		**	21,656	
905 食料品	34,704	35,604	**	28,377	28,355	**	**	17,511		**	16,737	
906 たばこ	357,540	378,794	**	124,662	131,403			159,996			134,831	
907 紡織	89,520	92,519	**	41,817	40,381			44,268		**	33,978	**
908 衣服・革製品	24,451	24,615	**	16,257	16,787	*		12,806		**	12,340	
909 製材・家具	34,564	34,999	**	21,365	21,805	**	**	17,751		**	15,882	
910 製紙・印刷	42,372	43,999	**	29,868	30,269	**		19,545		**	17,501	*
911 石油精製	603,066	627,645	**	60,980	65,425	**	**	74,086		**	339,387	*
912 石化	200,722	215,812	**	48,755	50,573	**	**	49,919		**	98,294	**
913 その他の化学工業	75,575	79,338	**	44,564	46,989	**	**	35,396		**	35,602	
914 プラスチック・ゴム製品	43,423	45,088	**	23,603	25,296	**	**	18,324		**	21,283	
915 窯業・土石製品	52,129	53,046	**	34,081	32,937	**		25,399		**	24,080	
916 鉄鋼	335,071	352,834	**	41,508	40,328			48,183		**	45,628	
917 非鉄金属	166,211	182,496	**	32,546	37,321	**	**	52,110		**	58,487	
918 金属製品	38,106	40,585	**	23,993	24,549	**	**	19,868		**	21,500	
919 自動車	110,564	116,998	**	40,420	44,932	**	**	36,539		**	40,884	
920 電子情報機器	91,872	98,466	**	53,562	58,514	**	**	34,092		**	38,021	
921 重要装備	98,666	106,051	**	35,909	38,170	**	**	32,700		**	33,235	
922 その他の装備	57,566	59,495	**	32,496	33,691	**	**	25,310		**	27,112	
923 その他の製品	36,731	37,899	**	19,094	19,898	**	**	16,160		**	19,454	
924 電力	95,363	103,045	**	118,615	113,557		**	56,320		**	75,314	**
925 ガス	97,750	108,263	**	53,841	83,675	**	**	74,529		**	47,664	
926 水道	64,227	69,236	**	67,087	81,019	**		28,620		**	26,051	

産業	民間企業 存続 t−1	t	a	国有化 t−1	t	b	c	退出 t−1	t	d	参入 t	e
901 石炭	11,928	14,690	**	35,966	46,639	**	**	8,000		**	8,465	**
902 原油・天然ガス	58,050	66,049	**	156,979	287,817		**	21,263		**	41,736	*
903 金属鉱	10,700	13,049	**	39,092	39,674	**	**	7,340		**	8,670	**
904 非金属鉱	7,619	8,582	**	26,602	26,455	**		5,540		**	6,305	**
905 食料品	11,584	13,506	**	32,771	37,271	**	**	7,015		**	7,680	**
906 たばこ	37,164	36,650		144,586	155,765			21,882		*	29,836	
907 紡織	12,659	14,655	**	38,316	41,891	**	**	7,783		**	7,890	
908 衣服・革製品	10,361	11,761	**	17,139	17,271			6,801		**	6,600	
909 製材・家具	8,175	9,531	**	25,387	29,364	*		5,945		**	5,745	
910 製紙・印刷	12,449	14,000	**	31,099	32,154	**	**	7,700		**	7,585	
911 石油精製	14,038	16,600	**	162,695	176,464	**	**	8,918		**	10,125	
912 石化	15,068	17,449	**	75,224	99,258	**	**	9,568		**	10,155	**
913 その他の化学工業	15,193	17,450	**	44,464	48,870	**	**	9,150		**	9,194	
914 プラスチック・ゴム製品	11,757	13,546	**	26,778	27,076	**	**	7,779		**	7,370	**
915 窯業・土石製品	13,852	15,442	**	36,123	41,803	**	**	8,539		**	8,980	**
916 鉄鋼	15,382	18,226	**	56,881	61,094	**	**	9,000		**	10,488	**
917 非鉄金属	14,089	16,983	**	44,137	53,708	**	**	8,839		**	10,355	**
918 金属製品	11,174	13,043	**	23,710	25,575	**	**	7,693		**	7,737	
919 自動車	16,086	19,230	**	40,830	44,980	**	**	9,662		**	10,052	**
920 電子情報機器	26,586	31,013	**	63,923	70,605	**	**	13,425		**	15,280	**
921 重要装備	15,129	17,804	**	34,600	40,101	**	**	9,602		**	9,669	
922 その他の装備	12,950	15,076	**	32,372	35,133	**	**	8,609		**	8,053	**
923 その他の製品	9,859	11,204	**	23,221	25,181	**	**	6,400		**	5,981	**
924 電力	85,305	88,714	**	140,541	143,844		**	32,263		**	59,214	**
925 ガス	43,527	47,711	**	47,384	68,565	**		19,915		**	27,857	
926 水道	44,336	47,786	**	54,908	69,368	*		14,160		**	24,726	**

表6-3(b) 存続,退出,民営化・国有化と参入企業の財務指標(中央値):労働装備率(%)

産業	国有企業 存続 t−1	t	a	民営化 t−1	t	b	c	退出 t−1	t	d	参入 t	e
901 石炭	37.7	41.5	**	31.1	33.4	**	**	34.2	*		38.3	**
902 原油・天然ガス	375.9	420.2	**	230.7	239.9			413.4			330.4	
903 金属鉱	49.0	53.0	**	43.9	42.2	*	*	50.4			50.1	
904 非金属鉱	49.5	50.7	**	42.2	38.1		*	38.9	**		40.5	
905 食料品	59.6	62.9	**	57.9	61.8	**		52.2	**		54.9	*
906 たばこ	198.7	208.3	**	74.4	124.7		**	149.0	**		153.4	
907 紡織	40.0	41.6	**	35.0	34.7		**	36.7	**		35.7	
908 衣服・革製品	23.4	24.1		16.2	15.2		**	18.2	**		18.2	
909 製材・家具	53.8	57.2	*	44.0	47.1			38.6	**		40.3	
910 製紙・印刷	68.2	73.5	**	61.1	66.4		*	47.1	**		51.0	
911 石油精製	215.7	238.6	**	213.3	235.4			142.4	**		230.0	*
912 石化	132.9	140.1	**	86.3	91.0		**	81.8	**		100.6	*
913 その他の化学工業	61.4	67.5	**	57.0	60.7	*	*	51.0	**		60.7	**
914 プラスチック・ゴム製品	56.0	58.5		45.7	49.1		**	44.2	**		44.0	
915 窯業・土石製品	58.2	61.2	**	54.9	56.9	*		49.3	**		54.3	**
916 鉄鋼	89.5	100.0	**	55.9	56.7		**	59.8	**		67.1	
917 非鉄金属	94.9	101.8	**	57.3	63.5		**	75.6	**		80.4	
918 金属製品	44.7	46.4		41.9	43.8			36.2	**		40.4	
919 自動車	65.4	68.9	**	56.8	60.9	*	**	47.2	**		52.2	*
920 電子情報機器	48.3	51.5	**	46.0	43.3			37.0	**		32.9	
921 重要装備	45.2	48.6	**	36.2	38.9	**	**	33.9	**		37.3	
922 その他の装備	43.2	45.8	**	39.1	40.4	*	**	31.7	**		34.9	
923 その他の製品	45.5	49.4	**	20.9	23.3		**	30.8	**		30.1	
924 電力	153.9	169.1	**	337.1	364.7		**	126.6	**		203.1	**
925 ガス	160.0	177.2	**	188.7	212.9			114.9	*		155.9	
926 水道	169.6	183.8	**	206.1	268.8		*	116.5	**		118.1	

産業	民間企業 存続 t−1	t	a	国有化 t−1	t	b	c	退出 t−1	t	d	参入 t	e
901 石炭	32.8	36.7	**	35.2	40.2	**		29.1	**		37.0	**
902 原油・天然ガス	140.0	142.5		261.5	296.8			69.3	**		186.5	**
903 金属鉱	43.0	46.9	**	55.0	53.3		*	35.3	**		50.2	**
904 非金属鉱	28.9	31.6	**	38.3	42.0		**	24.0	**		38.8	**
905 食料品	49.5	53.0	**	74.7	82.9		**	40.0	**		48.9	**
906 たばこ	35.1	35.6		136.0	132.9		**	34.2			42.8	
907 紡織	33.6	36.7	**	37.8	38.9			26.0	**		31.6	**
908 衣服・革製品	13.5	14.5	**	17.0	15.5			12.7	**		11.9	**
909 製材・家具	25.8	27.6	**	62.3	61.4		**	22.4	**		25.3	**
910 製紙・印刷	45.6	48.5	**	75.7	77.0		**	34.1	**		41.8	**
911 石油精製	67.7	72.2	**	242.2	312.1	**	**	50.7	**		68.7	**
912 石化	61.4	65.5	**	120.2	127.2		**	44.6	**		55.8	**
913 その他の化学工業	48.0	51.9	**	68.8	76.1	**	**	36.7	**		45.7	**
914 プラスチック・ゴム製品	35.9	38.0	**	53.3	56.0		**	29.2	**		33.3	**
915 窯業・土石製品	41.3	43.7	**	68.7	72.8		**	29.9	**		42.8	**
916 鉄鋼	47.3	51.3	**	60.6	66.4		**	37.2	**		45.0	**
917 非鉄金属	43.5	47.1	**	66.6	78.7		**	37.5	**		42.3	**
918 金属製品	28.8	31.1	**	54.7	49.8		**	25.4	**		28.2	**
919 自動車	36.9	40.3	**	55.5	65.3		**	28.9	**		33.6	**
920 電子情報機器	32.0	34.8	**	47.7	50.7		**	25.2	**		27.3	**
921 重要装備	32.4	35.4	**	36.0	36.1	*		25.2	**		30.9	**
922 その他の装備	30.0	32.7	**	41.2	45.8		**	24.4	**		27.3	**
923 その他の製品	16.4	17.9	**	23.8	25.7		*	14.5	**		15.1	
924 電力	394.7	408.7	**	431.4	490.7	*		180.2	**		453.9	**
925 ガス	225.3	231.6	**	197.7	240.7			163.9	*		174.7	
926 水道	308.4	318.4	**	238.5	291.9			139.3	**		237.3	**

表 6-3(c) 存続, 退出, 民営化・国有化と参入企業の財務指標 (中央値): ROE (%)

産業	国有企業 存続 t−1	t	a	民営化 t−1	t	b	c	退出 t−1	d	参入 t	e
901 石炭	1.8	2.5	**	4.4	5.3	**		1.3	*	2.1	*
902 原油・天然ガス	15.5	17.3		13.4	25.1			11.5		4.5	
903 金属鉱	6.0	7.0	**	9.6	10.9			2.9	**	4.3	*
904 非金属鉱	2.0	2.4		4.9	5.5		**	0.8	*	3.4	**
905 食料品	2.3	2.2	**	3.3	3.5		**	0.3	**	2.0	**
906 たばこ	6.7	7.1		8.0	10.0			3.6	*	5.3	
907 紡織	1.3	1.4	**	2.0	2.1		**	0.0	**	1.4	**
908 衣服・革製品	3.8	3.8	**	5.2	4.3	*	**	0.6	**	2.2	**
909 製材・家具	2.8	2.8	*	5.1	4.7		**	0.7	**	2.0	**
910 製紙・印刷	2.1	1.9	**	4.8	5.7		**	0.4	**	2.5	**
911 石油精製	2.6	3.7		6.7	9.5	*		0.7		2.1	
912 石化	3.5	4.0		5.7	7.8	*		1.4	**	2.9	*
913 その他の化学工業	3.2	3.3		4.5	5.5		**	0.8	**	2.8	**
914 プラスチック・ゴム製品	2.5	2.4	**	5.0	3.4		**	1.3	**	3.0	**
915 窯業・土石製品	1.3	1.3		1.9	2.9	*		0.3	**	1.8	**
916 鉄鋼	1.8	2.4	**	2.2	2.0			0.9	*	1.7	
917 非鉄金属	4.0	4.4		5.5	5.1			1.8	**	5.5	**
918 金属製品	2.8	2.8		4.5	5.8	*		1.3	**	3.2	**
919 自動車	3.0	3.5		3.9	4.9			1.4		2.2	**
920 電子情報機器	5.6	5.5	**	7.2	6.7	*		2.2	**	5.2	**
921 重要装備	1.6	1.9	**	4.5	5.7	*		0.8	**	1.9	**
922 その他の装備	2.5	2.6		4.5	5.0		**	1.1	**	2.7	**
923 その他の製品	3.1	3.1		4.4	6.2			1.8	**	2.7	*
924 電力	1.8	1.9		3.1	5.3	*		1.1	**	0.7	
925 ガス	0.4	0.7		5.5	10.1	**		0.5	**	1.7	*
926 水道	0.1	0.1	*	1.0	2.0		**	0.4	**	0.2	

産業	民間企業 存続 t−1	t	a	国有化 t−1	t	b	c	退出 t−1	d	参入 t	e
901 石炭	15.3	17.7	**	4.6	8.5		**	13.8	**	10.6	**
902 原油・天然ガス	12.8	13.2		27.8	10.6			7.0		12.8	
903 金属鉱	22.5	27.0	**	11.9	15.4	*	**	14.8	**	11.3	**
904 非金属鉱	16.6	18.5	**	6.6	7.4		**	16.8		13.1	**
905 食料品	10.2	11.6	**	4.8	5.3		**	9.0	**	8.6	
906 たばこ	9.1	7.4		6.7	6.8			5.6		8.1	
907 紡織	7.7	8.4	**	3.0	2.4		**	5.4	**	7.7	**
908 衣服・革製品	8.2	8.6	**	4.7	4.4		**	6.0	**	8.5	**
909 製材・家具	10.9	12.1	**	3.0	4.1		**	9.1	**	9.9	**
910 製紙・印刷	7.2	7.6	**	6.4	5.3	**		5.6	**	6.6	**
911 石油精製	8.4	9.8	**	8.9	9.2			5.8	**	6.7	
912 石化	9.4	10.6	**	6.9	6.9		*	7.3	**	9.3	**
913 その他の化学工業	9.6	10.6	**	5.0	5.4		**	7.4	**	8.6	**
914 プラスチック・ゴム製品	8.3	8.7	**	4.2	3.7		**	6.6	**	8.4	**
915 窯業・土石製品	8.8	10.0	**	3.6	3.3		**	7.6	**	7.8	**
916 鉄鋼	7.7	9.0	**	2.1	3.5		**	6.3	**	6.5	
917 非鉄金属	9.5	10.6	**	4.3	6.7		**	7.0	**	7.9	**
918 金属製品	8.7	9.2	**	8.6	6.5		**	7.3	**	8.9	**
919 自動車	9.7	10.4	**	6.4	6.3		**	8.2	**	9.3	*
920 電子情報機器	8.0	8.1	**	7.5	8.6			4.9	**	8.1	**
921 重要装備	9.0	9.6	**	6.9	7.7		**	7.1	**	9.0	**
922 その他の装備	9.6	10.1	**	4.9	5.6		**	7.5	**	9.8	**
923 その他の製品	8.5	8.6	**	6.5	7.0			7.9	**	9.2	**
924 電力	5.3	6.2		4.1	5.7		*	3.8	*	4.3	
925 ガス	7.5	8.8	**	6.8	6.4			4.7		4.9	
926 水道	4.4	4.7	*	1.3	0.7		**	3.5		3.6	

出所: 規模以上鉱工業企業個票データベース (1998-2007年) より作成。なお, 2004年の参入, 退出, 民営化・国有化と存続は除外されている。

注: 1) tは参入, 退出, 民営化・国有化と存続した年を表す。
2) *と**はそれぞれ5%と1%の有意水準において統計的に有意であることを示す。aとbはそれぞれ存続前後と民営化・国有化前後の比較検定であり, Wilcoxon signed-ranks testをもちいた。c, dとeはそれぞれ民営化・国有化企業と存続企業の間, 退出企業と存続企業の間, 参入企業と退出企業の間の比較検定であり, ともにMann-Whitney's U testをもちいた。

益性を有する．統計的有意性をもちいて判断すれば，逆の傾向を見せる産業は存在しない．国有化自体はさほど広く見られないが，収益力が低くても比較的に規模が大きく，設備も充実している民間企業が国有化の対象になっている．

第4に，大半の産業では参入企業の収益性が退出企業より高い．この点は国有企業と民間企業の双方について言える．また，民間企業を見ると，参入企業はほとんどの産業において退出企業より労働装備率が高い．国有企業に目を転じても，一部の産業では同様なことが見られ，逆のことが統計的に有意に観察された産業は存在しない．

第5に，存続した企業を隣接2年間で比較してみると，資産規模が拡大し，労働装備率も上昇した．このことは国有企業，民間企業を問わず，ほとんどの産業において統計的に有意である．民間企業の収益力の向上の統計的有意性もほとんどの産業において確認できた．国有企業も一部の産業において収益性を改善した．しかし，食料品，製材・家具，製紙・印刷，プラスチック・ゴム製品，電子情報機器では国有企業のROEの中央値が小幅に低下した．

第6に，民営化・国有化前後を比較してみると，資産規模が拡大した産業が多い．労働装備率と収益性を調べると，民営化・国有化後の上昇についての統計的有意性が確認できる産業は多くないが，その低下が統計的有意性をもつ産業もきわめて少ない．

3. 参入退出と生産性

　財務指標をもちいて鉱工業企業の参入退出を見てきた．次に生産性の角度から鉱工業企業の参入退出が各産業に与える影響を検証してみよう．

　生産性の高い企業の参入と生産性の低い企業の退出は，産業全体の生産性向上に寄与する．1990年代半ばに低下した中国鉱工業の生産性は，1990年代末から上昇に転じた（朱・李 2005; 涂・肖 2005）．このような中国鉱工業

生産性の変化は，鉱工業企業の参入退出とどのように関係しているであろうか．本節では，1998-2007 年の各産業の国有企業と民間企業の生産性変化を存続，退出，民営化・国有化および参入のそれぞれの効果に分解して分析する．

まず，Christensen et al. (1981)，Good et al. (1997)，Aw. et al. (2001) を参考にして，次のように産業別に各企業の生産性水準（$lnTFP$）を測定する．

$$\begin{aligned}
lnTFP_{i,t} &= lnQ_{i,t} - \overline{lnQ_t} - \frac{1}{2}(\alpha_{M,i,t} + \overline{\alpha_{M,t}})(lnM_{i,t} - \overline{lnM_t}) \\
&\quad - \frac{1}{2}(\alpha_{K,i,t} + \overline{\alpha_{K,t}})(lnK_{i,t} - \overline{lnK_t}) - \frac{1}{2}(\alpha_{L,i,t} + \overline{\alpha_{L,t}})(lnL_{i,t} - \overline{lnL_t}) \\
&\quad + \sum_{s=1999}^{t}(\overline{lnQ_s} - \overline{lnQ_{s-1}}) - \sum_{s=1999}^{t}\frac{1}{2}(\overline{\alpha_{M,s}} + \overline{\alpha_{M,s-1}})(\overline{lnM_s} - \overline{lnM_{s-1}}) \\
&\quad - \sum_{s=1999}^{t}\frac{1}{2}(\overline{\alpha_{K,s}} + \overline{\alpha_{K,s-1}})(\overline{lnK_s} - \overline{lnK_{s-1}}) \\
&\quad - \sum_{s=1999}^{t}\frac{1}{2}(\overline{\alpha_{L,s}} + \overline{\alpha_{L,s-1}})(\overline{lnL_s} - \overline{lnL_{s-1}})
\end{aligned} \tag{1}$$

である．ただし，Q は総産出，M は中間投入，K は資本投入，L は労働投入，i は企業，t は年次，α は生産弾力性を表す．$\alpha_{K,i,t} = \frac{\partial lnQ_{i,t}}{\partial lnK_{i,t}}$，$\alpha_{L,i,t} = \frac{\partial lnQ_{i,t}}{\partial lnL_{i,t}}$，$\alpha_{M,i,t} = \frac{\partial lnQ_{i,t}}{\partial lnM_{i,t}}$．各変数の上付きの線は，産業内の各年次の平均値を表す．

このように計算した各企業の生産性水準は，初年次（1998 年）のその産業の平均的な投入（対数値），産出（対数値）と生産弾力性をもつ平均的な企業と比べて得られた相対的生産性（relative productivity）である．

式(1)の応用に当たって，生産関数を推計したうえで，生産弾力性 α を計算して，生産性水準を算出する，いわゆる計量経済学的アプローチ (econometric approach) がある．その利点は，推計の際，規模に関して収穫一定の仮定も完全競争の仮定も回避できる．しかし，生産関数の推計が困難な場合が多い（Hulten 2001）．

もう1つよく利用された方法は，投入のコスト・シェアを生産弾力性 α としてもちいる方法である（金ほか 2008; 袁 2010）．この計算方法では，規模に関して収穫一定，完全競争といった仮定を置くかわりに，生産性を非常に簡単に測定できる（深尾ほか 2008; Diewert and Fox 2010）．われわれはこの方法を採用して，企業の生産性を測定した[4]．

式(1)をもちいて，産業別に各企業の生産性水準を計算したうえで，国有企業と民間企業に分けて，参入，退出，民営化・国有化と存続の企業をそれぞれプールして生産性水準比較した（表6-4）．次のことがわかった．

第1に，ほとんどの産業では存続企業の生産性が上昇した．生産性が統計的に有意に低下したのは，原油・天然ガスと水道の国有と民間の存続企業，それにたばこの国有存続企業，金属鉱と非鉄金属の民間存続企業だけである．いずれも戦略的分野の企業である．

第2に，存続企業と比べて，大半の産業では退出企業の生産性水準が低い．とりわけ，民間企業を見ると，このことは大半の産業では統計的に有意である．しかし，石炭，金属鉱，電力，水道の民間企業，それに水道の国有企業といった例外のケースもある．こちらもすべて戦略的分野である．

第3に，上記の石炭，金属鉱，電力，水道4産業では，参入した民間企業は退出した民間企業よりも生産性が統計的に有意に低い．国有企業も水道と電力では参入企業は退出企業より生産性が統計的に有意に低い．しかし，ほかの大半の産業では，国有企業，民間企業を問わず，退出企業より参入企業のほうが，統計的に有意に高い生産性をもつ．

第4に，民営化された企業を見ると，生産性が統計的に有意に低下した産業は存在しない．国有化された企業を見ても，生産性が統計的に有意に低下

表6-4 存続，退出，民営化・国有化と参入企業の TFP 水準（$lnTFP$；中央値）

産業	国有企業 存続 t−1	t	a	民営化 t−1	t	b	c	退出 t−1	t	d	参入 t	e
901 石炭	−0.335	−0.324	**	−0.223	−0.218		**	−0.301			−0.285	
902 原油・天然ガス	−0.768	−0.850	**	−0.922	−0.966			−0.766			−0.717	
903 金属鉱	−0.311	−0.305	**	−0.180	−0.258		**	−0.286			−0.240	*
904 非金属鉱	−0.295	−0.250	**	−0.135	−0.153		**	−0.277			−0.127	**
905 食料品	−0.089	−0.071	**	−0.060	−0.037	**	**	−0.145		**	−0.053	**
906 たばこ	−0.119	−0.134		−0.340	−0.312			−0.241		**	−0.269	
907 紡織	−0.100	−0.079	**	−0.056	−0.025	**	**	−0.174		**	−0.088	**
908 衣服・革製品	−0.087	−0.074	**	−0.038	−0.030	*	**	−0.092			−0.072	
909 製材・家具	−0.119	−0.090	**	−0.030	−0.000	**	**	−0.142			−0.074	*
910 製紙・印刷	−0.074	−0.050	**	0.002	0.017	**	**	−0.107		**	−0.016	**
911 石油精製	−0.111	−0.103	*	−0.002	−0.048		**	−0.162		*	−0.106	
912 石化	−0.146	−0.108	**	−0.054	−0.002	**	**	−0.129			−0.110	
913 その他の化学工業	−0.094	−0.068	**	−0.033	−0.012	**	**	−0.139		**	−0.032	**
914 プラスチック・ゴム製品	−0.066	−0.045	**	−0.038	−0.002	**	*	−0.107		**	−0.026	**
915 窯業・土石製品	−0.153	−0.123	**	−0.104	−0.066	**	**	−0.192		**	−0.076	**
916 鉄鋼	−0.120	−0.085	**	−0.049	−0.029	*		−0.107			−0.069	
917 非鉄金属	−0.194	−0.191	*	−0.130	−0.136		**	−0.201			−0.135	**
918 金属製品	0.002	0.029	**	0.024	0.070	**		−0.029			0.049	**
919 自動車	−0.044	−0.009	**	0.039	0.041	**		−0.089		*	−0.028	**
920 電子情報機器	0.011	0.051	**	0.100	0.145	**	**	0.001			0.113	**
921 重要装備	−0.071	−0.031	**	0.041	0.071	**	**	−0.065			0.005	**
922 その他の装備	−0.050	−0.024	**	0.030	0.051	**	**	−0.068			0.004	**
923 その他の製品	−0.047	−0.026	**	−0.058	−0.007	**		−0.097			0.001	**
924 電力	−0.154	−0.150	**	−0.186	−0.173			−0.259		**	−0.310	**
925 ガス	0.049	0.102	**	0.247	0.391		**	0.022			0.297	**
926 水道	−0.514	−0.563	**	−0.586	−0.546			−0.405		**	−0.464	*

産業	民間企業 存続 t−1	t	a	国有化 t−1	t	b	c	退出 t−1	t	d	参入 t	e
901 石炭	−0.107	−0.098	**	−0.215	−0.222		**	−0.080		**	−0.184	**
902 原油・天然ガス	−1.000	−1.225	**	−0.966	−1.201			−0.758			−0.966	
903 金属鉱	−0.185	−0.198	*	−0.257	−0.302		**	−0.132			−0.255	**
904 非金属鉱	0.005	0.026	**	−0.060	−0.053			0.010			0.009	
905 食料品	0.035	0.054	**	−0.041	−0.035	**	**	0.011		**	0.030	**
906 たばこ	−0.308	−0.319		−0.520	−0.473		**	−0.279			−0.345	
907 紡織	0.058	0.081	**	−0.050	−0.045	**	**	0.044		**	0.074	**
908 衣服・革製品	−0.000	0.019	**	−0.044	−0.035	**	**	−0.016		**	0.006	**
909 製材・家具	0.050	0.077	**	−0.050	−0.044	*	**	0.017		**	0.051	**
910 製紙・印刷	0.065	0.089	**	0.060	0.078	**		0.047		**	0.078	**
911 石油精製	−0.007	−0.008		−0.028	−0.031		**	−0.032		**	−0.014	
912 石化	0.036	0.054	**	−0.087	−0.018	**	**	0.023		**	0.057	**
913 その他の化学工業	0.053	0.076	**	0.008	0.012	**	**	0.031		**	0.060	**
914 プラスチック・ゴム製品	0.031	0.047	**	−0.021	−0.029	**	**	0.013		**	0.045	**
915 窯業・土石製品	0.078	0.110	**	−0.042	0.002	**	**	0.049		**	0.093	**
916 鉄鋼	0.033	0.057	**	−0.028	0.005	**	**	0.016		**	0.042	**
917 非鉄金属	−0.061	−0.082	**	−0.115	−0.171		*	−0.064			−0.071	
918 金属製品	0.085	0.112	**	0.069	0.082	**	**	0.066		**	0.104	**
919 自動車	0.076	0.105	**	0.076	0.114	**	**	0.043		**	0.083	**
920 電子情報機器	0.091	0.130	**	0.110	0.175	**	**	0.056		**	0.125	**
921 重要装備	0.131	0.154	**	0.142	0.156	**		0.108		**	0.145	**
922 その他の装備	0.076	0.099	**	0.052	0.093	**	**	0.054		**	0.094	**
923 その他の製品	0.007	0.021	**	0.060	0.067	*	**	0.003		**	0.022	**
924 電力	−0.106	−0.089	**	−0.112	−0.107			−0.067		**	−0.164	**
925 ガス	0.468	0.522	**	0.431	0.463			0.430			0.434	
926 水道	−0.292	−0.334	**	−0.344	−0.428		*	−0.097		**	−0.217	**

出所：規模以上鉱工業企業個票データベース（1998-2007年）より作成．なお，2004年の参入，退出，民営化・国有化と存続は除外されている．

注：1） t は参入，退出，民営化・国有化と存続した年を表す．
2） * と ** はそれぞれ5%と1%の有意水準において統計的に有意であることを示す．a と b はそれぞれ存続前後と民営化・国有化前後の比較検定であり，Wilcoxon signed-ranks test をもちいた．c, d と e はそれぞれ民営化・国有化企業と存続企業の間，退出企業と存続企業の間，参入企業と退出企業の間の比較検定であり，ともに Mann-Whitney's U test をもちいた．

した産業も水道だけである．

第5に，ほとんどの産業では民営化前の国有企業の生産性が存続企業を上回っている．これらの企業が存続企業より生産性が劣る産業はたばこだけである．このように，民営化は比較的に高い生産性を有する国有企業を中心に展開している．ところが，これと対照的に，国有化前の民間企業の場合，大半の産業ではその生産性が存続企業を下回っており，統計的に有意に存続企業に勝る産業はその他の製品だけである．

概して言えば，存続企業の生産性が向上し，存続企業より生産性が低い企業が退出し，その退出企業より生産性が比較的に高い企業が参入してきた．民営化や国有化も生産性の改善にとってマイナスではない．しかし，戦略的分野では幾つかの例外も見られる．

このように鉱工業企業の参入退出は鉱工業の生産性向上に有利に働いているであろう．それでは，具体的に1998-2007年では鉱工業企業の参入退出がどのように各産業の国有企業と民間企業の生産性に影響を与えたであろうか．

各産業レベルの国有企業と民間企業の平均的生産性水準は，下記の式のように，各企業の産出シェアをもちいて集計することができる．

$$lnTFP_t = \sum_{i \in D} S_{i,t} lnTFP_{i,t} \qquad (2)$$

ただし，

D：企業の所属カテゴリー（産業・所有制）

$S_{i,t} = \dfrac{Q_{i,t}}{\sum_{i \in D} Q_{i,t}}$：企業$i$が所属のカテゴリー$D$に占める産出シェア

である．

産業レベルの生産性変化は，Griliches and Regev（1995）の企業と産業の生産性変化の関係を示した恒等式をもちいて，内部効果（within effect），シェア効果（between effect），参入効果（entry effect）と退出効果（exit effect）に分解できる（Foster et al. 2001）[5]．

中国企業の参入退出に合わせて，この分解法に倣って国有企業・民間企業

第6章 国有企業と民間企業の「進退」

別に次のように 1998-2007 年の各産業の生産性水準の変化を分解した.

$$\begin{aligned}
&lnTFP_{2007} - lnTFP_{1998} \\
&= \sum_{i \in S} \frac{S_{i,2007} + S_{i,1998}}{2} (lnTFP_{i,2007} - lnTFP_{i,1998}) \\
&\quad + \sum_{i \in S} (S_{i,2007} - S_{i,1998}) \cdot \\
&\qquad \left(\frac{lnTFP_{i,2007} + lnTFP_{i,1998}}{2} - \frac{lnTFP_{2007} + lnTFP_{1998}}{2} \right) \\
&\quad + \sum_{i \in N} S_{i,2007} \left(lnTFP_{i,2007} - \frac{lnTFP_{2007} + lnTFP_{1998}}{2} \right) \\
&\quad - \sum_{i \in X} S_{i,1998} \left(lnTFP_{i,1998} - \frac{lnTFP_{2007} + lnTFP_{1998}}{2} \right) \\
&\quad + \sum_{i \in V} S_{i,2007} \left(lnTFP_{i,2007} - \frac{lnTFP_{2007} + lnTFP_{1998}}{2} \right) \\
&\quad - \sum_{i \in W} S_{i,1998} \left(lnTFP_{i,1998} - \frac{lnTFP_{2007} + lnTFP_{1998}}{2} \right)
\end{aligned} \quad (3)$$

ただし, S, N, X はそれぞれ 1998 年と 2007 年にともに存在している企業(存続企業), 1998 年に存在しなかったが 2007 年に現れた企業(参入企業), それに 1998 年に存在したが 2007 年に消えた企業(退出企業)の集合を示す.

また, V と W は民営化・国有化企業を表すが, たとえば, 国有企業の生産性水準を分解した場合, V は 2007 年の国有化後の企業, W は 1998 年の民営化前の企業の集合である.

i は各企業をさす. $S_{i,1998}$ と $S_{i,2007}$ は 1998 年と 2007 年において, 各企業が同所有制・同産業の企業全体に占める産出シェアである. $lnTFP_{1998}$ と $lnTFP_{2007}$ は 1998 年と 2007 年の同所有制・同産業の企業の平均的生産性水準である.

式(3)の右辺を見ると，第1と第2項目は内部効果とシェア効果である．内部効果は，企業の生産性上昇を期間平均の産出シェアで加重合計したものであり，産業に対する存続企業の生産性向上効果を表している．シェア効果は，企業の生産性とその産業の平均的生産性水準との差の期間平均を，その企業の産出シェアの変化で加重合計して得られる．したがって，ある産業において，期間を通して比較的高い生産性をもつ企業が産出シェアを伸ばせば，産業の生産性向上に寄与する．つまり，シェア効果は，各産業において，より生産性の高い企業がより活発に経済活動するようになったかどうかを表している．なお，内部効果とシェア効果を合わせて存続効果と呼ぶ．

第3と第4項目は参入効果と退出効果を表している．参入効果と退出効果は，参入・退出した企業の生産性と産業の生産性水準の期間平均の差を，参入・退出した企業の産出シェアで加重合計したものである．参入（退出）企業の生産性がその産業の期間平均より高い（低い）場合，参入（退出）効果はプラスになる．参入効果と退出効果の合計は純参入効果である．

第5と第6項目を合わせて所有制調整効果と呼ぼう．たとえば，国有企業の生産性水準分解の場合，国有化による新しい国有企業の登場を参入とみなし，民営化による国有企業の退場を退出とみなして，参入効果と退出効果に倣って所有制調整効果を計算する[6]．

このように，式(2)をもちいて産業ごとに国有企業と民間企業の生産性水準を集計し，さらに式(3)をもちいて生産性水準変化の要因を分解した．図6-2から次の特徴が見られる．

第1に，国有企業と民間企業を比較すると，水道を除くすべての産業では，国有企業と民間企業の生産性ギャップが縮小した．国有企業の生産性が民間企業のそれを上回った産業は，1998年では原油・天然ガスとたばこだけであったが，2007年になると，食料品，衣服・革製品，金属製品，自動車，電子情報機器，その他の製品，電力に広がった．このことは国家資本再編の成果の表れである．

第2に，国有企業は原油・天然ガスと水道，民間企業はこの2産業のほか，

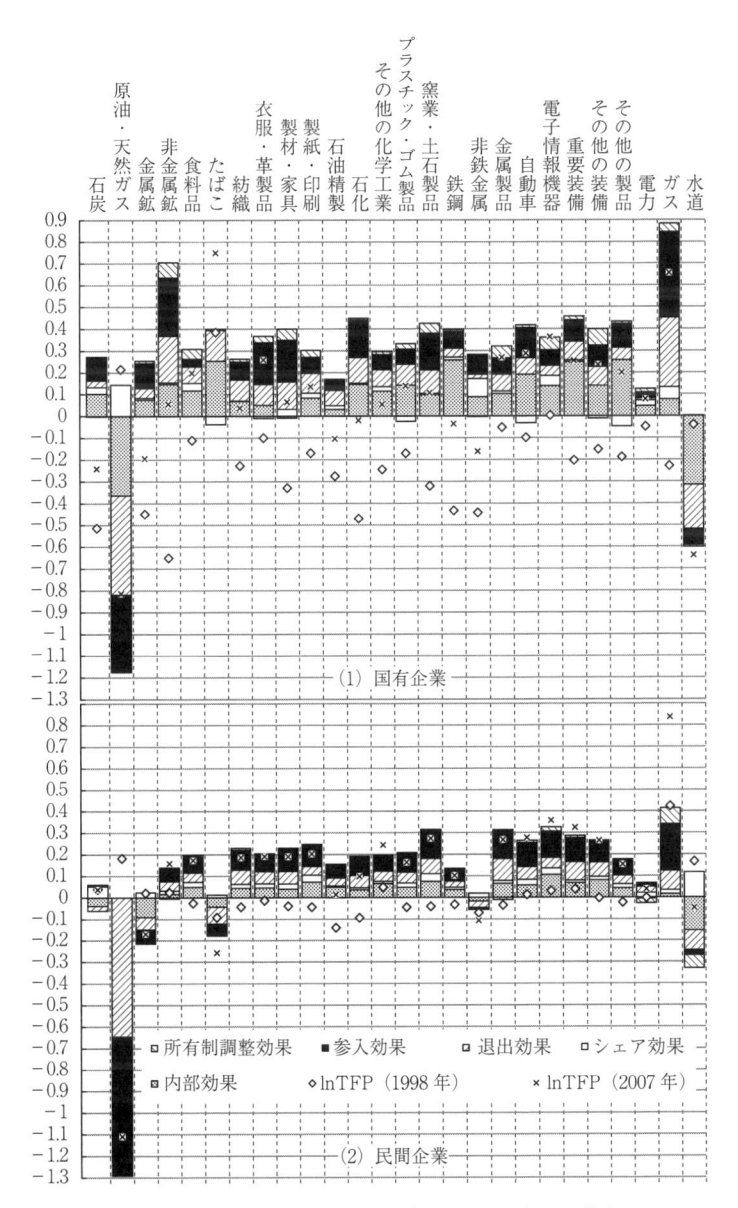

第 6 章　国有企業と民間企業の「進退」

図 6-2　鉱工業企業の生産性変化要因分解（1998-2007 年）

出所：規模以上鉱工業企業個票データベース（1998-2007 年）より算出した．

石炭，金属鉱，たばこ，非鉄金属の生産性も低下した．いずれも戦略的分野である．とはいえ，国有企業も民間企業も生産性が上昇した産業が圧倒的に多い．

第3に，民間企業を見ると，原油・天然ガス，金属鉱，たばこ，非鉄金属，水道では参入効果と退出効果，それに石炭では退出効果がマイナスになっており，新陳代謝が機能していない．これらの産業もすべて戦略的分野である．

とはいえ，ほかのほとんどの産業では，参入企業の貢献がもっとも大きいし，参入効果と退出効果を合わせて得られた純参入効果は，民間企業の生産性上昇の大半を説明することができる．参入が活発な民間企業では新陳代謝が機能している．民間企業の存続効果はその純参入効果に比べて小さい．

第4に，国有企業も原油・天然ガスと水道における参入効果と退出効果がマイナスである．しかし，残りの24産業の中，国有企業の純参入効果と存続効果が生産性向上にもっとも寄与した産業はそれぞれ16産業と8産業がある．国有企業も新陳代謝が機能している．

また，内部効果，シェア効果，参入効果，退出効果別に見ると，生産性向上にもっとも貢献したのは12産業では内部効果，9産業では参入効果，3産業では退出効果である．多くの産業では，既存国有企業の生産性向上が重要な役割を果たした．生産性の面においても，国有企業改革が成果を収めたのである．

第5に，ほとんどの産業では国有化・民営化企業の所有制調整効果がプラスではあるが，産出シェアが小さいため，国有企業と民間企業の各産業の生産性向上への効果は概して小さい．

4．「国進民退」の真実

「国進民退」は実在しているのか．この疑問を抱いて，本章では規模以上鉱工業企業個票データベース（1998-2007年）をもちいて，売上高500万元以上の鉱工業企業の参入退出にスポットライトを当てて考察した．

経済センサスのような企業規模と業種範囲の制約を受けないデータが，われわれのテーマにもっとも適切であることは，百も承知である．しかし，入手可能な経済センサスデータは2004年と2008年のものだけであるし，生産性分析に足りる指標を有する個票データベースも入手できない．

　ところで，2008年の第2次経済センサスの集計結果によれば，規模以上の鉱工業企業は鉱工業企業全体の22％にとどまるが，従業員数，株主資本，資産，売上高（主営業務収入ベース）ではそれぞれ74％，89％，91％，93％を占めている（『中国経済普査年鑑2008』（第二産業巻））．したがって，売上高500万元以上の鉱工業企業の参入退出に基づいて得られた分析結果は，重要なインプリケーションを有するに違いない．

　規模以上の鉱工業企業を調べた結果，われわれは「国進民退」の存在を証明する決定的な証拠を発見することはできなかった．国家資本の進出とよりいっそうの民間資本の進出，言ってみれば，「国進民進」のほうが実状である．

　民間資本が積極的に投資を進めた結果，国有企業のシェアがほとんどの鉱工業産業において低下した．国有企業が圧倒的な市場支配力を誇示できる鉱工業産業は原油・天然ガス，たばこ，石油精製，電力などごく一部の産業であり，「国進民進」と同時に，ほとんどの産業では国家資本の支配力が大きく低下しており，多くの戦略的分野でさえ，国家資本の支配が揺らいだのである．

　それでは，「国進民退」批判は一体なぜ起きたのか．国家資本による民間企業買収の個別案件の影響や，政治社会環境の変化なども重要なファクターであろうが，われわれのデータ分析に基づけば，以下の要因が考えられる．

　第1に，国有鉱工業企業が減少し，雇用も縮小したが，戦略的分野だけではなく，競争的分野のほとんどの産業においても国有企業の株主資本はむしろ拡大した．国家資本の戦略的再編を通じて，競争的分野から国家資本が撤退するといった民間資本の期待は見事に裏切られた．

　第2に，国家資本は戦略的分野に集中して投入され，石炭，原油・天然ガ

ス，石油精製，電力，水道，たばこ，鉄鋼，自動車では国有企業の株主資本の拡大が民間企業のそれよりも大きい．

第3に，参入退出を見ると，一部の戦略的分野の産業では，国有企業の存続率が民間企業より高い．また，競争的分野と比べて，国有企業の民営化率が比較的に低く，民間企業の国有化率が比較的に高い．さらに，民間企業は比較的に収益性が高い国有企業を買収対象として選んでいるが，資産規模が小さく，労働装備率も低い．対照的に，国家資本が買収した民間企業は収益性が比較的に低いが，規模が大きく，設備も充実している．

第4に，「国進」が感じ取られたもう1つの原因は，国有企業の収益性と生産性の急速な改善である．とりわけ，原油・天然ガス，電力，鉄鋼，石炭，自動車，非鉄金属などの戦略的分野が国家資本の収益の大幅な拡大に大きく寄与している．この分野の多くの産業では民間資本の参入が実際にさまざまな規制を受けている．また，国有企業の生産性は，原油・天然ガスと水道を除いたすべての産業において上昇した．民間企業との生産性ギャップが縮小し，一部の産業ではむしろ民間企業よりも生産性が高くなった．国家資本の戦略的再編によって強化された国有企業に対して，戦略的分野に邁進しようと考えている民間企業は苛立ちを募らせたであろう．

第5に，戦略的分野の石炭，原油・天然ガス，金属鉱，たばこ，非鉄金属と水道では民間企業の新陳代謝が機能していない．逆説的ではあるが，戦略的分野の国有企業に差し伸べた行政の「手」が，民間企業の参入退出を歪めたと考えられる．「国進民退」は行政に対する民間資本の不信の表れでもある．

注
1) 本来「国進民退」の「民」は私有企業と外資企業のような私的企業のはずであるが，本章はデータ制約のため，私有企業と外資企業に集団企業を加えた民間企業（つまりすべての企業から国有企業を取り除いた後の企業）のデータをもちいて分析することにした．鉱工業において集団企業がかなり少ないので，このようなデータ利用は差し支えなかろう．

2) われわれのデータセットは規模が比較的に大きい企業に限定している．内国民間企業は比較的に小規模の企業が多いので，このデータセットをもちいることによって，国有企業と外資企業の力が幾分過大評価されることに留意されたい．
3) ただし，第5章で見たように，第2次経済センサス個票データベースをもちいて計算すると，自動車は民間企業の「陣地」である．
4) 不完全競争や規模の経済が存在した場合，投入のコスト・シェアと生産弾力性 α の間に乖離が生じて，市場支配力を有する企業のTFPが過大に評価されるおそれがあることに，注意する必要がある．民間企業の参入が難しい戦略的分野では，市場競争が不完全であれば，市場支配力をもつ国有企業の生産性が過大に評価されている可能性があることに，留意されたい．
5) 産業の生産性変化を内部効果，シェア効果，共分散効果，参入効果，退出効果に分解することもできる（Foster et al. 2001）．たとえば，金ほか（2008）は日本の製造業のTFP変化を分解して，1990年代に日本の生産性上昇が低迷した理由を分析した．また，袁（2010）は中国上場企業の生産性変化を分解して，中国株式市場の新陳代謝機能の低さを指摘した．本章が採用した分解方法では内部効果とシェア効果が共分散効果を部分的に反映している欠点はあるが，投入と産出の測定エラーに敏感でない利点をもつ．
6) 所有制調整効果は，国有化・民営化前後の企業の生産性水準の変化とは直接に関係しないことに留意されたい．

終章
結論と展望

　中国の資本主義の実態をどう理解するのか．本書は中国経済の担い手である国有，私有と外資企業にスポットライトを照らして観察することによって，中国の資本主義の実態の解明を試みた．この章では，実証分析の結論を簡単にまとめたうえで，若干の展望を示したい．

1. 結論

(1) 国家資本の戦略的再編と「国進」

　第1章から第4章までは，国有企業改革を振り返り，私有企業の成長と外資企業政策を見た．国有企業改革も，民間資本の成長も，実は毛沢東時代にその痕跡を見つけることができる．

　「放権譲利」から始まった国有企業改革が結果的に民間資本の成長を助けた．一時期国有企業改革に成果が見られたが，市場化が促進され，民間企業との競争が激化して，国有企業が危機的な状況に陥った．そこで，大企業・戦略的分野を中心に国家資本を集約・強化する現実路線が固まった．

　その一方で，私有企業も合法化され，その地位が幾度かの憲法修正の中で向上した．外資系企業の設立も経済特区の設置などで促進され，「南巡講話」後とWTO加盟後は海外の対中投資ブームが起きた．規模以上鉱工業企業の企業数，従業員数，株主資本，売上高，利潤を見ればわかるように，各産業では民間企業のプレゼンスが急速に高まった（第6章）．

ところが，国家資本の再編の結果，戦略的分野において国家資本も強化された．戦略的分野の「国進」が事実である．鉱工業を見ると，国有企業の企業数と従業員数は減少したが，ほとんどの産業では株主資本，売上高，利潤は大幅に拡大した．国有企業の収益性，労働装備率，労働生産性，TFP も大きく改善した（第 6 章）．

従来，「世界の工場」になった中国経済は「普通の資本主義」に向かって走り出した，と楽観視されてきた．しかし，事実，多くの戦略的分野は依然国家資本の支配下に置かれている．戦略的分野どころか，多くの競争的分野においても国有企業の資本が拡大した．そこで，「国家資本主義」論の流行が代表しているように，中国の体制移行に対する失望感が高まった．ところが，中屋（2013b）も指摘したように，国家資本の戦略的再編は，1990 年代半ばにすでに確立した政策を一貫して実施したにすぎない．その間，中国の国家資本政策が大きく変わったわけではない．中国経済の私有化に対する「錯覚」が覚めて，中国を見る目が変わったのである．

(2) 「国進民進」

本書は「国進」を確認したが，「民退」の証拠を発見することはできなかった．むしろ 1998-2007 年の規模以上鉱工業企業の株主資本の変化を見ると，大半の産業では民間企業進出のペースが国有企業を上回っており，「国進民進」が観察された．このような「国進民進」の結果，ほとんどの産業では国家資本の支配力が大きく低下した．

しかし，鉱工業の株主資本の拡大幅を見ると，国有企業が民間企業を上回る産業もある．石炭，原油・天然ガス，石油精製，電力，水道，たばこ，鉄鋼，自動車といった戦略的分野である．国家資本が集中投入された結果，原油・天然ガス，石油精製，電力，たばこ，石炭，水道では国有企業が圧倒的な市場支配力を誇示している．その中で，原油・天然ガス，石油精製，電力は強い前方連関効果をもつ「管制高地」である．

原油・天然ガス，電力，鉄鋼，石炭，自動車と非鉄金属は同時に国有鉱工

業企業のもっとも重要な収益源でもある．これらの産業では民間資本の参入が実際にさまざまな規制を受けている．

競争的分野と異なって，戦略的分野の多くの産業において国有企業の存続率が民間企業より高い．競争的分野と比べて，戦略的分野では国有企業の民営化率が低く，民間企業の国有化率が高い産業が多い．それに，民間企業の中で，規模が大きく，設備も充実している企業が国有化の対象になっている．対して，民営化の中心は国有小企業や労働集約型の企業である．

民間企業のTFPの変化に対する参入効果と退出効果に目を転じると，戦略的分野の石炭，原油・天然ガス，金属鉱，たばこ，非鉄金属と水道では民間企業の新陳代謝があまり機能していない．これは戦略的分野に対する政府の介入が民間企業の参入退出を歪めたことを示唆している（第6章）．

このように，国有企業は戦略的分野を中心に戦略的再編によって強化された．国有企業の収益性と生産性も大幅に改善した．「国進民退」の叫び声は戦略的分野に邁進しようと考えている民間企業の事実上の参入規制に対する苛立ちの表れであろう．

(3) 戦略的分野の国家資本支配

ところで，国有企業が戦略的分野に集中しており，国有企業が支配している産業も戦略的分野の産業が圧倒的に多い．とりわけ，原油・天然ガス掘採，巻たばこ製造，石油精製，鉄道車両製造，送配電，鉄道旅客運送，外航貨物海運，航空旅客運送，郵便，固定電気通信，移動電気通信，商業銀行，教育，出版業などに対する国有企業の支配が非常に強い．

しかし，民間企業と国有企業の間に，すでに戦略的分野において「陣地」争奪戦が始まった．戦略的分野では，民間企業と国有企業の市場シェアが近い業種がかなり多く，国有企業が6割以上の市場シェアを擁する業種と民間企業の資産上位業種が重なるケースも多数存在する（第5章）．

鉱工業産業を見ると，1998-2007年の間，国有企業は原油・天然ガス，たばこ，石油精製と電力における圧倒的な市場シェアを堅く守ったが，石化，

その他の化学工業，鉄鋼，非鉄金属，重要装備とガスの国有企業の市場シェアは 50% を下回り，石炭，自動車と水道の国有企業シェアも大きく低下した（第 6 章）．

このように，戦略的分野に対する国有企業の支配が揺らいだのである．

(4) 外資の脅威と戦略的分野

電子情報機器に対する外資企業の支配力は非常に大きい．石化，自動車，重要装備，ガス，水道などの戦略的分野における外資企業のシェアも拡大した（第 6 章）．しかし，2008 年の第 2 次経済センサスを見ると，外資が脅威になった戦略的分野はまだ非常に少ない．GDP に占める外資企業のシェアもかなり低い．外資が多くの生活密着の消費財・サービス関連分野において高い市場シェアを勝ち取ったことは脅威に映ったであろう（第 5 章）．事実，外資の導入によって，外資系企業の技術・知識が地場企業にスピルオーバーして，地場企業の生産性を向上させた側面もある．産業高度化と経済発展方式の転換を掲げる中国にとって，外資の利用はこれからも重要である（第 4 章）．

2. 展望：戦略的分野の国家資本支配は崩れゆくか

(1) 戦略的分野の国有企業は維持されるのか

そもそも国家資本の戦略的再編の発端は，国有企業業績の急激な悪化である．1990 年代末以降，国有企業の収益性と生産性がともに大幅に改善された．とりわけ，戦略的分野は国家資本の収益源になっている（第 6 章）．国有企業を戦略的分野から撤退させる中国政府の動機が短期間内に高まるとは考えにくい．

その一方で，国有企業の「病」が治癒されたわけではない．まず，第 1 章と第 2 章で見た林毅夫教授の主張に沿って考えると，確かに国有企業は過剰雇用の解消や社会福祉機能の解除などによって社会的政策負担を大いに軽減

した．しかし，国有企業が要素賦存条件に必ずしも合致しない産業政策に利用されているため，重い戦略的政策負担を強いられている．戦略的分野でも私有企業と外資企業の参入が自由化すれば，激しい市場競争にさらされることが必至である．戦略的分野の独占から国有企業は莫大な利益を手に入れたが，競争が本格化すれば状況が変わるであろう．

　また，張維迎教授が指摘した経営者選任の問題も解決されていない．2013年だけでも，中国石油，中国石化，中国海洋石油，中国輸出信用保険，中国アルミ，中国南方航空，中国遠洋運輸，中国移動などの中央企業の経営陣が「紀律検査」を受けたと報道されている．また，軍需，鉱物，鉄鋼，ガスなどの分野において，多くの地方国有企業の経営陣も調査・処罰された．その中で，国有企業の精鋭を統括する国資委のトップの蒋潔敏主任（元中国石油取締役会長）が「紀律違反」（通常汚職を意味する）によって失脚したことがもっとも意味深い（陳 2014）．

　さらに，国有企業の経営に対する政治の介入が温存されている．1988 年に「全人民所有制工業企業法」が施行され，国有企業の経営管理体制が党委員会指導下の工場長責任制から工場長責任制に転換した．しかし，翌年の「天安門事件」の影響を受けて，「共産党のリーダーシップ」が重要視され，国有企業における党の中核的な役割が強調されるようになった．企業内の党責任者はトップ・マネジメントを兼任して，企業内の党組織は「株主総会または取締役会の審議・決定に付する問題」の決定に参加することが求められている（徐 2004b）．

(2) 戦略的分野の国有企業民営化は可能か

　リーマンショック後，国有企業の収益が一時期急悪化し，赤字額が膨らんだ．民間企業との生産性のギャップも再び開いた（第 2 章）．経済成長のペースが鈍化すると，国有企業の中に民営化の動きが出てくる可能性が高まる．

　ところで，戦略的分野の民営化には，それに有利な国民世論の醸成が必要である．第 3 章で 2004 年の「国有企業財産権改革論争」を紹介した．郎咸

平教授の論文の実証研究手法に対して，学者からの批判はかなり大きかったが，彼の論調を支持する声に埋没した．大型国有企業の MBO は禁止され，国有企業民営化の流れが先細りしてきた．

民営化に憎悪を覚えているのは，中国だけではない．28 の移行国（中国は含まれていない）のそれぞれ 1,000 人に対する 2006 年のアンケート調査結果を見ると，なんと 8 割の人はなんらかの形で民営化を修正すべきであると考えている．その 36%（全調査対象の 29%）は民営化された企業を再国有化すべきであると主張している（Denisova et al. 2012）．

中国上場企業の民営化状況を見てみよう．2008 年，国有企業は上場企業の時価総額の 8 割を占めた（Lee 2009）．2011 年末，国資委企業 117 社の内，92 社が 368 の子会社を上場させた（『中国国有資産監督管理年鑑』2012 年版）．2013 年の Fortune Global 500 にランクインしている国有企業 77 社の中，まだ上場していないのは国家電網などごくまれなケースである．石油，石化，銀行，通信，石炭，冶金，鉄道建設など大勢の戦略的分野の国有大企業が上場している．

上場企業の民営化は進んでいるのか．第 2 章で国有上場企業の非流通株解消の改革について触れた．中国の上場企業の株式の 6 割が取引所で取引できない非流通株であったが，2005 年から非流通株に取引所で取引する権利を与える改革（非流通株改革）が始まり，国有株主などの大株主が所有する非流通株も取引所を通じて売却できるようになった．しかし，2013 年末までの間，大株主（所有する非流通株数が発行済み株式の 5% 以上の株主）が放出した株式はその所有する株式の 7% だけであった（『中国証券登記結算統計年鑑』2012 年版および『中国結算統計月報』2013 年各月版より計算）．8 割の非流通株が国有株なので，上場企業の民営化は進んでいないと言って間違いない．もちろん，競争的分野と比べて，戦略的分野の国有企業はその収益が危機的な状況にでも陥らない限り，本格的な民営化はいっそう困難である．

(3) 民間資本参入に対する規制のハードルが下げられるのか

民間資本に対する戦略的分野参入の規制は緩和されるのか．民間資本の参入が増加すれば，この分野に国有企業が温存されても，そのプレゼンスが低下して，マクロ的にみれば民営化が進むであろう．

政府は 2005 年と 2010 年に 2 度にわたって私的資本の参入規制を緩和した（第 3 章）．しかし，2 つの通達の前文ではともに 2002 年の共産党第 16 回党大会が示した「2 つのいささかも動揺せず」（「いささかも動揺せずに公有制経済を固めて発展し，いささかも動揺せずに非公有制経済の発展を奨励・支持・誘導する」）方針が踏襲された．戦略的分野の「入り口」には実際に「見えないガラスの扉」が設置されて，民間企業の参入が難しいといわれている．

World Bank and DRC（2013）も戦略的分野では国有企業と民間企業の競争が抑制されているとみている．そして，競争抑止または反競争誘導の政策によって人為的に創出したマーケット・パワーを行政的独占（administrative monopoly）と呼んで，行政的独占が資源の平等な分配と効率的利用を妨げ，企業家精神とイノベーションを制限したと批判した．

われわれの視線を約 100 年前に向けると，すでに 1919 年に辛亥革命の指導者孫文が「実業計画」の中で，民間資本の経営が適切でない産業と独占的産業は国家資本が経営すべきであると主張した．実際に戦前の資料をもちいて推計した結果，1933 年の時点では国有工場がリードしている産業は造幣と兵器製造だけであったが，戦時建設，戦後の「敵国資産」接収，共和国建国後の重化学工業化によって国家資本が拡大してきたのである．その背景には，国防力強化の必要性が常に 1 つの重要な要素として存在した（徐 2010a）．

21 世紀の今も中国は周辺国との摩擦が過熱化し，防衛費が急速に膨らんできている．「経済の安全」，「情報の安全」，「サイバー戦争」などのキーワードも浮上しており，軍需関連装備，エネルギー・資源，通信，放送，出版などの戦略的分野に対する国家資本支配は依然として重要視されるであろう．

劇（2009）は電力，航空運輸，鉄道，電気通信，都市公共事業，石油，金融における民間資本参入の事例を整理した．それによれば，民間企業は資金力不足，融資困難，国有企業に対する重要原料の依存，国有化の脅威などさまざまな問題を抱えている．

　しかし，劇（2009）では，改革初期と比べて，民間資本の参入が確実に拡大してきたことも確認できた．本書も 1998-2007 年の間，鉱工業において，原油・天然ガス，たばこ，石油精製，電力を除いた戦略的分野では民間企業の市場シェアが大幅に上昇してきたことを明らかにした（第 6 章）．また，経済センサスを調べると，2008 年にすでに多くの戦略的分野の業種が民間企業に支配された．私有企業よりも技術力と資金力が勝る外資も国有企業の牙城を取り崩す大きな力になる（第 5 章）．特殊な「管制高地」を除けば，民間資本の「陣地」がさらに拡大していくであろう．

　2013 年 11 月，共産党第 18 期第 3 次中央全体会議が「改革の全面深化に関する若干重大問題の決定」を発布して，あらためて改革の方針を示した．2020 年までに決定的成果を獲得するという党のマニフェストが実現できるか否かは，これからの中国経済の行方を左右するであろう．

　読み方によって評価が分かれるが，著者が注目しているのは，市場化改革に関して，この党の決議が前記の世界銀行報告書の政策提案と重なる部分（より具体的に提起された部分も含めて）が非常に多いことである．具体的には主に，①民間の資本参加による混合所有を促進する．②国家資本の税引き後利潤上納率を 30% に引き上げる．③国有企業の機能を正確に定めて公共サービスへの寄与を拡大する．引き続き国家資本が支配する自然独占分野では政府と企業の分離，特許経営（政府が特定の企業などに経営の許可を与えること），ネットワーク型施設と施設を利用する事業の分離，競争的業務の自由化などを進めて，行政的独占を排除する．④水道，石油，天然ガス，電力，輸送，電気通信などの価格改革を推進し，政府の価格決定範囲を主に重要な公共事業，公益サービス，ネットワーク型自然独占分野に限定する．⑤各種の見えない参入障壁を撤廃し，民間企業の特許経営分野参入の具体案

を作成する．ネガティブリスト方式の統一的市場参入制度を設立して，各種の企業がリスト以外の分野へ法に準じて平等に参入できるようにする．⑥民間中小銀行の設立を許可し，IPO上場の登録制改革を促進し，金利の自由化を加速する．

マニフェストがどこまで本気で実施されるか．2013年9月に上海自由貿易試験区が設立され，対外開放の促進が印象づけられた．2014年2月に上海市国資委が傘下企業所有の39.19％の大衆保険株式会社の株式をSTARRグループに売却し，STARRが大衆保険の59.19％の株式をもつ筆頭株主になった．地方政府所有とはいえ，中堅国有金融企業の民営化は目立った．

しかし，肝心な世界銀行の提案の中心である国家資本進出分野についての改革方針はいまだに曖昧である．とりわけ，国務院国資委が態度を明確に表明していない．第18期3中全会の決議では「2つのいささかも動揺せず」も引き続き強調された．戦略的分野の改革は非常に困難であることは，間違いない．

3. 課題

本書は中国の資本主義の実態を国有，私有と外資企業といった所有制の軸ならびに戦略的分野・競争的分野といった産業の軸を持ち合わせて分析した．最後に，2点ほど課題を指摘しておきたい．

第1に，生産性上昇の要因である．

生産性は技術変化（生産フロンティアのシフト），技術効率（生産フロンティアからのかけ離れ），配分効率，規模効率によって変化する（Coelli et al. 2005）．中国鉱工業の生産性向上は大幅なプラスの技術変化とマイナスの技術効率，つまり技術進歩と技術非効率の2つの側面をもっており（涂・肖2005），国有企業の技術効率低下も以前から指摘されている（矢野1997）．国有企業改革は本当に成功したのか，中国の経済成長は続くのかを考えるために，国有企業と民間企業に分けてこのような生産性要因分析を進めること

も重要である．

第2に，地域軸の欠如である．

中国資本主義の現状分析に当たって，資源配分，所得分配，社会変容，中央・地方関係，中国共産党支配などさまざまな角度から議論を展開することができる[1]．本書は企業の所有と産業分野に守備範囲を絞って，しかしながらもっとも重要な切り口をもちいて分析を進めてきた．

ところで，中国の豊かな地域多様性は中国経済の分析にとって非常に重要である．国有，私有と外資企業の分布には地域性があり，また国家資本の再編，市場化と外資導入の政策面の相違が地域経済に大きなインパクトを与えたと思われる．たとえば，中国の資本政策が各地域の産業集積にどのような影響を与えたのか，産業集積などの地域経済構造が国有，私有と外資企業の経済活動にどのようなインパクトを与えたのか．これらのことを掘り下げて調べることによって，資本，産業と地域から複眼的に中国経済を見つめ直すことができる．

これらの課題は今後の研究の中でチャレンジしようと考えている．

注
1) 大橋編（2013）はこれらのテーマを扱った意欲的な1冊である．

付録1
企業の所有制分類と「民営化」概念

(1) 登記類型と企業支配状況

　中国企業の所有制タイプについての用語はかなり紛らわしい．『中国統計年鑑』，『中国工業経済統計年鑑』などの統計書では，登記類型（「登記注冊類型」）別の鉱工業企業統計が掲載されている．そのため，登記類型を利用して，国家資本，国内私的資本と外資の経済活動を分析する研究が多い．たとえば，黄（2011）は，規模以上鉱工業企業集計をもちいて，登記類型上の国有企業，国有単独出資有限会社，それにその他の有限会社と株式会社を「便宜上一括して国有企業として」集計し，香港・澳門・台湾投資企業と外国投資企業を外資企業として集計し，それから私営企業のデータをもちいて，国有企業，私営企業と外資企業の「鼎立」を確かめている．三浦（2012）も登記類型を「所有形態」と記して利用した．

　なお，本書では，香港・澳門・台湾投資企業と外国投資企業を合わせて外資系企業と呼ぶ[1]．

　登記類型分類をもちいて資本支配の特徴を示すのは，例えば，私営企業と外資系企業の統計を利用して国内私的資本と外資のプレゼンスを表すのは，本当に正しいのか．企業に対する経営支配は，一般に出資の多寡に基づいて判定すべきである．それに対応する統計項目は企業支配状況（「企業控股情況」）である．各企業法人は基本的にその資本支配状況に基づいて，国有支配（「国有控股」），集団支配（「集体控股」），私有支配（「私人控股」），香港・澳門・台湾支配（「港澳台控股」），外国支配（「外商控股」）とその他（「其他」）の

付表 1-1 登記類型と

登記コード	登記類型 訳文	登記類型 原文	国有	集団	私有	外資
100	地場企業	内資企業				
110	国有企業	国有企業	●			
120	集団所有制企業	集体企業		●		
130	株式合作制企業	股份合作企業		○	○	
140	聯営企業	聯営企業				
141	国有聯営企業	国有聯営企業	●			
142	集団所有制聯営企業	集体聯営企業		●		
143	国有・集団聯営企業	国有与集体聯営企業	○	○		
149	その他の聯営企業	其他聯営企業	○	○	○	
150	有限会社	有限責任公司				
151	国有単独出資有限会社	国有独資公司	●			
159	その他の有限会社	其他責任公司	○	○	○	
160	株式会社	股份有限公司	○	○	○	
170	私営企業	私営企業				
171	私営単独出資企業	私営独資企業			●	
172	私営合名企業	私営合伙企業			●	
173	私営有限会社	私営有限責任公司			●	
174	私営株式会社	私営股份有限公司			●	
190	その他の（国内資本）企業	其他企業	○	○	○	
200	香港・澳門・台湾投資企業	港澳台商投資企業				
210	合弁企業（香港・澳門・台湾）	合資経営企業（港或澳台資）	○	○	○	○
220	合作企業（香港・澳門・台湾）	合作経営企業（港或澳台資）	○	○	○	○
230	香港・澳門・台湾単独出資企業	港澳台商独資経営企業				●
240	香港・澳門・台湾投資株式会社	港澳台商投資股份有限公司	○	○	○	○
300	外国投資企業	外商投資企業				
310	中外合弁企業	中外合資経営企業	○	○	○	○
320	中外合作企業	中外合作経営企業	○	○	○	○
330	外国単独出資企業	外資企業				●
340	外国投資株式会社	外商投資股份有限公司	○	○	○	○

出所：「企業の登記類型の分類に関する規定」(1998年国家統計局・国家工商行政管理局発布)，「統計関する指導意見」(1997年国家体改委発布)，「中外合弁企業法」(2001年全人代常務委員会発布)，発布）などを参考にした。

注：●と○は，それぞれ一意的に決まる企業支配状況と，存在する可能性がある企業支配状況をそれぞ

付録1　企業の所有制分類と「民営化」概念　　　　197

企業支配状況の対応関係

注　記

非会社制純国有企業．
純集団所有制企業．
従業員出資と従業員集団出資がメインの合作制企業．

2つ以上の国有企業法人・事業単位法人の共同投資によって設立される企業．
2つ以上の集団所有制企業法人・事業単位法人の共同投資によって設立される企業．
国有と集団所有の企業法人・事業単位法人の間の共同投資によって設立される企業．
141-143を除いた聯営企業．

国家授権投資機関または部門が単独で出資する有限会社．
151を除いた有限会社．2人以上の自然人が投資するもしくは1人の自然人が資本支配する有限会社は173になる．
5人以上の自然人が投資するもしくは1人の自然人が資本支配する株式会社は174になる．香港・澳門・台湾または外国の出資が25％以上の株式会社はそれぞれ240と340になる．

1人の自然人が単独で出資する無限責任企業．
2人の自然人が共同で出資する無限責任企業．
2人以上の自然人が投資するもしくは1人の自然人が資本支配する有限会社．
5人以上の自然人が投資するもしくは1人の自然人が資本支配する株式会社．
上記以外の内国資本企業．

香港・澳門・台湾側の出資が25％以上の中国との合弁企業（有限会社）．
投資または提携の条件，収益または製品の分配，リスクと赤字の分担，経営管理の方式，清算時の財産帰属は契約に基づく．
香港・澳門・台湾が単独で出資する企業．
香港・澳門・台湾の出資が25％以上の株式会社．

外国側の出資が25％以上の中国との合弁企業（有限会社）．
投資または提携の条件，収益または製品の分配，リスクと赤字の分担，経営管理の方式，清算時の財産帰属は契約に基づく．
外国が単独で出資する企業．
外国の出資が25％以上の株式会社．

上経済成分の分類に関する規定の改定説明」(1998年国家統計局発布)，「都市株式合作制企業の発展に「中外合作企業法」(2000年全人代常務委員会発布)，「外国単独出資企業法」(2000年全人代常務委員会

れ示す．

中から1つ選んで支配状況を報告している．なお，協議に基づく実質的支配も上記の企業支配としてみなしている．

本書では，企業支配状況が国有支配，集団支配，私有支配，外資支配（香港・澳門・台湾支配または外国支配）の場合，これらの企業をそれぞれ国有企業，集団企業，私有企業，外資企業と呼ぶ．その中では，特に国有企業という分類名称は登記類型にもあるので，留意されたい．本書の国有企業の統計概念は，登記類型上の国有企業と異なり，国家資本多数支配もしくは実質支配の企業（「国有控股企業」）[2]をすべて含む．

登記類型の定義にしたがって，登記類型と企業支配状況の関係を整理した（付表1-1）．登記類型上の国有企業は非会社制の純国有企業である．しかし，国有単独出資有限会社や国有聯営企業も100％国家出資である．さらにその他の有限会社，株式会社，外資系企業の中にも，国家資本に支配される国有企業が存在する[3]．

私営企業は国内の自然人支配下の企業である．もちろんすべての私営企業は国内私的資本に支配されている私有企業である．しかし，株式合作制企業，その他の有限会社，株式会社，それに外資系企業などの中にも，私有企業が存在する．

外資系企業の場合，登記類型と企業支配状況の対応関係はどうであろう．外資と中国資本が共同出資した合弁企業と株式会社の場合，香港・澳門・台湾側または外国側の出資が25％以上占めることが外資系企業の設立・認定条件になっている．当然，この基準が50％を下回っているので，外資の出資比率によっては外資が必ずしも外資系企業を資本支配できない．合作企業の設立・運営は契約に基づくので，その出資関係も不明である．

言い換えれば，外資系企業の中には，国有企業や私有企業が含まれている可能性がある．外資系企業は，外資支配下の企業，いわゆる外資企業より範囲が大きい．

それでは，登記類型と企業支配状況は実際にどの程度かけ離れているであろうか．個票データベースをもちいて，企業支配状況と登記類型のデータを

照合してみた（付表1-2）．なお，公表鉱工業統計は規模以上の企業に限定されているため，われわれも照合する企業を規模以上の企業（付録3参照）に限定した．

付表1-2の上段を見ると，登記類型上の国有企業はすべて国有企業であり，私営企業もほとんど私有企業である．しかし，外資系企業の中に，外資企業はその8割に止まっており，売上高ベースでは3/4しかない．実際に，産業によっては外資系企業と外資企業の違いがよりいっそう際立つ（徐 2013）．したがって，外資系企業のデータをもちいて「外資の脅威」を分析する議論は，外資の力を過大に評価している．

黄（2011）が国有企業として利用したその他の有限会社と株式会社では，企業数のみならず，年末従業員数，売上高（主営業務収入ベース）と資産においても私有企業の比率がかなり高い．

付表1-2の下段に目を転じると，外資企業のほとんどが外資系企業である．しかし，国有企業の中に，登記類型上の国有企業は半分も占めておらず，売上高ベースではその比率はさらに3割に低下する．私有企業の中に，私営企業のシェアも8割に止まり，売上高ベースではさらに2/3に縮小する．その結果，登記類型上の固有企業と私営企業をもちいて国家資本と国内私的資本のプレゼンスを見た場合，大幅な過小評価が生じる．

このように，企業登記類型と企業支配状況のギャップがかなり大きい．企業の所有制タイプを決める際，企業支配状況をもちいるべきである．

付表 1-2 登記類型と企業支配状況の比較（規模以上

登記類型	企業数					年末従業員数				
	国有	集団	私有	外資	その他	国有	集団	私有	外資	その他
登記類型別の企業支配状況のシェア (%)										
110 国有企業	100.0	0.0	0.0	0.0	0.0	100.0	0.0	0.0	0.0	0.0
120 集団所有制企業	0.6	92.4	4.0	0.4	2.6	0.6	92.0	2.4	1.9	3.2
130 株式合作制企業	2.1	27.6	64.0	0.2	6.1	5.1	30.1	58.1	0.3	6.4
141 国有聯営企業	100.0	0.0	0.0	0.0	0.0	100.0	0.0	0.0	0.0	0.0
142 集団所有制聯営企業	1.6	86.4	7.3	0.6	4.1	3.3	79.1	4.3	8.2	5.1
143 国有・集団聯営企業	51.8	38.2	4.1	0.9	5.0	58.5	35.5	2.7	1.3	2.0
149 その他の聯営企業	8.9	12.4	61.3	0.4	16.9	9.1	9.6	69.1	0.1	12.1
151 国有単独出資有限会社	100.0	0.0	0.0	0.0	0.0	100.0	0.0	0.0	0.0	0.0
159 その他の有限会社	9.7	6.2	70.4	0.4	13.3	27.1	8.1	53.7	0.6	10.5
160 株式会社	16.2	9.1	66.0	0.6	8.0	49.4	6.6	38.0	0.7	5.3
170 私営企業	0.1	0.1	97.5	0.1	2.2	0.1	0.2	97.5	0.1	2.1
171 私営単独出資企業	0.1	0.1	96.9	0.0	2.8	0.2	0.1	96.9	0.1	2.7
172 私営合名企業	0.2	0.3	97.2	0.0	2.3	0.1	0.3	97.7	0.1	1.9
173 私営有限会社	0.1	0.1	97.8	0.1	1.9	0.1	0.2	97.6	0.1	2.0
174 私営株式会社	0.2	0.3	97.5	0.1	2.0	0.5	0.3	97.7	0.1	1.4
190 その他の（国内資本）企業	1.6	2.5	58.5	1.5	35.9	2.3	3.7	52.4	2.9	38.7
200, 300 外資系企業	2.1	1.5	11.7	80.9	3.8	3.6	1.3	8.8	82.7	3.5
210 合弁企業（香港・澳門・台湾）	5.0	4.1	29.5	54.5	6.8	6.1	3.7	26.5	56.6	7.1
220 合作企業（香港・澳門・台湾）	2.7	3.0	14.5	75.8	4.0	2.5	2.3	11.4	80.0	3.8
230 香港・澳門・台湾単独出資企業	0.0	0.0	0.6	98.2	1.1	0.0	0.1	0.4	98.5	1.0
240 香港・澳門・台湾投資株式会社	4.0	1.8	12.6	76.7	5.0	20.4	2.1	8.0	65.4	4.2
310 中外合弁企業	5.8	3.7	31.7	50.6	8.2	11.9	3.8	25.1	51.0	8.2
320 中外合作企業	4.0	3.0	21.6	65.1	6.3	4.9	3.6	17.5	69.2	4.8
330 外国単独出資企業	0.1	0.0	0.6	97.6	1.7	0.0	0.0	0.4	97.9	1.7
340 外国投資株式会社	6.3	1.3	8.7	79.0	4.8	22.3	1.5	8.9	58.7	8.6
鉱工業全体	4.6	4.3	72.9	13.9	4.3	20.3	4.9	47.4	23.4	4.1
企業支配状況別の登記類型のシェア (%)										
110 国有企業	45.4	0.0	0.0	0.0	0.0	38.7	0.0	0.0	0.0	0.0
120 集団所有制企業	0.4	57.9	0.1	0.1	1.6	0.1	47.9	0.1	0.0	2.0
130 株式合作制企業	0.6	8.5	1.2	0.0	1.9	0.4	5.3	1.1	0.0	1.4
141 国有聯営企業	0.7	0.0	0.0	0.0	0.0	0.4	0.0	0.0	0.0	0.0
142 集団所有制聯営企業	0.0	1.3	0.0	0.0	0.1	0.0	1.2	0.0	0.0	0.1
143 国有・集団聯営企業	0.5	0.4	0.0	0.0	0.1	0.1	0.3	0.0	0.0	0.0
149 その他の聯営企業	0.1	0.1	0.1	0.0	0.3	0.0	0.1	0.1	0.0	0.2
151 国有単独出資有限会社	6.5	0.0	0.0	0.0	0.0	17.7	0.0	0.0	0.0	0.0
159 その他の有限会社	28.8	19.4	13.2	0.4	42.2	22.1	27.4	18.8	0.4	42.6
160 株式会社	7.5	4.5	1.9	0.1	4.0	15.3	8.5	5.0	0.2	8.2
170 私営企業	1.5	1.8	80.4	0.2	30.3	0.2	1.3	69.3	0.1	17.3
171 私営単独出資企業	0.4	0.4	19.5	0.0	9.6	0.1	0.2	13.5	0.0	4.4
172 私営合名企業	0.1	0.2	3.8	0.0	1.5	0.0	0.1	2.8	0.0	0.6
173 私営有限会社	0.9	1.1	54.3	0.2	18.3	0.1	0.9	49.7	0.1	11.8
174 私営株式会社	0.1	0.1	2.8	0.0	1.0	0.0	0.1	3.3	0.0	0.6
190 その他の（国内資本）企業	0.2	0.3	0.5	0.1	4.9	0.0	0.3	0.4	0.0	3.7
200, 300 外資系企業	7.8	5.8	2.7	99.1	14.8	5.1	7.7	5.2	99.0	24.5
210 合弁企業（香港・澳門・台湾）	2.6	2.3	1.0	9.4	3.8	1.0	2.7	2.0	8.4	6.1
220 合作企業（香港・澳門・台湾）	0.2	0.2	0.1	1.7	0.3	0.1	0.2	0.1	1.6	0.4
230 香港・澳門・台湾単独出資企業	0.0	0.0	0.0	35.4	1.3	0.0	0.1	0.1	37.6	2.2
240 香港・澳門・台湾投資株式会社	0.1	0.1	0.0	0.8	0.2	0.3	0.1	0.1	0.9	0.3
310 中外合弁企業	4.3	2.9	1.5	12.5	6.5	3.0	4.0	2.7	11.0	10.2
320 中外合作企業	0.3	0.2	0.1	1.4	0.4	0.1	0.2	0.1	1.3	0.5
330 外国単独出資企業	0.1	0.0	0.0	37.1	2.1	0.0	0.0	0.1	36.9	3.6
340 外国投資株式会社	0.2	0.0	0.0	0.8	0.2	0.5	0.1	0.1	1.2	1.0
鉱工業全体	100.0	100.0	100.0	100.0	100.0	100.0	100.0	100.0	100.0	100.0

出所：第 2 次経済センサス個票データベースより算出。データクリーニングを行った。
注：売上高は主営業務収入ベースのものである。

付録1　企業の所有制分類と「民営化」概念

鉱工業企業法人）

売上高						資産				
国有	集団	私有	外資	その他	国有	集団	私有	外資	その他
100.0	0.0	0.0	0.0	0.0	100.0	0.0	0.0	0.0	0.0
0.3	95.2	2.2	0.3	1.9	0.4	94.3	2.0	0.4	2.9
7.2	28.5	55.4	0.4	8.5	18.1	23.8	48.7	0.6	8.8
100.0	0.0	0.0	0.0	0.0	0.0	100.0	0.0	0.0	0.0
4.7	82.7	4.0	1.2	7.4	15.7	74.2	5.8	0.8	3.6
66.6	28.6	2.8	0.4	1.7	70.4	26.6	1.6	0.2	1.1
5.4	7.3	82.1	0.1	5.2	6.6	7.1	77.8	0.1	8.3
100.0	0.0	0.0	0.0	0.0	100.0	0.0	0.0	0.0	0.0
30.8	8.4	49.7	0.8	10.2	45.3	7.7	37.8	0.5	8.8
66.7	3.7	24.9	0.8	3.9	69.9	4.3	21.8	0.5	3.5
0.1	0.2	97.5	0.1	2.2	0.1	0.3	97.6	0.1	2.0
0.1	0.2	96.9	0.1	2.7	0.2	0.3	96.2	0.1	3.3
0.1	0.2	97.8	0.0	1.9	0.1	0.3	97.5	0.0	2.1
0.1	0.2	97.5	0.1	2.1	0.2	0.2	97.8	0.1	1.8
0.1	0.2	98.4	0.0	1.2	0.4	0.4	98.2	0.0	1.0
5.4	3.0	58.1	1.2	32.2	4.8	4.2	52.3	1.7	37.0
10.6	1.5	7.8	76.4	3.7	12.8	1.7	7.9	74.0	3.6
10.4	4.0	24.3	53.6	7.7	12.5	3.3	21.7	55.3	7.2
22.1	1.4	12.3	62.0	2.3	18.7	1.8	13.9	62.6	3.0
0.0	0.0	0.7	98.6	0.6	0.0	0.0	0.7	98.7	0.6
51.2	1.1	5.0	41.4	1.3	48.4	1.1	5.4	43.3	1.8
25.5	2.7	13.9	50.9	7.0	27.8	3.0	14.0	48.8	6.4
12.2	9.8	12.9	60.4	4.8	28.3	7.1	10.4	50.5	3.8
0.1	0.0	0.3	98.4	1.2	0.1	0.0	0.3	98.4	1.2
28.6	3.7	6.1	56.3	5.3	38.0	5.1	5.1	47.1	4.8
28.9	4.3	40.5	22.3	4.1	43.1	3.8	30.2	19.3	3.6
31.6	0.0	0.0	0.0	0.0	34.7	0.0	0.0	0.0	0.0
0.0	39.5	0.1	0.0	0.8	0.0	29.5	0.1	0.0	0.9
0.2	4.5	0.9	0.0	1.4	0.2	3.7	0.9	0.0	1.4
0.7	0.0	0.0	0.0	0.0	0.7	0.0	0.0	0.0	0.0
0.0	0.7	0.0	0.0	0.1	0.0	0.5	0.0	0.0	0.0
0.1	0.2	0.0	0.0	0.0	0.1	0.2	0.0	0.0	0.0
0.0	0.1	0.1	0.0	0.0	0.0	0.1	0.1	0.0	0.1
14.8	0.0	0.0	0.0	0.0	17.2	0.0	0.0	0.0	0.0
18.6	34.4	21.4	0.6	43.9	20.7	40.0	24.6	0.5	47.8
23.3	8.7	6.2	0.3	9.7	18.6	13.0	8.3	0.3	11.1
0.1	1.2	65.2	0.1	14.5	0.1	1.2	58.9	0.1	10.1
0.0	0.2	12.3	0.0	3.4	0.0	0.2	8.3	0.0	2.4
0.0	0.0	2.1	0.0	0.4	0.0	0.0	1.5	0.0	0.3
0.1	0.8	47.2	0.1	10.3	0.0	0.9	45.3	0.1	7.1
0.0	0.1	3.7	0.0	0.4	0.0	0.1	3.8	0.0	0.3
0.1	0.2	0.5	0.0	2.7	0.0	0.3	0.5	0.0	2.7
10.6	10.5	5.6	98.9	26.7	7.7	11.5	6.7	99.1	25.9
1.3	3.3	2.1	8.4	6.7	1.0	3.0	2.5	9.9	6.9
0.2	0.1	0.1	0.9	0.2	0.1	0.1	0.1	1.0	0.3
0.0	0.0	0.1	24.9	0.9	0.0	0.0	0.1	24.7	0.8
0.7	0.1	0.1	0.8	0.1	0.5	0.1	0.1	1.0	0.2
7.5	5.4	2.9	19.3	14.6	4.9	6.1	3.5	19.3	13.5
0.2	1.0	0.1	1.2	0.5	0.3	0.9	0.2	1.3	0.5
0.0	0.0	0.0	41.8	2.8	0.0	0.0	0.1	39.8	2.5
0.6	0.6	0.1	1.6	0.8	0.8	1.2	0.2	2.2	1.2
100.0	100.0	100.0	100.0	100.0	100.0	100.0	100.0	100.0	100.0

（2） 本書の企業の所有制分類

本書は特別の説明がなければ，前記のように，企業の所有制タイプは資本支配，したがって企業支配状況に基づいて分類する．つまり，国有企業，集団企業，私有企業，外資企業は，基本的に企業支配状況がそれぞれ国有支配，集団支配，私有支配，外資支配（香港・澳門・台湾支配または外国支配）の企業と定義した．

①国有企業

国有企業の呼び名は民国期の「国営企業」，「省営企業」，「市営企業」，「県営企業」，「公営企業」，共和国期の「全人民所有制企業」，「国営企業」，「国有企業」，「国有控股企業」（国有資本支配企業）など，さまざまである[4]．本書では，国有企業とは，中央政府または地方政府が資本支配するもしくは実質的に経営権を有する企業をさす．また，中央政府と地方政府の資本を合わせて国家資本と呼ぶ．

②私有企業・集団企業

非国有の国内資本支配企業は，私有企業と集団企業を含む．本書では，私有企業とは国内私的資本によって支配される企業のことである．

わかりにくいのは集団所有（「集体所有」）支配のいわゆる集団企業である．公式的には集団所有の企業では，その資本が主に企業の労働者によって拠出され，集団によって共同所有され，出資金の転売，贈与，相続が認められない．集団構成員への分配基準は出資金ではなく，労働量である．それゆえ，国有が「全人民所有」といわれているのに対して，集団所有は所有者範囲が特定の「労働大衆」に縮小したとはいえ，準国有と言われる1種類の公有制経済として公式的に認められている．毛沢東時代では，集団所有は「小国有」と呼ばれたように，国有に相当近いものが多かった．

しかし，1990年代末までの間，多くの集団所有の企業は政治リスクの回避や公有制企業優遇政策の利用などのために公的所有の赤い看板を掲げた私有企業の隠れ屋，いわゆるレッドキャップ企業であり，その運営が私有企業に近いと指摘されている（陳・曹 2006; 顧ほか 2013）．また，集団所有に分

類されている株式合作制企業も従業員所有に相当近い．なお，2000年代からは集団企業の存在感はすでに大きく低下した．

③外資企業と外資系企業

香港・澳門・台湾資本は，外資導入の主要なターゲットの1つであり，中国本土の私的資本とは歴史背景，資金力，技術力，経営ノウハウの違いが歴然である．本書では，香港・澳門・台湾資本と外国資本をまとめて外資と呼び，外資支配の企業を外資企業と呼ぶ．なお，外資企業も私的資本支配の側面をもつが，前記のように，本書の私有企業は国内私的資本支配企業をさす．

これに対して，企業登記類型の1つとして，外国資本または香港・澳門・台湾資本が25％以上を占める外資系企業がある．外資系企業の中に，国有企業，私有企業と集団企業も存在するため，本書では，外資企業と外資系企業を区別して扱う．なお，外資系企業以外の企業は地場企業と呼ぶ．

④民間企業

上記の私有企業，外資企業，および集団企業は，国家資本が支配しない非国有企業である．本書では，これらの非国有企業をまとめて民間企業と呼び，非国有の国内資本支配企業（集団企業または私有企業）を内国民間企業と呼ぶ．

なお，自営業（「個体工商戸」）は企業ではないが，記述の便宜上，自営業，私有企業と外資企業をまとめて私的企業と呼ぶ．

(3) 「民営化」の定義

「民営化」に関する若干の用語規定を行おう．

まず民営化に関して浮かんでくる疑問は，民営化は国有企業の国家所有を維持しながら民間に経営を任せることを意味するのか，それとも民間資本に所有権を譲渡することを意味するのか．請負責任制を導入して工場長などの経営者または経営陣に経営を任せた国有企業（第1章）は前者に当たる．しかし，国家資本の民間への移転が伴わなければ，経営に対する政府の行政介入が温存される．一般に，民営化は国有企業の民間への払下げなど資本の所

有変更を意味するであろう．

　それでは，民営化の「民」は何をさすのか．

　「民」をどう定義するのかについて，必ずしも一致した結論は得られていない．川井（1998）は経済類型の定義に基づいて，国有企業，集団所有制企業，聯営企業，自営業，株式制企業，外資系企業と私営企業との境界線領域において，多元化した所有構成の企業が存在すると指摘した．

　張ほか（2006）では，民営が「非国有国営」として定義され，民営経済は，自営業，私営企業，外資系企業，民営科学技術企業，郷鎮企業，株式合作制企業，民間経営の国有企業を含む．しかし，前記のように経営権のみを民間に委譲した国有企業は国有企業と変わりなく，外資系企業では外資の出資が資本支配に及ばない企業も多く存在するし，郷鎮企業には郷鎮政府が出資するケースもある．また，現に私有企業は有限会社と株式会社の中にも存在するが，この定義ではこれらの企業は民営経済から除外されている．それに，上記7種類の企業の統計をすべて揃えることはきわめて困難なため，民営経済の全貌をつかむことができない．

　他方で，史・王（2006）は，国有を除いた経済範囲を，広義の民営経済と定義した．民営の定義がかなり簡素化されたほか，統計データが入手しやすい利点もある．

　本書の定義では，国有以外の経済の担い手は民間企業である．史・王（2006）の広義の民営経済がわれわれの民間企業の概念に対応している．民間企業から集団企業を取り除いて「民」の範囲を少し狭めれば，国内私的資本が支配する私有企業と外資が資本支配する外資企業になる．そこからさらに外資企業を除外すれば，もっとも狭義の「民」の概念に対応する私有企業の範囲になる[5]．

　「民」を広義的にとるべきなのか，それとも狭義的にとるべきなのか．この質問に答える前に，国有企業とともに公有制を支える集団所有の企業は「民」と言えるのかという疑問に答えなくてはならない．

　集団所有制企業は公式的に公有制企業である．そのために，集団企業を

「民」とすることに違和感を覚える人もいるであろう．しかし，1990年代末までの長い間，レッドキャップ企業や株式合作制企業など隠れている私的所有またはそれに近い集団所有の企業が増えた．その後，集団企業の多くは，会社化などを通じて私有企業に転身した．国有，私有と外資企業に比べて，集団企業はかなりマイナーな存在になった．

したがって，本書では，民営化は狭義に国有企業の私有化を意味するが，データに制約があった場合，国有企業から民間企業への転換，いわゆる非国有化を広義に民営化と捉える．

注

1) 『中国統計年鑑』や『中国工業経済統計年鑑』において，鉱工業2桁業種別集計では，香港・澳門・台湾投資企業と外国投資企業が別々に掲載されていない．両者を合わせた外資系企業（「外商投資和港澳台商投資企業」）の2桁業種集計データが公表されている．
2) 「国有控股企業」という言葉は必ずしも一貫して同じ意味として利用されてこなかった．『中国工業経済統計年鑑』では，1998年版では「国有控股企業」は「国有企業」と区別して使われた．しかし，2001年版と2006年版では「国有控股企業」の中に「国有企業」も含まれており，2002年版～2004年版と2007年版～2011年版では「国有及国有控股企業」と「国有控股企業」が区別せずに利用された．
3) 経済類型・登記類型に関する法規定の変化は徐（2009）を参照されたい．
4) 民国期の国有企業概念について，張・朱（2007）は詳しく議論している．
5) 史・王（2006）は広義の民営経済から外資系を除外して残りの部分を狭義の民営経済と定義した．これは明らかに外資系企業を外資企業と混同している．

付録2
第2次経済センサス個票データベース

　第2次経済センサスは，2008年12月31日時点の農林漁業を除くすべての産業に従事する法人および法人格を有しない産業活動単位に対する全数調査ならびに自営業に対する全面「清査」である[1]．われわれが入手した第2次経済センサス個票データベースは，法人単位データベースと産業活動単位データベースから構成されている．それぞれ「法人単位基本情況」と「産業活動単位基本情況」というセンサス調査票をデータベース化したものである．

　2つの調査票には，組織機構コード，単位名称，所在地，連絡方法，業務内容，業種コード，登記類型，設立年月，営業状態，機構類型，年末従業員数など共通の記載項目がある．ただし，企業支配状況，営業収入，主営業務収入と資産は「法人単位基本情況」のみの記入欄であり，「産業活動単位基本情況」では，その代わりに，経営性単位収入と行政事業性単位支出が記載項目になっている．

　このように，法人のデータセットのほうは財務指標が多く，それに，各産業活動単位の財務状況はそれぞれが所属する法人の財務データにも反映されている．企業法人の場合，企業支配状況も示されているので，本書では法人のデータセットを分析に利用することにした．なお，産業別に個票データベースと『中国経済普査年鑑2008』（総合巻）に公表された集計データを比較すると，両者の法人集計は高い一致をみる（付表2-1）[2]．

　ところが，調査票の記載項目は，調査対象によって回答必須の項目もあれば，回答不要の項目もある．企業支配状況の記入は，企業法人に限って必要

である．ちなみに，営業収入，主営業務収入と資産も企業法人もしくは企業会計制度を実施した法人の記入項目である．

　法人には，企業法人のほかに，事業単位法人，機関法人，社会団体法人などの法人が存在する．企業法人は法人の中でどれぐらいのスケールをもっているのか．教育，衛生，社会保険，社会福祉事業など少数の産業では，法人の大半は企業法人ではない．また，国家機構などの公共管理・社会組織では，企業法人がほとんど存在しない．

　とはいえ，コードが06～74，76，82～83，92の70の2桁業種（計764の4桁業種）の産業では，企業法人と法人がほぼ一致している．これらの産業には，採掘業，製造業，電気・ガス・水道事業，建設業，交通運輸・倉庫・郵政業，金融業，電気通信業，電子計算機サービス業，ソフトウェア業，卸売業，小売業，宿泊業，飲食業，不動産業，物品賃貸業，商務サービス業，専門技術サービス業，住民サービス業，その他のサービス業[3]および娯楽業が含まれている．したがって，このデータセットは中国経済の第2次産業と第3次産業を広くカバーしている（付表2-1）．

　個票データベースにクリーニング作業を施した．国家統計局が発布したセンサス方案を参考にして，①営業収入が主営業務収入より少ない，②営業収入または主営業務収入がマイナス，③資産が0以下，④閉鎖・破産以外の企業で従業員数が0以下，この4つの条件に1つでも満たした企業をデータベースから除外した．このほかに，組織機構コード，単位名称，所在地コード，業務内容，業種コード，登記類型，会計制度，機構類型，産業活動単位数，設立年月，営業状態，企業支配状況，所属コードに記入ミスがあった企業も除外した[4]．

　なお，第2次経済センサス個票データベースの集計結果は付表2-2にまとめた[5]．分析を簡潔にするため，ここでは企業支配状況が私有支配とその他の企業はすべて私有企業に統一した．

付表 2-1　第 2 次経済センサス個票データベースと

2 桁業種	第 2 次経済センサス個 法人 社数(社)	従業員数(人)	企業 社数(社)
01 農業	678	1,283,632	501
02 林業	529	579,797	377
03 畜産業	418	51,718	379
04 漁業	64	6,085	58
05 農・林・畜産・漁業サービス業	347	31,866	91
06 石炭鉱業	21,931	5,786,921	21,930
07 石油鉱業	1,362	1,107,994	1,362
08 鉄属金属鉱業	17,454	928,445	17,454
09 非鉄金属鉱業	10,679	742,795	10,679
10 非金属鉱業	45,182	1,307,673	45,180
11 その他の鉱業	706	15,994	706
13 農副食品加工業	102,532	4,551,434	102,503
14 食料品製造業	41,819	2,189,967	41,818
15 飲料製造業	35,012	1,662,393	35,007
16 たばこ製造業	247	208,571	247
17 紡織業	109,228	8,160,262	109,222
18 衣服（靴）製造業	80,081	6,461,496	80,080
19 皮革羽毛製品製造業	31,296	3,388,136	31,295
20 木材類加工製造業	62,810	2,392,659	62,753
21 家具製造業	36,203	1,585,153	36,202
22 製紙業	48,707	2,192,368	48,700
23 印刷業	52,753	1,545,703	52,739
24 文化教育運動用具製造業	20,219	1,680,936	20,217
25 石油精製及びコークス製造業	6,427	921,341	6,426
26 化学製品製造業	96,358	5,630,258	96,316
27 医薬品製造業	15,315	1,685,451	15,312
28 化学繊維製造業	4,543	475,522	4,543
29 ゴム製品製造業	20,770	1,279,511	20,768
30 プラスチック製品製造業	98,524	3,902,290	98,519
31 非金属鉱製品製造業	211,535	9,402,627	211,511
32 鉄鋼業	18,945	3,373,815	18,938
33 非鉄金属製造業	21,546	2,036,596	21,539
34 金属製品製造業	133,118	5,029,728	133,094
35 はん用機器製造業	182,472	7,253,141	182,450
36 特殊産業用機械製造業	93,039	4,343,092	93,023
37 輸送用機器製造業	79,828	5,823,739	79,825
39 電気機器製造業	94,015	6,298,558	94,009
40 情報通信機器製造業	45,586	7,008,847	45,584
41 測量器具及び文化事務用機械製造業	23,791	1,497,048	23,790
42 その他の製造業	48,901	2,262,107	48,898
43 廃棄物再生業	8,230	203,419	8,230
44 電気（熱）業	38,006	3,109,835	37,565
45 ガス業	3,136	226,623	3,110
46 水道業	16,815	676,121	16,371
47 土木工事業	93,039	32,429,393	93,018
48 建築物設備工事業	43,736	3,225,454	43,734
49 内装工事業	66,267	1,862,460	66,267
50 その他の建設業	23,642	1,546,041	23,642
51 鉄道業	427	54,959	402
52 道路運送業	73,169	3,755,392	66,504

付録2　第2次経済センサス個票データベース『中国経済普査年鑑2008』の比較

票データベース			個票／年鑑			
法人	企業法人／法人		法人		企業法人	
従業員数(人)	社数	従業員数	社数	従業員数	社数	従業員数
868,940	0.739	0.677	1.000	1.000	1.000	1.000
546,001	0.713	0.942	1.002	1.000	1.003	1.000
47,060	0.907	0.910	1.007	1.002	1.003	1.000
5,779	0.906	0.950	1.000	1.000	1.000	1.000
19,859	0.262	0.623	1.027	1.007	1.110	1.012
5,786,797	1.000	1.000	1.000	1.000	1.000	1.000
1,107,994	1.000	1.000	0.999	0.984	0.999	0.984
928,445	1.000	1.000	0.999	1.000	0.999	1.000
742,795	1.000	1.000	0.999	1.000	0.999	1.000
1,307,498	1.000	1.000	1.000	1.000	1.000	1.000
15,994	1.000	1.000	1.001	1.002	1.001	1.002
4,549,060	1.000	0.999	1.002	1.001	1.002	1.000
2,189,951	1.000	1.000	1.003	1.001	1.002	1.001
1,661,788	1.000	1.000	1.001	1.001	1.001	1.001
208,571	1.000	1.000	0.984	1.001	0.984	1.001
8,159,611	1.000	1.000	1.011	1.003	1.011	1.003
6,461,452	1.000	1.000	1.007	1.002	1.007	1.002
3,388,095	1.000	1.000	1.002	1.000	1.002	1.000
2,390,978	0.999	0.999	1.002	1.001	1.001	1.000
1,585,091	1.000	1.000	1.002	1.001	1.002	1.001
2,192,070	1.000	1.000	1.002	1.001	1.002	1.001
1,544,290	1.000	0.999	1.001	1.001	1.001	1.001
1,680,868	1.000	1.000	1.005	1.000	1.005	1.000
921,313	1.000	1.000	1.000	1.000	1.000	1.000
5,620,751	1.000	0.998	1.002	1.001	1.002	0.999
1,684,953	1.000	1.000	1.002	1.001	1.002	1.001
475,522	1.000	1.000	1.005	1.000	1.005	1.000
1,279,484	1.000	1.000	1.001	0.998	1.001	0.998
3,901,652	1.000	1.000	1.002	1.001	1.002	1.001
9,400,779	1.000	1.000	1.002	1.001	1.002	1.001
3,372,160	1.000	1.000	1.000	1.000	1.000	1.000
2,034,080	1.000	0.999	1.002	1.000	1.002	1.000
5,027,929	1.000	1.000	1.003	1.001	1.003	1.001
7,251,745	1.000	1.000	1.003	1.001	1.003	1.001
4,336,323	1.000	0.998	1.003	1.000	1.002	0.998
5,823,507	1.000	1.000	1.002	1.002	1.002	1.002
6,298,247	1.000	1.000	1.003	1.001	1.003	1.001
7,005,087	1.000	0.999	1.003	1.001	1.003	1.001
1,496,998	1.000	1.000	1.003	1.001	1.003	1.001
2,262,023	1.000	1.000	1.004	1.003	1.004	1.003
203,419	1.000	1.000	1.003	1.000	1.003	1.000
3,091,328	0.988	0.994	1.000	0.989	1.000	0.989
225,604	0.992	0.996	1.003	1.000	1.002	1.000
658,534	0.974	0.974	1.002	1.000	1.002	1.000
32,427,973	1.000	1.000	1.000	1.000	1.000	1.000
3,224,750	1.000	1.000	0.999	1.000	0.999	1.000
1,862,460	1.000	1.000	1.000	0.998	1.000	0.998
1,546,041	1.000	1.000	0.999	0.999	0.999	0.999
52,675	0.941	0.958	0.970	0.988	0.969	0.987
3,329,829	0.909	0.887	1.000	0.999	1.000	0.999

2桁業種	法人 社数(社)	法人 従業員数(人)	企業 社数(社)
53 都市内旅客運送業	7,692	1,603,565	7,505
54 水運業	8,010	808,745	7,432
55 航空運輸業	805	316,478	732
56 導管輸送業	85	25,054	83
57 その他の運送サービス業	44,739	1,075,677	44,035
58 倉庫業	18,199	536,753	17,420
59 郵便業	4,560	789,807	4,457
60 電気通信業	22,917	1,556,865	18,851
61 電子計算機サービス業	90,767	770,861	86,924
62 ソフトウェア業	39,939	898,028	39,507
63 卸売業	856,310	10,572,199	856,045
65 小売業	550,919	8,396,013	550,618
66 宿泊業	54,409	2,674,597	52,343
67 飲食業	91,380	3,193,115	88,363
68 銀行業	7,550	2,694,028	6,842
69 証券業	1,023	120,630	964
70 保険業	8,869	1,832,356	8,652
71 その他の金融業	10,751	209,911	10,024
72 不動産業	214,342	5,518,931	209,889
73 物品賃貸業	18,392	219,720	17,882
74 商務サービス業	409,178	7,510,446	342,192
75 研究開発業	21,338	791,086	13,765
76 専門技術サービス業	100,043	2,262,060	70,784
77 科学技術交流普及サービス業	76,726	1,034,534	38,906
78 地質探査業	3,817	391,549	2,430
79 水利管理業	20,821	475,389	1,865
80 環境管理業	12,796	864,875	4,677
81 公共施設管理業	23,937	877,950	15,625
82 住民サービス業	61,476	968,628	50,904
83 その他のサービス業	59,392	1,030,415	55,992
84 教育	335,072	17,223,873	21,632
85 衛生事業	171,450	6,358,049	15,171
86 社会保険事業	11,480	195,041	241
87 社会福祉事業	23,576	248,834	652
88 出版業	6,278	351,817	2,454
89 映像音声情報制作業	13,451	475,217	5,565
90 文化芸術事業	33,764	519,448	7,565
91 スポーツサービス業	7,393	125,496	1,736
92 娯楽業	20,981	462,776	17,985
93 中国共産党機関	37,449	546,794	0
94 国家機構	376,417	13,073,805	5
95 人民政協・民主党派	5,633	88,092	0
96 民衆団体・社会団体・宗教組織	233,388	2,525,386	19
97 基層民衆自治組織	686,154	4,293,595	9
全産業	7,085,033	269,683,854	4,971,630

出所:第2次経済センサス個票データベース,『中国経済普査年鑑2008』(総合巻)より作成.
注:n.c.は年鑑集計データが存在しないこと,n.a.は個票データと年鑑集計データがともに存在しない

付録2 第2次経済センサス個票データベース

票データベース			個票／年鑑			
法人	企業法人／法人		法人		企業法人	
従業員数(人)	社数	従業員数	社数	従業員数	社数	従業員数
1,591,403	0.976	0.992	1.000	1.001	1.000	1.001
790,196	0.928	0.977	1.000	0.995	1.000	0.995
309,242	0.909	0.977	0.996	0.988	0.996	0.988
24,989	0.976	0.997	1.000	1.000	1.000	1.000
1,061,814	0.984	0.987	1.002	1.001	1.002	1.002
512,877	0.957	0.956	1.000	1.003	1.000	1.004
780,179	0.977	0.988	1.016	0.996	1.016	0.996
1,469,621	0.823	0.944	1.014	1.011	1.017	1.012
741,082	0.958	0.961	0.999	1.002	0.999	1.002
890,412	0.989	0.992	1.002	1.001	1.002	1.001
10,567,113	1.000	1.000	1.003	1.002	1.003	1.002
8,385,245	0.999	0.999	1.003	1.003	1.003	1.003
2,582,508	0.962	0.966	1.002	1.001	1.002	1.000
3,114,227	0.967	0.975	1.004	1.003	1.005	1.003
2,581,507	0.906	0.958	0.980	0.955	0.981	0.957
114,054	0.942	0.945	0.917	0.814	0.916	0.809
1,814,526	0.976	0.990	0.970	0.962	0.969	0.962
200,989	0.932	0.957	1.005	0.949	1.004	0.947
5,425,809	0.979	0.983	1.000	0.999	1.000	0.999
214,504	0.972	0.976	1.003	1.004	1.004	1.006
6,648,916	0.836	0.885	1.001	1.003	1.002	1.005
290,832	0.645	0.368	1.001	1.006	1.004	1.024
1,657,823	0.708	0.733	1.001	0.999	1.003	1.002
571,135	0.507	0.552	1.002	1.002	1.005	1.004
175,740	0.637	0.449	1.001	0.998	1.003	0.996
40,341	0.090	0.085	1.000	0.999	1.012	1.041
177,030	0.366	0.205	1.000	1.004	1.006	1.007
437,210	0.653	0.498	1.001	1.001	1.003	1.005
806,177	0.828	0.832	1.002	1.003	1.003	1.003
964,646	0.943	0.936	1.004	1.006	1.004	1.006
408,501	0.065	0.024	1.000	0.999	1.010	1.015
426,755	0.088	0.067	1.000	1.000	1.008	1.012
8,089	0.021	0.041	0.998	0.996	1.026	1.194
9,877	0.028	0.040	0.999	0.998	1.006	1.001
164,746	0.391	0.468	1.000	0.987	1.005	1.001
138,710	0.414	0.292	0.998	0.995	1.003	1.007
76,404	0.224	0.147	0.998	1.000	1.003	1.003
26,877	0.235	0.214	0.998	0.997	1.002	1.002
420,462	0.857	0.909	1.005	1.003	1.005	1.003
0	0.000	0.000	0.940	0.895	n.a.	n.a.
196	0.000	0.000	0.950	0.888	n.c.	n.c.
0	0.000	0.000	0.907	0.875	n.a.	n.a.
832	0.000	0.000	0.995	0.993	n.c.	n.c.
950	0.000	0.000	0.999	0.997	n.c.	n.c.
218,828,699	0.702	0.811	0.998	0.993	1.002	1.000

ことを示す．

付表2-2 中国経済の所有制

国民経済業種分類 (GB/T4754-2002)	所有制分布（売上高）			
	国有	集団	私有	外資
01〜05　農林漁業	—	—	—	—
06　石炭鉱業	58.2	6.0	34.3	1.6
0610　れき青炭・無煙炭掘採・水洗・選別	60.1	6.3	33.0	0.6
0620　褐炭掘採・水洗・選別	27.9	1.8	52.6	17.6
0690　その他の石炭掘採・水洗・選別	13.7	2.6	69.7	14.0
07　石油鉱業	89.0	0.5	1.6	8.9
0710　原油・天然ガス掘採	87.8	0.1	1.0	11.2
0790　原油・天然ガス掘採附帯サービス	93.9	2.1	4.0	0.0
08　鉄属金属鉱業	17.1	4.3	76.9	1.8
0810　鉄鉱掘採・選鉱	16.6	4.3	77.6	1.5
0890　その他の鉄属鉱掘採・選鉱	26.0	4.1	64.1	5.8
09　非鉄金属鉱業	28.4	20.4	48.7	2.5
0911　銅鉱掘採・選鉱	42.9	3.9	51.4	1.7
0912　鉛・亜鉛鉱掘採・選鉱	27.4	3.8	65.4	3.4
0913　ニッケル・コバルト鉱掘採・選鉱	7.0	5.6	87.4	0.0
0914　すず鉱採掘・選鉱	20.0	2.1	77.1	0.8
0915　アンチモン鉱掘採・選鉱	37.5	8.3	53.6	0.6
0916　アルミ鉱掘採・選鉱	47.4	0.7	51.9	0.0
0917　マグネシウム鉱掘採・選鉱	0.0	6.8	86.5	6.7
0919　その他の常用非鉄金属鉱掘採・選鉱	7.2	5.0	86.5	1.4
0921　金鉱掘採・選鉱	27.3	51.9	18.2	2.7
0922　銀鉱掘採・選鉱	7.0	4.4	88.5	0.1
0929　その他の貴金属鉱掘採・選鉱	2.1	0.0	97.9	0.0
0931　タングステン・モリブデン鉱採掘・選鉱	25.4	3.6	68.1	2.9
0932　希土類金属鉱掘採・選鉱	39.8	2.6	57.5	0.1
0933　放射性金属鉱掘採・選鉱	93.9	0.6	5.5	0.0
0939　その他の希有金属鉱掘採・選鉱	31.4	3.1	65.4	0.1
10　非金属鉱業	9.9	10.3	76.8	3.0
1011　石灰石，石こう掘採	3.2	11.7	83.5	1.6
1012　建築装飾用石採取	2.0	11.9	81.9	4.1
1013　耐火土石掘採	5.2	3.9	90.5	0.3
1019　粘土及びその他の土砂石採取	4.0	9.9	84.2	1.9
1020　化学及び肥料用鉱物掘採・選鉱	30.8	9.3	54.9	5.0
1030　塩採取	45.9	13.8	34.4	5.9
1091　石綿・雲母鉱掘採・選鉱	46.7	23.3	29.7	0.3
1092　黒鉛・滑石掘採・選鉱	5.0	8.7	82.4	3.9
1093　宝石・玉石掘採	0.6	11.0	88.2	0.2
1099　その他の非金属鉱掘採・選鉱	3.4	6.6	84.8	5.1

・業種分布（2008年末；%）

業種分布（資産）				135産業 連関部門	40産業 連関部門
国有	民間	外資	中国資本		
—	—	—	—	001 〜　農林漁業 005	001 農林漁業
1.28	0.79	0.19	1.18		
1.24	0.72	0.11	1.12	006 石炭鉱業	02 石炭（1/2）
0.04	0.08	0.07	0.06		
0.00	0.00	0.00	0.00		
0.87	0.09	0.25	0.60		
0.69	0.06	0.24	0.46	007 石油鉱業	03 原油・天然ガス
0.19	0.02	0.00	0.13		
0.11	0.33	0.05	0.21		
0.10	0.32	0.04	0.20	008 鉄属金属鉱業	04 金属鉱（1/2）
0.01	0.02	0.01	0.01		
0.08	0.24	0.07	0.15		
0.02	0.03	0.00	0.03		
0.02	0.08	0.02	0.05		
0.00	0.00	0.00	0.00		
0.00	0.02	0.00	0.01		
0.00	0.00	0.00	0.00		
0.00	0.00	0.00	0.00		
0.00	0.00	0.00	0.00		
0.00	0.01	0.00	0.00	009 非鉄金属鉱業	04（2/2）
0.02	0.05	0.03	0.03		
0.00	0.00	0.00	0.00		
0.00	0.00	0.00	0.00		
0.01	0.04	0.01	0.02		
0.00	0.00	0.00	0.00		
0.00	0.02	0.00	0.00		
0.00	0.00	0.00	0.00		
0.04	0.23	0.05	0.12		
0.00	0.04	0.01	0.02		
0.00	0.04	0.01	0.02		
0.00	0.01	0.00	0.01		
0.00	0.07	0.01	0.03	010 非金属鉱業・その他の 鉱業（1/2）	05 非金属鉱（1/2）
0.01	0.03	0.01	0.02		
0.02	0.02	0.00	0.02		
0.00	0.00	0.00	0.00		
0.00	0.01	0.00	0.00		
0.00	0.00	0.00	0.00		
0.00	0.02	0.01	0.01		

国民経済業種分類 (GB/T4754-2002)	国有	集団	私有	外資
11　その他の鉱業	0.6	5.4	93.4	0.5
1100　その他の鉱業	0.6	5.4	93.4	0.5
13　農副食品加工業	5.6	4.6	70.1	19.7
1310　精穀・製粉	6.0	2.4	88.9	2.7
1320　飼料加工	2.7	3.0	77.7	16.7
1331　食用植物油脂加工	9.4	2.7	49.9	38.1
1332　非食用植物油脂加工	5.2	8.1	84.3	2.4
1340　糖類製造	20.6	2.3	64.8	12.3
1351　屠畜・冷凍加工	10.3	3.7	79.8	6.2
1352　肉製品及びその副産品の加工	2.8	4.4	57.0	35.7
1361　水産物冷凍加工	2.1	18.6	60.7	18.5
1362　水産練製品及び水産干し・漬物加工	0.7	5.5	57.8	36.0
1363　水産物原料飼料製造	1.5	2.9	69.8	25.8
1364　魚油抽出及び魚油製品の製造	0.0	25.2	73.6	1.2
1369　その他の水産物加工	1.3	4.2	77.0	17.5
1370　野菜・果物・堅果加工	1.0	2.4	79.6	17.1
1391　でんぷん及びでんぷん製品の製造	2.6	9.9	58.6	28.9
1392　豆製品の製造	4.0	2.3	70.2	23.5
1393　卵の加工	1.1	2.2	92.0	4.8
1399　他に分類されない農副食品加工	3.1	2.5	80.4	14.0
14　食料品製造業	7.6	5.2	61.2	26.0
1411　生菓子・パン製造	3.4	1.4	64.1	31.1
1419　ビスケット類及びその他の焼き菓子の製造	0.7	1.2	63.8	34.3
1421　キャンデー・チョコレート製造	1.1	2.1	44.0	52.7
1422　砂糖漬け製造	0.1	5.8	85.1	9.1
1431　米麺類製品製造	4.1	2.9	82.7	10.2
1432　冷凍食品製造	2.6	0.6	61.3	35.4
1439　即席めん類・レトルト食品の製造	2.2	11.9	42.6	43.3
1440　処理牛乳及び乳製品の製造	17.7	5.1	55.5	21.8
1451　畜産缶詰製造	10.2	5.1	72.7	12.0
1452　水産缶詰製造	6.4	0.7	61.3	31.6
1453　野菜・果実缶詰製造	8.7	4.5	75.6	11.1
1459　その他の缶詰食品製造	6.5	0.5	51.7	41.4
1461　うま味調味料製造	30.8	1.6	34.1	33.4
1462　醤油・食酢及び類似製品の製造	8.6	19.6	55.3	16.6
1469　その他の調味料・発酵製品の製造	12.6	1.6	64.0	21.7
1491　栄養・保健食品製造	1.3	1.4	61.3	35.9
1492　アイスクリーム及び食用氷の製造	4.2	1.6	76.5	17.7
1493　塩製造	59.2	5.5	35.2	0.1
1494　食品・飼料添加物の製造	1.4	7.9	68.9	21.8

付録2　第2次経済センサス個票データベース　　　　　　　215

業種分布（資産）				135産業 連関部門	40産業 連関部門
国有	民間	外資	中国資本		
0.00	0.00	0.00	0.00		
0.00	0.00	0.00	0.00	010 (2/2)	05 (2/2)
0.09	1.71	1.37	0.66		
0.02	0.22	0.04	0.10	011 精穀・製粉業	
0.00	0.18	0.15	0.07	012 飼料加工業	
0.02	0.24	0.38	0.08	013 植物油脂加工業	
0.00	0.01	0.00	0.00		
0.02	0.08	0.06	0.04	014 糖類製造業	
0.01	0.15	0.04	0.06	015 屠畜・肉製品加工業	
0.00	0.14	0.18	0.05		
0.01	0.14	0.12	0.05		
0.00	0.03	0.05	0.01		06 食料品 (1/3)
0.00	0.01	0.01	0.00	016 水産物加工業	
0.00	0.00	0.00	0.00		
0.00	0.01	0.01	0.00		
0.00	0.31	0.13	0.12		
0.00	0.11	0.12	0.04	017 その他の農副食品加工業	
0.00	0.02	0.03	0.01		
0.00	0.01	0.00	0.00		
0.00	0.05	0.03	0.02		
0.06	0.70	1.00	0.24		
0.00	0.04	0.06	0.01		
0.00	0.05	0.10	0.01	021 その他の食料品製造業 (1/3)	
0.00	0.04	0.11	0.01		
0.00	0.02	0.01	0.01		
0.00	0.03	0.02	0.01		
0.00	0.03	0.05	0.01	018 レトルト食品製造業	
0.00	0.06	0.11	0.01		
0.01	0.10	0.14	0.04	019 処理牛乳及び乳製品製造業	
0.00	0.01	0.00	0.00		
0.00	0.00	0.01	0.00	021 (2/3)	06 (2/3)
0.01	0.04	0.03	0.02		
0.00	0.00	0.01	0.00		
0.01	0.02	0.04	0.01	020 調味料・発酵製品製造業	
0.00	0.03	0.03	0.01		
0.01	0.05	0.07	0.02		
0.00	0.05	0.08	0.01		
0.00	0.02	0.01	0.01		
0.01	0.00	0.00	0.01	021 (3/3)	
0.00	0.09	0.11	0.03		

国民経済業種分類（GB/T4754-2002）		所有制分布（売上高）			
		国有	集団	私有	外資
1499	他に分類されない食料品製造	5.9	6.6	74.2	13.4
15	飲料製造業	19.0	4.0	49.2	27.8
1510	発酵アルコール製造	16.9	0.6	72.1	10.5
1521	白酒製造	38.2	3.0	58.0	0.8
1522	ビール製造	27.9	8.1	27.6	36.4
1523	黄酒製造	28.5	12.6	56.9	1.9
1524	ワイン製造	26.6	5.4	42.8	25.2
1529	その他の酒類製造	2.8	1.1	91.7	4.3
1531	炭酸飲料製造	4.8	0.2	16.0	78.9
1532	瓶入り・缶入り飲用水製造	2.7	1.8	57.2	38.3
1533	果実・野菜ジュース製造	7.3	3.0	40.0	49.7
1534	乳飲料・植物蛋白飲料製造	2.5	8.5	55.2	33.7
1535	固体飲料製造	0.4	1.9	74.7	23.0
1539	茶系飲料及びその他の清涼飲料の製造	0.4	0.6	16.8	82.2
1540	製茶	3.5	6.6	87.3	2.5
16	たばこ製造業	99.3	0.4	0.3	0.0
1610	葉たばこ再乾燥	96.2	1.3	2.5	0.0
1620	巻たばこ製造	99.8	0.2	0.0	0.0
1690	その他のたばこ製品加工	52.9	19.2	27.9	0.0
17	紡織業	3.5	3.6	77.3	15.6
1711	綿・化繊紡織加工	5.2	3.1	82.2	9.5
1712	綿・化繊織物染色	2.6	4.1	70.7	22.6
1721	そ（梳）毛加工	0.7	2.4	77.3	19.6
1722	毛紡織	3.7	10.5	77.2	8.6
1723	毛織物染色整理	0.0	3.2	60.1	36.7
1730	麻紡織	7.5	4.3	76.6	11.6
1741	製糸	3.4	4.2	90.8	1.6
1742	絹・人絹織物	1.4	1.0	84.8	12.7
1743	絹・人絹織物染色	2.5	8.8	74.6	14.1
1751	綿・化繊製品製造	1.3	2.2	74.2	22.3
1752	毛製品製造	1.2	12.7	76.7	9.4
1753	麻製品製造	2.7	8.8	81.3	7.2
1754	絹・人絹製品製造	1.5	2.9	77.5	18.1
1755	ひも類・ロープ・より糸及び網の製造	0.8	2.5	83.1	13.6
1756	コンベヤ用の繊維製ベルト・コードファブリック製造	1.7	2.4	79.2	16.6
1757	不織布製造	2.0	3.1	69.6	25.2
1759	その他の紡織製品製造	2.4	1.8	67.0	28.9
1761	綿・化繊ニット製品製造	2.2	3.4	69.9	24.4
1762	毛ニット製品製造	1.3	4.8	70.0	23.9
1763	絹・人絹ニット製品製造	0.5	2.6	78.0	18.9
1769	その他のニット製品製造	3.6	1.5	71.0	23.9

業種分布（資産）				135 産業 連関部門		40 産業 連関部門	
国有	民間	外資	中国資本				
0.00	0.02	0.02	0.01				
0.14	0.66	1.11	0.27				
0.01	0.04	0.03	0.02				
0.07	0.13	0.01	0.10				
0.04	0.14	0.40	0.05		022 発酵アルコール・酒類製造業		
0.00	0.01	0.00	0.01				
0.01	0.03	0.04	0.01				
0.00	0.01	0.01	0.01				
0.00	0.04	0.15	0.01				06 (3/3)	
0.00	0.05	0.07	0.02				
0.00	0.08	0.19	0.02				
0.00	0.03	0.06	0.01		023 清涼飲料製造業・製茶業		
0.00	0.02	0.03	0.01				
0.00	0.03	0.12	0.00				
0.00	0.05	0.01	0.02				
0.38	0.01	0.00	0.26				
0.01	0.00	0.00	0.01				
0.37	0.00	0.00	0.25		024 たばこ製造業		07 たばこ	
0.00	0.00	0.00	0.00				
0.11	2.15	2.08	0.79				
0.07	0.86	0.58	0.36		025 綿・化繊紡織・染色加工業		
0.01	0.24	0.35	0.08				
0.00	0.02	0.02	0.00		026 毛紡織・染色整理加工業		
0.01	0.11	0.08	0.05				
0.00	0.02	0.04	0.01				
0.00	0.03	0.02	0.01				
0.00	0.03	0.00	0.01		027 麻紡織及び絹・人絹織物・染色加工業		
0.00	0.10	0.09	0.04				
0.00	0.02	0.01	0.01				
0.00	0.15	0.16	0.05				08 紡織	
0.00	0.02	0.01	0.01				
0.00	0.01	0.00	0.00				
0.00	0.02	0.02	0.01		028 紡織製品製造業		
0.00	0.01	0.01	0.00				
0.00	0.04	0.04	0.01				
0.00	0.05	0.07	0.01				
0.00	0.05	0.08	0.01				
0.00	0.22	0.30	0.07				
0.00	0.11	0.12	0.04		029 ニット製品製造業		
0.00	0.02	0.02	0.01				
0.00	0.03	0.04	0.01				

国民経済業種分類（GB/T4754-2002）	所有制分布（売上高）			
	国有	集団	私有	外資
18 衣服（靴）製造業	1.3	3.0	65.2	30.5
1810 織物製衣服製造	1.3	3.0	65.1	30.5
1820 織物製靴製造	0.4	2.4	69.0	28.1
1830 帽子製造	0.4	1.1	61.7	36.8
19 皮革羽毛製品製造業	0.8	3.0	59.3	36.9
1910 皮のなめし加工	0.2	8.0	65.1	26.6
1921 革製履物製造	0.5	2.2	52.6	44.7
1922 革製衣服製造	0.0	1.9	81.6	16.5
1923 革製かばん・袋物製造	0.4	1.1	49.1	49.3
1924 革製手袋・革製装飾品製造	0.1	1.0	57.0	41.9
1929 その他の革製品製造	9.1	5.3	49.4	36.3
1931 毛皮のなめし加工	0.0	0.2	90.3	9.6
1932 毛皮製衣服加工	4.6	2.1	82.7	10.6
1939 その他の毛皮製品加工	0.1	2.7	85.7	11.5
1941 羽毛加工	0.1	2.1	87.4	10.4
1942 羽毛製品製造	1.2	3.2	65.4	30.3
20 木材類加工製造業	2.6	2.6	86.7	8.1
2011 製材	3.0	3.1	89.2	4.7
2012 木材チップ加工	2.0	1.2	94.0	2.8
2021 合板製造	1.0	2.9	89.7	6.4
2022 繊維板製造	9.4	4.6	78.1	7.9
2023 パーティクルボード製造	14.8	1.2	78.9	5.1
2029 その他の木製板・材料の製造	0.3	0.8	89.6	9.3
2031 建築用木製材料及び木製組立材料の製造	2.0	2.0	81.0	15.1
2032 木製容器製造	0.6	6.1	82.5	10.8
2039 コルク製品及びその他の木製品の製造	2.0	1.7	81.7	14.5
2040 竹・とう・しゅろ・草製品製造	0.6	2.8	88.1	8.6
21 家具製造業	1.9	1.5	70.5	26.1
2110 木製家具製造	0.6	1.4	75.8	22.1
2120 竹製・とう家具製造	3.3	2.1	74.5	20.2
2130 金属製家具製造	6.2	1.4	63.8	28.6
2140 プラスチック製家具製造	0.1	1.4	73.7	24.8
2190 その他の家具製造	0.2	1.8	58.6	39.4
22 製紙業	8.0	5.2	62.9	23.8
2210 パルプ製造	17.2	3.3	25.6	53.8
2221 洋紙・板紙製造	14.0	5.2	59.0	21.8
2222 手すき製紙	4.0	2.9	81.1	11.9
2223 加工紙製造	3.3	6.0	67.8	22.8
2231 紙・紙板容器製造	1.3	6.5	70.0	22.3
2239 その他の紙製品製造	0.9	2.8	68.6	27.6
23 印刷業	11.2	6.3	66.8	15.6

付録2　第2次経済センサス個票データベース

業種分布（資産）				135 産業 連関部門	40 産業 連関部門
国有	民間	外資	中国資本		
0.01	0.90	1.43	0.26		
0.01	0.86	1.36	0.25	030 衣服（靴）製造業	09 衣服・革製品（1/2）
0.00	0.03	0.04	0.01		
0.00	0.01	0.02	0.00		
0.01	0.45	0.87	0.12		
0.00	0.07	0.12	0.02		
0.00	0.20	0.46	0.05		
0.00	0.02	0.02	0.01		
0.00	0.06	0.15	0.01		
0.00	0.01	0.02	0.00		
0.00	0.02	0.04	0.01	031 皮革羽毛製品製造業	09 （2/2）
0.00	0.01	0.00	0.00		
0.00	0.01	0.01	0.00		
0.00	0.01	0.01	0.00		
0.00	0.01	0.00	0.00		
0.00	0.02	0.04	0.01		
0.02	0.47	0.30	0.19		
0.00	0.05	0.02	0.02		
0.00	0.03	0.01	0.01		
0.00	0.10	0.05	0.04		
0.01	0.08	0.06	0.03		
0.00	0.01	0.01	0.01	032 木材類加工製造業	10 製材・家具（1/2）
0.00	0.06	0.05	0.02		
0.00	0.06	0.06	0.02		
0.00	0.01	0.01	0.01		
0.00	0.03	0.03	0.01		
0.00	0.03	0.02	0.01		
0.00	0.33	0.48	0.10		
0.00	0.21	0.28	0.07		
0.00	0.00	0.01	0.00	033 家具製造業	10 （2/2）
0.00	0.06	0.11	0.02		
0.00	0.00	0.01	0.00		
0.00	0.05	0.08	0.01		
0.12	0.91	1.65	0.31		
0.02	0.06	0.22	0.02		
0.10	0.47	0.88	0.18		
0.00	0.00	0.00	0.00	034 製紙業	11 製紙・印刷（1/2）
0.00	0.04	0.06	0.01		
0.00	0.22	0.30	0.07		
0.00	0.11	0.19	0.03		
0.05	0.40	0.40	0.17		

国民経済業種分類 (GB/T4754-2002)	所有制分布 (売上高)			
	国有	集団	私有	外資
2311 本・新聞・雑誌印刷	21.8	5.8	59.0	13.5
2312 帳面類印刷製造	6.2	7.5	73.0	13.3
2319 包装紙及びその他の印刷	7.5	6.3	70.0	16.2
2320 製本及びその他の印刷関連サービス	15.8	8.3	62.5	13.4
2330 記録媒体複製	16.7	3.9	47.4	32.0
24 文化教育運動用具製造業	1.6	3.1	50.1	45.2
2411 文房具製造	0.1	0.9	52.0	47.0
2412 筆類製造	3.6	3.0	62.8	30.6
2413 教材用模型及び教具の製造	3.3	3.3	79.9	13.6
2414 インキ・墨汁製造	2.1	5.7	49.8	42.4
2419 その他の文化用品製造	6.5	0.8	53.9	38.8
2421 ボール類製造	6.0	1.5	43.9	48.7
2422 運動機材及び部品の製造	1.3	1.1	47.0	50.5
2423 トレーニング・フィットネス器材製造	0.3	1.3	51.7	46.6
2424 運動防護用具製造	0.0	2.6	26.4	71.0
2429 その他の運動用具製造	0.5	2.3	47.6	49.6
2431 中国楽器製造	0.2	8.9	71.9	19.0
2432 西洋楽器製造	14.4	2.5	44.4	38.7
2433 電子楽器製造	0.0	0.1	29.7	70.2
2439 その他の楽器及び部品の製造	0.3	3.4	48.8	47.6
2440 がん具製造	0.5	4.7	47.4	47.4
2451 室外用娯楽設備製造	1.1	2.4	88.3	8.2
2452 娯楽用具及び室内娯楽器材の製造	0.1	0.6	56.3	43.0
25 石油精製及びコークス製造業	72.0	1.5	23.0	3.5
2511 石油精製	84.0	0.7	13.0	2.3
2512 オイル・シェールなどからの原油採取	0.9	1.6	49.9	47.7
2520 コークス製造	20.7	4.7	66.2	8.4
2530 核燃料製造	98.7	0.0	1.3	0.0
26 化学製品製造業	23.1	4.7	52.5	19.7
2611 無機酸類製造	10.0	7.4	68.9	13.7
2612 ソーダ類製造	64.1	2.4	27.3	6.2
2613 無機塩類製造	12.7	5.4	77.6	4.3
2614 有機化学原料製造	47.5	2.7	33.5	16.3
2619 その他の基礎化学原料製造	20.3	7.0	57.9	14.8
2621 窒素質肥料製造	49.5	4.1	44.3	2.1
2622 りん酸質肥料製造	47.0	1.6	50.8	0.6
2623 カリ質肥料製造	54.6	2.4	24.7	18.3
2624 複合肥料製造	31.9	3.1	58.6	6.3
2625 有機質肥料及び微生物肥料の製造	2.5	1.4	91.1	5.0
2629 その他の肥料製造	6.3	7.6	78.2	7.9

業種分布（資産）				135 産業 連関部門	40 産業 連関部門
国有	民間	外資	中国資本		
0.02	0.08	0.08	0.04	035 印刷業	11 (2/2)
0.00	0.03	0.03	0.01		
0.02	0.25	0.24	0.10		
0.00	0.02	0.02	0.01		
0.00	0.01	0.02	0.00		
0.01	0.25	0.58	0.06	036 文化教育運動用具製造業	24 その他の製品 (1/3)
0.00	0.02	0.05	0.01		
0.00	0.02	0.03	0.01		
0.00	0.01	0.00	0.00		
0.00	0.00	0.00	0.00		
0.00	0.00	0.01	0.00		
0.00	0.01	0.02	0.00		
0.00	0.02	0.05	0.00		
0.00	0.02	0.05	0.00		
0.00	0.01	0.03	0.00		
0.00	0.01	0.03	0.00		
0.00	0.00	0.00	0.00		
0.00	0.01	0.03	0.00		
0.00	0.00	0.01	0.00		
0.00	0.00	0.01	0.00		
0.00	0.10	0.25	0.02		
0.00	0.01	0.00	0.00		
0.00	0.00	0.01	0.00		
0.65	0.56	0.36	0.64		
0.56	0.18	0.14	0.44	037 石油精製業 (1/2)	12 石油精製 (1/2)
0.00	0.00	0.01	0.00		
0.08	0.38	0.21	0.19	038 コークス製造業	02 (2/2)
0.01	0.00	0.00	0.01	037 (2/2)	12 (2/2)
0.84	2.59	3.66	1.33		
0.01	0.05	0.04	0.02	039 基礎化学原料製造業	13 基礎化学原料・石化工業 (1/3)
0.08	0.06	0.04	0.07		
0.02	0.10	0.03	0.05		
0.20	0.29	0.56	0.21		
0.03	0.12	0.17	0.06		
0.16	0.13	0.02	0.16	040 肥料製造業	14 その他の化学工業 (1/3)
0.03	0.02	0.00	0.03		
0.02	0.02	0.02	0.02		
0.04	0.10	0.05	0.07		
0.00	0.02	0.01	0.01		
0.00	0.00	0.00	0.00		

国民経済業種分類 (GB/T4754-2002)		所有制分布 (売上高)			
		国有	集団	私有	外資
2631	化学農薬製造	18.1	3.9	70.0	8.0
2632	生物化学農薬及び微生物農薬の製造	2.7	13.2	71.8	12.3
2641	塗料製造	3.3	3.6	56.1	37.0
2642	印刷インキ製造	4.0	3.2	49.2	43.6
2643	無機顔料製造	6.5	7.3	66.5	19.7
2644	染料・有機顔料製造	3.0	5.8	68.3	22.9
2645	充填材及び類似製品の製造	2.5	2.1	63.0	32.4
2651	プラスチック及び合成樹脂の製造	19.4	5.4	43.4	31.9
2652	合成ゴム製造	11.7	1.4	41.8	45.0
2653	合成繊維単量体・重合体製造	41.7	11.7	20.8	25.9
2659	その他の合成材料製造	7.2	8.7	55.1	28.9
2661	化学試薬・触媒製造	5.1	7.7	74.7	12.5
2662	専用化学製品製造	8.5	6.0	60.6	24.8
2663	木材化学製品製造	6.9	2.3	80.2	10.6
2664	火薬類製造	23.5	4.9	70.5	1.1
2665	情報用化学製品製造	14.6	1.7	37.8	45.9
2666	環境汚染処理用薬剤材料製造	2.9	2.6	54.5	39.9
2667	動物性ゼラチン製造	0.9	2.6	77.7	18.7
2669	その他の専用化学製品製造	3.1	2.5	71.3	23.1
2671	石けん・合成洗剤製造	5.4	1.8	52.3	40.6
2672	化粧品製造	1.6	0.8	40.5	57.0
2673	口腔ケア用品製造	20.0	0.2	24.1	55.7
2674	香料製造	3.5	2.7	54.1	39.7
2679	その他の日用化学製品製造	4.7	3.0	75.1	17.2
27	医薬品製造業	16.6	5.4	59.0	19.0
2710	医薬品原薬製造	21.4	4.4	58.9	15.4
2720	医薬品製剤製造	19.6	4.9	45.4	30.0
2730	生薬製造	8.2	6.1	78.3	7.4
2740	漢方製剤製造	19.2	4.6	66.0	10.2
2750	動物用医薬品製造	6.7	4.3	80.0	8.9
2760	生物学的製剤製造	8.4	5.7	61.4	24.5
2770	衛生用材料及び医薬用品製造	3.1	14.6	63.7	18.5
28	化学繊維製造業	12.2	4.4	67.2	16.2
2811	化繊パルプ製造	14.6	7.6	73.6	4.3
2812	繊維素繊維製造	54.1	1.9	31.5	12.6
2821	ナイロン繊維製造	19.9	2.9	55.1	22.2
2822	ポリエステル繊維製造	4.7	5.7	73.8	15.8
2823	アクリル繊維製造	56.4	1.1	38.5	4.1
2824	ビニロン繊維製造	84.0	0.0	5.1	10.9
2829	その他の合成繊維製造	0.8	0.4	76.2	22.6
29	ゴム製品製造業	13.5	4.6	56.1	25.8

業種分布（資産）				135 産業連関部門	40 産業連関部門
国有	民間	外資	中国資本		
0.02	0.09	0.05	0.05	041 農薬製造業	
0.00	0.01	0.01	0.00		
0.01	0.17	0.33	0.05	042 塗料・印刷インキ・顔料及び類似製品製造業	
0.00	0.03	0.06	0.01		
0.00	0.03	0.03	0.01		
0.00	0.06	0.07	0.02		
0.00	0.01	0.02	0.00		
0.06	0.29	0.55	0.11	043 合成材料製造業	13 (2/3)
0.00	0.03	0.08	0.01		
0.05	0.07	0.18	0.05		
0.00	0.03	0.05	0.01		
0.01	0.24	0.22	0.09	044 専用化学製品製造業	14 (2/3)
0.02	0.20	0.34	0.07		
0.00	0.02	0.01	0.01		
0.02	0.05	0.00	0.04		
0.01	0.07	0.19	0.02		
0.00	0.01	0.01	0.00		
0.00	0.01	0.01	0.00		
0.00	0.07	0.09	0.02		
0.01	0.06	0.11	0.02	045 日用化学製品製造業	
0.00	0.06	0.17	0.01		
0.00	0.01	0.02	0.00		
0.00	0.03	0.08	0.01		
0.00	0.02	0.03	0.01		
0.16	0.89	1.06	0.39		
0.04	0.18	0.20	0.09	046 医薬品製造業	14 (3/3)
0.06	0.25	0.39	0.11		
0.00	0.04	0.02	0.02		
0.04	0.21	0.13	0.10		
0.00	0.03	0.02	0.01		
0.01	0.13	0.25	0.04		
0.00	0.05	0.05	0.02		
0.06	0.37	0.48	0.15		
0.00	0.01	0.00	0.01	047 化学繊維製造業	13 (3/3)
0.02	0.03	0.03	0.02		
0.01	0.03	0.05	0.02		
0.01	0.24	0.29	0.08		
0.01	0.00	0.00	0.01		
0.00	0.00	0.00	0.00		
0.00	0.06	0.10	0.02		
0.05	0.40	0.72	0.14		

国民経済業種分類 (GB/T4754-2002)	所有制分布（売上高）			
	国有	集団	私有	外資
2911　自動車タイヤ・チューブ製造	24.7	4.0	43.6	27.7
2912　自転車タイヤ・チューブ製造	8.8	1.2	70.8	19.2
2913　ゴムタイヤ再生	1.6	11.9	79.9	6.7
2920　ゴム製板・管・ベルト製造	3.4	5.8	78.1	12.6
2930　ゴム製部品製造	3.2	5.9	68.7	22.2
2940　再生ゴム製造	0.6	5.0	80.6	13.7
2950　日用及び医療用ゴム製品製造	5.4	6.1	48.1	40.5
2960　ゴム製履物製造	9.3	2.4	55.3	32.9
2990　その他のゴム製品製造	1.0	5.4	63.4	30.2
30　　プラスチック製品製造業	3.7	3.5	66.0	26.8
3010　プラスチックフィルム製造	7.0	2.4	63.8	26.8
3020　プラスチック製板・管・異形押出製品製造	8.5	4.6	66.8	20.1
3030　プラスチック製糸・ひも・ニット製品製造	2.3	6.2	84.8	6.7
3040　発泡プラスチック製品製造	1.3	5.3	69.1	24.3
3050　合成皮革製造	0.3	2.3	73.4	24.0
3060　プラスチック製容器製造	2.8	2.1	66.3	28.8
3070　プラスチック製部品製造	1.1	3.2	52.4	43.3
3081　プラスチック製履物製造	0.2	2.2	63.9	33.7
3082　プラスチック製日用雑貨製造	0.7	3.9	62.7	32.7
3090　その他のプラスチック製品製造	1.9	2.1	61.6	34.4
31　　非金属鉱製品製造業	9.5	5.6	74.6	10.3
3111　セメント製造	27.0	7.9	56.6	8.5
3112　石灰・石こう製造	1.8	8.0	87.8	2.5
3121　コンクリート製品製造	9.3	4.5	76.1	10.0
3122　建築用プレキャストコンクリート製品製造	5.5	4.7	82.4	7.3
3123　石綿セメント製品製造	0.5	2.4	95.5	1.6
3124　軽量建築材料製造	11.5	2.5	75.2	10.8
3129　その他のコンクリート製品製造	4.9	6.5	78.8	9.8
3131　粘土かわら・れんが及び建築ブロックの製造	1.5	7.2	90.7	0.6
3132　建築用陶磁器製品製造	0.2	4.1	81.6	14.0
3133　建築用石材加工	1.4	4.9	80.8	12.9
3134　防水建築材料製造	2.4	9.9	81.1	6.6
3135　断熱・遮音材製造	5.2	4.5	77.2	13.1
3139　その他の建築材料製造	5.5	4.9	83.8	5.7
3141　板ガラス製造	17.1	8.2	50.9	23.8
3142　板ガラス加工	4.0	2.8	68.2	25.0
3143　光学ガラス製造	16.0	6.8	35.5	41.8
3144　理化学用・医療用ガラス器具製造	2.0	1.0	95.7	1.4
3145　日用ガラス製品及びガラス容器製造	2.2	2.8	82.7	12.3
3146　ガラス保温容器製造	2.1	7.9	79.3	10.8
3147　ガラス繊維・同製品製造	12.8	4.6	65.0	17.7

付録 2　第 2 次経済センサス個票データベース

業種分布（資産）				135 産業 連関部門	40 産業 連関部門
国有	民間	外資	中国資本		
0.04	0.18	0.42	0.07	048　ゴム製品製造業	15　プラスチック・ゴム製品 （1/2）
0.00	0.01	0.01	0.00		
0.00	0.00	0.00	0.00		
0.00	0.05	0.04	0.02		
0.00	0.05	0.07	0.02		
0.00	0.01	0.01	0.00		
0.00	0.02	0.04	0.00		
0.00	0.03	0.07	0.01		
0.00	0.05	0.07	0.01		
0.05	1.08	1.65	0.34	049　プラスチック製品製造業	15　（2/2）
0.01	0.15	0.24	0.05		
0.02	0.22	0.27	0.08		
0.00	0.09	0.03	0.04		
0.00	0.05	0.06	0.02		
0.00	0.05	0.06	0.02		
0.00	0.12	0.19	0.03		
0.00	0.13	0.28	0.03		
0.00	0.02	0.03	0.01		
0.00	0.09	0.16	0.03		
0.01	0.17	0.32	0.05		
0.33	2.41	1.91	1.07	050　セメント・石灰・石こう製造業	
0.19	0.56	0.50	0.32		
0.00	0.03	0.01	0.01		
0.02	0.27	0.14	0.12	051　コンクリート・石膏製品製造業	
0.00	0.07	0.03	0.03		
0.00	0.01	0.00	0.00		
0.01	0.03	0.03	0.01		
0.00	0.01	0.01	0.01		
0.01	0.22	0.01	0.10	052　かわら・れんが・石材及びその他の建築材料製造業	
0.00	0.14	0.15	0.04		
0.00	0.12	0.10	0.04		
0.00	0.03	0.01	0.01		
0.00	0.03	0.02	0.01		
0.00	0.04	0.02	0.02		
0.02	0.09	0.14	0.03		16　窯業・土石製品
0.00	0.11	0.18	0.03		
0.00	0.02	0.05	0.01		
0.00	0.01	0.00	0.00	053　ガラス及びガラス製品製造業	
0.00	0.06	0.06	0.02		
0.00	0.00	0.00	0.00		
0.02	0.07	0.10	0.03		

国民経済業種分類（GB/T4754-2002）	所有制分布（売上高）			
	国有	集団	私有	外資
3148　ガラス繊維強化プラスチック製品製造	6.4	2.6	80.4	10.7
3149　その他のガラス製品製造	1.5	1.7	75.8	21.1
3151　衛生陶器製造	2.6	3.8	68.5	25.1
3152　理化学用・工業用陶磁器製造	3.2	5.9	78.2	12.8
3153　日用陶磁器製造	3.9	3.7	78.3	14.2
3159　庭園・インテリア用芸術及びその他の陶磁器製品の製造	0.5	0.1	73.6	25.7
3161　石綿製品製造	2.2	8.1	86.3	3.4
3162　雲母製品製造	15.8	0.8	78.1	5.3
3169　耐火陶磁器製品及びその他の耐火材料の製造	4.0	5.9	81.0	9.1
3191　黒鉛及び炭素製品の製造	8.2	6.3	79.6	5.9
3199　その他の非金属鉱製品製造	8.2	3.5	79.1	9.2
32　　鉄鋼業	44.2	5.3	42.4	8.1
3210　製鉄	34.2	2.2	57.9	5.6
3220　製鋼	53.2	5.9	35.7	5.1
3230　圧延鋼材製造	45.2	5.1	40.4	9.3
3240　合金鉄製造	11.4	9.2	75.4	4.0
33　　非鉄金属製造業	30.7	6.8	52.2	10.3
3311　銅製錬・精製	61.7	1.0	34.1	3.2
3312　鉛・亜鉛製錬・精製	35.3	5.5	56.5	2.6
3313　ニッケル・コバルト製錬・精製	77.5	2.0	16.3	4.2
3314　すず製錬・精製	55.9	1.1	40.3	2.7
3315　アンチモン製錬・精製	29.7	5.6	60.0	4.7
3316　アルミ製錬・精製	49.8	3.2	35.9	11.2
3317　マグネシウム製錬・精製	1.5	3.5	84.8	10.2
3319　その他の常用非鉄金属製錬・精製	8.8	2.0	85.7	3.5
3321　金製錬・精製	65.4	6.1	28.2	0.3
3322　銀製錬・精製	2.8	4.7	92.2	0.4
3329　その他の貴金属製錬・精製	19.0	6.3	60.5	14.2
3331　タングステン・モリブデン製錬・精製	43.9	2.5	53.4	0.2
3332　希土類金属製錬・精製	26.1	7.4	56.0	10.5
3339　その他の希有金属製錬・精製	20.7	2.3	59.5	17.5
3340　非鉄金属合金製造	13.8	3.4	59.2	23.6
3351　常用非鉄金属圧延	9.0	11.2	65.1	14.7
3352　貴金属圧延	47.1	11.5	35.3	6.1
3353　希有金属圧延	8.6	14.8	51.1	25.5
34　　金属製品製造業	6.0	4.5	68.6	21.0
3411　構造用金属製品製造	5.8	5.3	75.5	13.3
3412　金属製サッシ・ドア製造	2.3	2.1	86.9	8.7
3421　機械刃物製造	9.9	5.1	69.6	15.4
3422　手道具製造	0.9	1.8	82.4	14.9
3423　農業用及び園芸用金属器具製造	1.5	3.6	83.5	11.3

付録2　第2次経済センサス個票データベース

業種分布（資産）				135 産業 連関部門	40 産業 連関部門
国有	民間	外資	中国資本		
0.00	0.03	0.03	0.01		
0.00	0.03	0.03	0.01		
0.00	0.03	0.05	0.01		
0.00	0.03	0.03	0.01	054 陶磁器製品製造業	
0.00	0.04	0.03	0.02		
0.00	0.01	0.02	0.00		
0.00	0.01	0.00	0.00		
0.00	0.00	0.00	0.00	055 耐火材料製造業	
0.01	0.14	0.08	0.06		
0.01	0.08	0.03	0.04	056 黒鉛及びその他の非金属鉱製品製造業	
0.01	0.09	0.06	0.04		
1.80	1.94	1.58	1.88		
0.06	0.15	0.06	0.10	057 製鉄業	
0.39	0.27	0.18	0.36	058 製鋼業	17 鉄鋼
1.33	1.36	1.28	1.35	059 圧延鋼材製造業	
0.02	0.15	0.05	0.07	060 合金鉄製造業	
0.52	1.09	0.92	0.73		
0.11	0.05	0.02	0.09		
0.04	0.09	0.03	0.06		
0.04	0.02	0.03	0.03		
0.01	0.01	0.00	0.01		
0.00	0.00	0.00	0.00		
0.16	0.23	0.23	0.18		
0.00	0.02	0.01	0.01	061 非鉄金属製錬・精製・合金製造業	18 非鉄金属
0.00	0.02	0.00	0.01		
0.03	0.01	0.00	0.02		
0.00	0.01	0.00	0.00		
0.00	0.00	0.00	0.00		
0.03	0.02	0.00	0.03		
0.01	0.02	0.02	0.01		
0.01	0.02	0.01	0.01		
0.01	0.05	0.08	0.02		
0.06	0.47	0.45	0.20		
0.00	0.02	0.01	0.01	062 非鉄金属圧延加工業	
0.00	0.02	0.02	0.01		
0.08	1.49	1.69	0.53		
0.02	0.40	0.29	0.16		
0.00	0.12	0.04	0.05		
0.00	0.04	0.05	0.02	063 金属製品製造業	21 金属製品
0.00	0.03	0.03	0.01		
0.00	0.01	0.01	0.00		

国民経済業種分類 (GB/T4754-2002)	所有制分布 (売上高)			
	国有	集団	私有	外資
3424 日用刃物類金属道具製造	0.4	0.7	75.7	23.2
3429 その他の金属工具製造	1.4	3.3	71.7	23.7
3431 コンテナ製造	20.8	4.9	15.1	59.2
3432 金属圧力容器製造	12.5	7.9	63.1	16.6
3433 金属容器製造	6.6	4.4	52.8	36.2
3440 ワイヤロープ及び同製品製造	15.7	5.7	62.1	16.6
3451 建築・家具用金属部品製造	0.8	2.9	65.7	30.6
3452 建築装飾用及び温水暖房装置・配管工事用部品の製造	3.0	2.2	71.6	23.2
3453 防護用・消防用金属製品製造	0.5	7.8	74.9	16.9
3459 その他の建築・防護用金属製品製造	1.1	7.4	72.1	19.4
3460 金属表面処理及び熱処理	2.2	8.5	69.4	19.9
3471 工業用ほうろう製品製造	7.6	7.4	84.2	0.9
3472 ほうろう衛生器具製造	0.0	2.7	65.8	31.4
3479 ほうろう日用品及びその他のほうろう製品の製造	1.1	5.5	85.2	8.3
3481 金属製調理用器具及び衛生器具の製造	0.7	0.8	48.4	50.1
3482 金属製台所用器具及び卓上用食器の製造	0.9	1.3	70.9	27.0
3489 その他の日用金属製品製造	3.2	1.3	66.4	29.0
3491 硬貨鋳造及び貴金属製実験室用品の製造	94.2	0.2	4.6	1.0
3499 他の分類されない金属製品製造	5.3	4.8	68.6	21.2
35 はん用機器製造業	14.5	4.0	64.1	17.5
3511 ボイラ及び附属品の製造	39.4	4.4	45.5	10.7
3512 はん用内燃機関及び部品の製造	43.2	2.7	42.9	11.1
3513 蒸気タービン及び附属品の製造	78.9	1.3	13.5	6.3
3514 水力タービン及び附属品の製造	16.0	1.5	61.4	21.1
3519 その他の原動機製造	10.8	0.3	31.1	57.9
3521 金属工作機械製造	42.6	3.3	45.3	8.8
3522 金属加工機械製造	7.4	3.2	73.5	15.9
3523 鋳造機械製造	2.0	8.1	80.0	9.9
3524 金属せん断機及び溶接機の製造	6.7	3.4	68.0	22.0
3525 金属工作機械用・金属加工機械用部分品・附属品製造	5.8	7.2	80.1	6.9
3529 その他の金属加工機械製造	3.2	4.1	81.1	11.6
3530 運搬装置製造	29.5	3.4	42.7	24.3
3541 ポンプ及び真空装置製造	8.2	5.3	70.6	15.8
3542 空気・ガス圧縮機製造	14.2	2.0	40.6	43.1
3543 弁・同附属品製造	3.3	4.0	73.2	19.5
3544 油圧・空圧機器及び同部品の製造	6.2	2.4	67.8	23.5
3551 軸受製造	12.7	1.7	64.5	21.0
3552 動力伝導装置製造	9.1	3.5	69.9	17.5
3560 工業窯炉製造	4.5	4.9	70.5	20.1
3571 送風機製造	25.4	4.9	52.7	17.0
3572 気体・液体の分離及び浄化装置製造	8.8	4.7	68.8	17.7

付録2　第2次経済センサス個票データベース　　　　　　　　　　229

業種分布（資産）				135 産業 連関部門	40 産業 連関部門
国有	民間	外資	中国資本		
0.00	0.02	0.02	0.01		
0.00	0.04	0.05	0.01		
0.01	0.03	0.11	0.01		
0.00	0.04	0.03	0.02		
0.00	0.06	0.12	0.02		
0.01	0.11	0.14	0.05		
0.00	0.06	0.10	0.02		
0.00	0.07	0.09	0.03		
0.00	0.02	0.05	0.00		
0.00	0.01	0.01	0.00		
0.00	0.12	0.14	0.04		
0.00	0.00	0.00	0.00		
0.00	0.01	0.01	0.00		
0.00	0.01	0.00	0.00		
0.00	0.03	0.05	0.01		
0.00	0.06	0.08	0.02		
0.00	0.05	0.09	0.02		
0.00	0.00	0.00	0.00		
0.01	0.13	0.17	0.04		
0.45	2.31	2.59	1.04		
0.06	0.09	0.10	0.07		
0.04	0.06	0.06	0.05		
0.06	0.01	0.03	0.04	064 ボイラ及び原動機製造業	
0.00	0.01	0.01	0.00		
0.00	0.01	0.02	0.00		22 重要設備 (1/6)
0.05	0.07	0.07	0.06		
0.00	0.03	0.04	0.01		
0.00	0.03	0.02	0.01	065 金属加工機械製造業	
0.00	0.03	0.03	0.01		
0.00	0.02	0.01	0.01		
0.00	0.05	0.03	0.02		
0.08	0.19	0.29	0.10	066 運搬装置製造業	
0.01	0.10	0.09	0.04		
0.01	0.06	0.14	0.02	067 ポンプ・弁・圧縮機及 び類似機械製造業	
0.00	0.13	0.13	0.05		
0.01	0.11	0.15	0.04		
0.02	0.14	0.21	0.05		
0.01	0.09	0.08	0.03		23 その他の機器 (1/7)
0.00	0.02	0.02	0.01	068 その他のはん用機器製 造業	
0.02	0.04	0.04	0.02		
0.00	0.04	0.05	0.02		

国民経済業種分類（GB/T4754-2002）		所有制分布（売上高）			
		国有	集団	私有	外資
3573	冷凍機・空調設備製造	8.5	2.9	48.0	40.6
3574	空気動・電動工具製造	0.4	0.9	60.5	38.2
3575	ノズル及び類似器具の製造	2.7	2.3	76.4	18.6
3576	包装・荷造機械製造	8.5	3.1	70.1	18.2
3577	はかり製造	2.7	3.8	62.0	31.5
3579	その他のはん用機械器具製造	9.4	2.8	71.1	16.7
3581	金属製パッキング	3.3	5.6	79.0	12.1
3582	締め付け金具・スプリング製造	3.9	3.6	73.8	18.6
3583	機械部品加工及び設備修理	8.5	6.9	77.2	7.3
3589	その他のはん用機械部品製造	4.6	2.3	79.7	13.4
3591	鉄鋼鋳造	5.2	5.0	81.7	8.1
3592	鍛造及び粉末冶金製品の製造	6.0	6.1	75.8	12.2
36	特殊産業用機械製造業	22.7	3.7	52.4	21.3
3611	鉱業・採石業用機械製造	36.3	5.6	51.0	7.1
3612	石油さく井用機械製造	36.0	8.1	43.7	12.2
3613	建設業用機械製造	26.9	0.5	38.3	34.4
3614	建築材料生産用機械製造	12.3	5.9	73.9	7.9
3615	冶金用機械製造	62.9	2.1	28.9	6.2
3621	石油製品用・化学工業用機械製造	20.0	4.0	66.0	10.0
3622	ゴム加工機械製造	20.5	2.4	59.2	17.8
3623	プラスチック加工機械製造	0.4	1.7	55.4	42.5
3624	木材加工機械製造	3.9	1.3	76.6	18.1
3625	金型製造	2.8	1.0	57.9	38.3
3629	その他の非金属加工機械製造	7.1	6.3	73.4	13.2
3631	食品・飲料・たばこ製造機械製造	19.6	5.8	59.9	14.7
3632	農副食品加工機械製造	3.6	13.3	76.6	6.5
3633	飼料生産機械製造	1.8	2.1	88.5	7.6
3641	パルプ装置・製紙機械製造	2.7	6.8	73.4	17.0
3642	印刷・製本機械製造	13.6	3.3	52.3	30.7
3643	日用化学工業用機械製造	1.5	2.6	66.7	29.3
3644	製薬機械製造	6.7	1.0	86.2	6.1
3645	照明器具生産機械製造	0.5	1.2	68.1	30.2
3646	ガラス・陶磁器・ほうろう製品生産機械製造	9.8	8.2	70.5	11.5
3649	その他の日用品生産機械製造	1.0	2.6	56.8	39.7
3651	紡織用機械製造	14.5	2.0	65.9	17.6
3652	なめし革・毛皮及び同製品製造機械の製造	0.1	2.0	61.3	36.6
3653	縫製機械製造	6.9	1.6	59.4	32.1
3659	その他の衣服製造機械製造	2.4	4.9	76.6	16.1
3661	電工機械用装置製造	10.7	6.9	66.0	16.4
3662	電子工業用機械製造	9.3	2.9	47.1	40.7
3663	武器弾薬製造	99.1	0.1	0.8	0.0

付録 2　第 2 次経済センサス個票データベース　　　231

業種分布（資産）				135 産業 連関部門	40 産業 連関部門
国有	民間	外資	中国資本		
0.01	0.13	0.26	0.04		
0.00	0.05	0.07	0.01		
0.00	0.01	0.01	0.00		
0.00	0.02	0.02	0.01		
0.00	0.01	0.01	0.00		
0.01	0.07	0.08	0.03		
0.00	0.03	0.03	0.01		
0.00	0.11	0.14	0.04		
0.01	0.15	0.07	0.06		
0.00	0.06	0.05	0.02		
0.02	0.25	0.14	0.10		
0.01	0.11	0.08	0.05		
0.40	1.42	2.06	0.68		
0.06	0.08	0.07	0.07		
0.04	0.09	0.10	0.05	069 鉱山・冶金・建設用機械製造業	
0.04	0.17	0.30	0.07		
0.00	0.03	0.01	0.01		
0.08	0.04	0.05	0.06		22（2/6）
0.01	0.04	0.03	0.02		
0.00	0.01	0.02	0.01		
0.00	0.05	0.10	0.01	070 化学工業・木材・非金属加工用機械製造業	
0.00	0.01	0.02	0.00		
0.00	0.20	0.43	0.05		
0.00	0.01	0.01	0.00		
0.01	0.02	0.02	0.01		
0.00	0.02	0.01	0.01		
0.00	0.00	0.00	0.00		
0.00	0.02	0.03	0.01		
0.01	0.02	0.04	0.01		
0.00	0.00	0.01	0.00		
0.00	0.01	0.00	0.00		
0.00	0.01	0.01	0.00	072 その他の特殊産業用機械製造業（1/2）	23（2/7）
0.00	0.01	0.01	0.00		
0.00	0.00	0.01	0.00		
0.01	0.08	0.08	0.03		
0.00	0.00	0.01	0.00		
0.00	0.04	0.05	0.01		
0.00	0.00	0.00	0.00		
0.00	0.02	0.02	0.01		
0.01	0.05	0.11	0.02		
0.07	0.00	0.00	0.05		

国民経済業種分類（GB/T4754-2002）	所有制分布（売上高）			
	国有	集団	私有	外資
3669 航空・宇宙飛行及びその他の産業用機械の製造	64.5	0.5	23.5	11.6
3671 トラクタ製造	42.2	3.6	45.9	8.3
3672 農業用・園芸用機械製造	3.4	2.7	77.0	17.0
3673 育林及び木材伐採機械製造	11.6	0.5	24.4	63.6
3674 畜産業用機械製造	1.1	4.0	44.9	50.0
3675 漁業用機械製造	0.9	1.5	68.1	29.5
3676 農林漁業用機械附属品製造	0.2	7.6	85.6	6.7
3679 その他の農林漁業用機械製造・修理	49.0	4.8	45.9	0.3
3681 医療診断・監視・治療用装置製造	4.9	1.6	33.6	59.9
3682 口腔科用装置・器具製造	5.7	3.9	63.4	27.0
3683 実験室用・医療用消毒装置・器具製造	20.0	1.9	69.5	8.6
3684 医療，外科及び獣医用機械器具	3.3	10.2	52.3	34.2
3685 機械治療及び看護装置製造	1.0	9.8	56.4	32.8
3686 義肢・義足・人工器官及び植え込み機械器具製造	7.5	0.8	33.0	58.7
3689 その他の医療装置及び機械器具の製造	4.3	1.6	54.6	39.5
3691 環境汚染防止処理装置製造	6.6	2.6	77.1	13.7
3692 地質探査装置製造	50.0	9.8	37.9	2.3
3693 郵便用機械器材製造	29.2	0.9	51.4	18.5
3694 商業用・飲食業用・サービス業用装置製造	3.8	0.2	63.4	32.6
3695 社会公共安全用装置器材製造	2.8	12.9	55.4	28.9
3696 交通安全用及び管制用装置の製造	9.5	2.7	81.7	6.0
3697 水資源用機械製造	7.5	5.1	76.9	10.4
3699 その他の特殊産業用機械製造	16.1	4.8	52.6	26.4
37　輸送機器製造業	43.8	2.7	34.8	18.7
3711 鉄道車両製造	92.9	0.2	4.2	2.8
3712 産業用軌道車両製造	30.1	3.1	55.5	11.4
3713 鉄道車両部品製造	36.0	11.1	43.0	9.9
3714 鉄道用装置及び器材・部品の製造	48.7	6.7	33.8	10.8
3719 その他の鉄道用装置製造・修理	81.4	8.6	7.1	2.9
3721 自動車完成車製造	77.2	1.0	13.4	8.4
3722 改造自動車製造	29.9	6.4	58.6	5.0
3723 路面電車・トロリーバス製造	3.1	0.5	85.3	11.1
3724 自動車車体・附随車製造	19.2	3.5	68.0	9.3
3725 自動車部品・附属品製造	13.1	4.2	46.4	36.3
3726 自動車修理	9.8	8.0	77.0	5.2
3731 オートバイ製造	20.2	0.8	56.0	22.9
3732 オートバイ部品・附属品製造	6.2	2.9	82.3	8.6
3741 自転車及び車いす製造	2.9	0.8	47.1	49.2
3742 アシスト自転車製造	0.3	1.1	82.6	15.9
3751 金属製船舶製造	44.9	1.0	40.4	13.8
3752 非金属製船舶製造	6.7	1.9	81.7	9.8

付録2　第2次経済センサス個票データベース

業種分布（資産）				135産業 連関部門	40産業 連関部門
国有	民間	外資	中国資本		
0.00	0.00	0.00	0.00		
0.01	0.01	0.01	0.01		
0.00	0.04	0.03	0.01		
0.00	0.00	0.00	0.00		
0.00	0.00	0.00	0.00	071 農林漁業用機械製造業	22（3/6）
0.00	0.00	0.00	0.00		
0.00	0.02	0.01	0.01		
0.00	0.01	0.00	0.01		
0.00	0.04	0.08	0.01		
0.00	0.00	0.00	0.00		
0.00	0.00	0.00	0.00		
0.00	0.03	0.05	0.01		
0.00	0.01	0.00	0.00		
0.00	0.01	0.01	0.00		
0.00	0.02	0.05	0.01		
0.01	0.08	0.07	0.03	072（2/2）	23（3/7）
0.00	0.00	0.00	0.00		
0.00	0.00	0.00	0.00		
0.00	0.00	0.00	0.00		
0.00	0.03	0.03	0.01		
0.00	0.00	0.00	0.00		
0.00	0.01	0.01	0.00		
0.01	0.06	0.11	0.02		
1.39	2.17	3.57	1.52		
0.05	0.01	0.02	0.04		
0.00	0.00	0.00	0.00	073 鉄道輸送機器・装置製造業	22（4/6）
0.01	0.03	0.02	0.02		
0.01	0.02	0.02	0.01		
0.02	0.00	0.00	0.01		
0.63	0.29	0.50	0.50		
0.03	0.08	0.03	0.05		
0.00	0.00	0.00	0.00	074 自動車製造業	19 自動車
0.00	0.02	0.02	0.01		
0.11	0.98	2.02	0.31		
0.01	0.06	0.02	0.03		
0.02	0.06	0.08	0.03		
0.01	0.09	0.05	0.04	076 その他の輸送機器製造業（1/2）	23（4/7）
0.00	0.05	0.12	0.01		
0.00	0.02	0.02	0.01		
0.25	0.31	0.42	0.26	075 船舶及び浮体型装置製造業	22（5/6）
0.00	0.01	0.00	0.00		

国民経済業種分類（GB/T4754-2002）	所有制分布（売上高）			
	国有	集団	私有	外資
3753 娯楽用・スポーツ用舟艇製造・修理	6.1	1.2	58.1	34.5
3754 船用附属装置製造	23.3	3.1	54.5	19.1
3755 船舶修理・分解	61.8	3.7	29.9	4.6
3759 航路標識及びその他の浮体型装置の製造	70.4	2.6	22.1	4.8
3761 飛行機製造・修理	83.5	0.6	2.4	13.6
3762 宇宙船製造	98.0	1.0	0.9	0.0
3769 その他の航空機製造	1.0	0.0	64.4	34.5
3791 潜水及び水中救助装置製造	10.6	0.0	52.6	36.8
3792 交通管理用金属標識及び装置の製造	3.6	10.0	74.1	12.4
3799 その他の輸送用機械器具製造	1.9	38.9	36.1	23.0
39 電気機器製造業	8.1	6.6	56.4	28.9
3911 発電機製造	23.3	2.4	48.9	25.4
3912 電動機製造	13.9	7.4	59.4	19.3
3919 小形モータ及びその他の電機の製造	1.4	5.3	57.1	36.3
3921 変圧器・整流器・インダクター製造	12.6	9.5	50.7	27.3
3922 電力用コンデンサ及びその複合装置の製造	3.8	2.5	59.6	34.1
3923 配電開閉装置製造	10.6	8.4	62.4	18.5
3924 電力用電子部品・装置製造	4.0	2.1	52.4	41.6
3929 その他の配電及び制御装置の製造	7.0	8.2	66.5	18.2
3931 電線・ケーブル製造	4.6	6.6	72.8	16.1
3932 光ファイバケーブル製造	12.7	2.8	69.4	15.2
3933 絶縁材料製品製造	2.8	7.0	58.2	32.0
3939 その他の電工器材製造	13.0	5.0	57.8	24.2
3940 電池製造	5.4	1.6	38.6	54.4
3951 家庭用電気冷蔵庫製造	9.6	40.3	28.3	21.9
3952 家庭用空調製造	22.9	1.6	48.4	27.1
3953 家庭用扇風・通気・換気電器製造	0.2	1.2	55.1	43.5
3954 家庭用ちゅう房器具製造	0.8	0.7	43.6	54.9
3955 家庭用衣料衛生関連電器製造	4.3	3.6	39.2	52.9
3956 家庭用理美容・保健用電器製造	0.0	0.5	40.1	59.4
3957 家庭用電器部品・附属品製造	6.4	4.5	68.2	20.9
3959 その他の家庭用電器製造	0.4	2.2	59.2	38.2
3961 燃料ガス・太陽エネルギー及び同類エネルギー利用の家庭用器具製造	1.4	2.6	78.4	17.5
3969 その他の非電力利用家庭用器具製造	1.3	0.7	82.4	15.6
3971 電球製造	1.1	3.5	64.0	31.4
3972 電気照明器具製造	0.4	2.3	65.8	31.5
3979 電気照明器具附属品及びその他の照明器具の製造	3.3	0.7	45.0	51.0
3991 車両用照明及び電気信号装置製造	13.4	8.1	44.3	34.2
3999 他に分類されない電気機械製造	3.4	3.8	48.9	43.9
40 情報通信機器製造業	7.5	3.6	11.7	77.2

付録2 第2次経済センサス個票データベース 235

業種分布（資産）				135 産業 連関部門	40 産業 連関部門
国有	民間	外資	中国資本		
0.00	0.01	0.01	0.00	076 (2/2)	23 (5/7)
0.02	0.05	0.09	0.02		
0.05	0.04	0.04	0.05		
0.00	0.00	0.00	0.00		
0.16	0.02	0.08	0.11		
0.01	0.00	0.00	0.01		
0.00	0.00	0.00	0.00		
0.00	0.00	0.00	0.00		
0.00	0.01	0.00	0.00		
0.00	0.01	0.01	0.00		
0.25	2.57	3.80	0.91		
0.04	0.09	0.14	0.05	077 電機製造業	22 (6/6)
0.02	0.09	0.09	0.04		
0.00	0.08	0.13	0.02		
0.04	0.22	0.29	0.09	078 配電及び制御装置製造業	
0.00	0.04	0.09	0.01		
0.03	0.27	0.25	0.11		
0.01	0.11	0.20	0.03		
0.01	0.07	0.06	0.03		
0.03	0.47	0.38	0.18	079 電線・ケーブル及び電工器材製造業	
0.01	0.03	0.04	0.01		
0.00	0.03	0.05	0.01		
0.00	0.02	0.03	0.01		
0.02	0.27	0.81	0.05	081 その他の電気機械製造業 (1/2)	
0.01	0.11	0.10	0.05		23 (6/7)
0.03	0.13	0.18	0.06		
0.00	0.02	0.04	0.01	080 家庭用電器・非電力利用家庭用器具製造業	
0.00	0.10	0.24	0.02		
0.00	0.04	0.10	0.01		
0.00	0.01	0.03	0.00		
0.00	0.03	0.04	0.01		
0.00	0.04	0.07	0.01		
0.00	0.04	0.04	0.02		
0.00	0.01	0.01	0.00		
0.00	0.05	0.09	0.02	081 (2/2)	
0.00	0.10	0.15	0.03		
0.00	0.03	0.07	0.01		
0.00	0.02	0.03	0.01		
0.00	0.03	0.05	0.01		
0.38	3.10	10.61	0.58		

国民経済業種分類（GB/T4754-2002）		所有制分布（売上高）			
		国有	集団	私有	外資
4011	通信送信装置製造	23.6	1.9	28.6	46.0
4012	通信交換装置製造	22.8	59.1	2.8	15.3
4013	有線通信端末装置製造	7.1	0.9	17.6	74.3
4014	移動通信及び端末装置製造	4.4	0.0	4.4	91.1
4019	その他の通信装置製造	10.8	2.4	35.2	51.5
4020	レーダ及びその附属装置の製造	91.7	1.4	6.1	0.7
4031	ラジオ・テレビジョン番組制作・送信装置製造	35.7	0.3	55.7	8.3
4032	専門用ラジオ・テレビジョン受信装置及び器材の製造	7.8	0.8	54.3	37.1
4039	テレビジョン応用装置及びその他のラジオ・テレビジョン装置の製造	4.1	0.6	37.8	57.4
4041	電子計算機製造	3.3	0.2	2.5	94.1
4042	電子計算機ネットワーク装置製造	1.2	0.1	20.8	77.8
4043	電子計算機附属装置製造	2.2	0.2	4.6	93.0
4051	電子真空管製造	33.8	4.5	14.0	47.7
4052	半導体素子製造	7.3	0.9	23.5	68.2
4053	集積回路製造	3.2	0.9	7.9	88.0
4059	光電子デバイス及びその他の電子デバイスの製造	9.3	0.5	21.2	69.0
4061	電子部品及び同複合部品製造	4.0	1.8	23.4	70.9
4062	プリント配線板製造	1.3	1.5	12.2	85.1
4071	家庭用映像装置製造	33.0	1.3	11.9	53.7
4072	家庭用音響装置製造	1.0	1.9	21.3	75.8
4090	その他の電子装置製造	6.4	1.1	37.6	54.8
41	**測量器具及び文化事務用機械製造業**	**9.4**	**2.6**	**38.7**	**49.3**
4111	生産工程制御装置製造	21.2	4.1	54.3	20.3
4112	電気計測器製造	6.5	3.1	75.9	14.5
4113	製図・計算・測定用器具製造	1.9	1.7	64.8	31.6
4114	分析機器製造	7.3	7.0	45.3	40.5
4115	試験機製造	12.9	6.9	72.0	8.2
4119	供給用測量器具及びその他のはん用測量器具の製造	2.1	3.9	76.9	17.1
4121	環境監視用測量器具製造	5.2	2.2	57.3	35.3
4122	自動車用及びその他の用途の計数器具の製造	10.2	0.8	51.0	38.1
4123	航法用・気象観測用及び海洋用測量器具の製造	33.4	1.4	22.5	42.7
4124	農林牧漁業用測量器具製造	0.3	3.1	96.4	0.2
4125	地質探査用・地震観測用測量器具製造	38.3	1.7	35.8	24.3
4126	教育用測量器具製造	3.1	0.8	62.3	33.7
4127	放射線測量器具製造	26.6	6.6	66.8	0.0
4128	電子応用測量器具製造	8.5	3.6	40.9	47.0
4129	その他の産業用測量器具製造	16.3	2.8	55.0	25.9
4130	時計類製造	2.5	7.8	34.2	55.4
4141	光学機械器具製造	13.9	1.8	19.1	65.2
4142	眼鏡製造	0.2	1.6	49.0	49.3
4151	映画用機械製造	30.4	0.0	48.2	21.5

付録2 第2次経済センサス個票データベース　　　　237

業種分布（資産）				135 産業 連関部門	40 産業 連関部門
国有	民間	外資	中国資本		
0.02	0.04	0.09	0.02		
0.08	0.17	0.10	0.12	082 通信装置製造業	
0.01	0.06	0.21	0.01		
0.02	0.24	1.00	0.02		
0.01	0.04	0.10	0.01		
0.03	0.00	0.00	0.02		
0.00	0.00	0.00	0.00	083 レーダ及びラジオ・テ	
0.00	0.03	0.04	0.01	レビジョン装置製造業	
0.00	0.01	0.03	0.00		
0.01	0.31	1.30	0.02		20 電子情報機器（1/2）
0.00	0.03	0.09	0.01	084 電子計算機製造業	
0.01	0.33	1.37	0.02		
0.03	0.04	0.12	0.03		
0.01	0.08	0.29	0.01		
0.01	0.31	1.25	0.02	085 電子部品・デバイス製	
0.04	0.25	0.81	0.06	造業	
0.03	0.56	1.76	0.10		
0.00	0.28	1.11	0.02		
0.06	0.13	0.43	0.05	086 家庭用映像・音響装置	
0.00	0.06	0.21	0.01	製造業	
0.01	0.12	0.32	0.03	087 その他の電子装置製造業	
0.07	0.47	0.90	0.16		
0.03	0.10	0.10	0.05		
0.00	0.03	0.02	0.01		
0.00	0.01	0.02	0.00		
0.00	0.02	0.03	0.01		
0.00	0.00	0.00	0.00		
0.00	0.05	0.04	0.02		
0.00	0.01	0.01	0.00		
0.00	0.02	0.04	0.01		
0.00	0.00	0.01	0.00	088 測量器具製造業	23（7/7）
0.00	0.00	0.00	0.00		
0.00	0.00	0.01	0.00		
0.00	0.00	0.00	0.00		
0.00	0.00	0.00	0.00		
0.00	0.02	0.03	0.01		
0.00	0.01	0.02	0.01		
0.00	0.02	0.06	0.01		
0.01	0.04	0.11	0.01		
0.00	0.03	0.07	0.01		
0.00	0.00	0.00	0.00	089 文化事務用機械製造業	20 電子情報機器（2/2）

国民経済業種分類 (GB/T4754-2002)		所有制分布 (売上高)			
		国有	集団	私有	外資
4152	幻灯機・映写機製造	0.6	0.1	26.2	73.1
4153	写真機・同附属品製造	0.1	0.0	3.5	96.3
4154	複写機製造	1.1	0.1	3.3	95.6
4155	計算機及び貨幣処理機械の製造	6.4	0.1	22.4	71.0
4159	その他の文化・事務用機械製造	1.0	1.5	58.1	39.5
4190	その他の測量器具の製造・修理	6.7	9.9	57.6	25.8
42	その他の製造業	5.8	3.0	64.5	26.7
4211	彫塑工芸品製造	0.5	1.8	80.1	17.6
4212	金属製工芸品製造	9.7	3.2	62.6	24.4
4213	漆工芸品製造	0.3	4.1	76.6	18.9
4214	造花・絵画工芸品製造	0.1	2.3	59.9	37.6
4215	天然植物繊維編み工芸品製造	0.1	2.4	85.6	11.9
4216	刺しゅう工芸品製造	0.1	1.5	85.8	12.6
4217	じゅうたん製造	4.1	9.6	69.6	16.7
4218	貴金属・宝石製品製造	11.6	3.8	43.1	41.5
4219	その他の工芸美術品の製造	0.5	1.5	70.6	27.4
4221	鏡類製品加工	0.2	1.2	75.2	23.4
4222	たてがみ加工及びほうき・ブラシ類製造	0.6	6.2	74.7	18.5
4229	その他の日用雑貨製造	0.2	0.8	62.2	36.8
4230	練炭・豆炭製造	5.5	4.8	89.3	0.4
4240	放射線加工	57.4	2.9	32.5	7.2
4290	他の分類されない製品製造	24.2	3.2	43.8	28.8
43	廃棄物再生業	5.8	6.1	71.1	17.0
4310	金属廃棄物・くずの再生	6.4	6.2	68.7	18.7
4320	非金属廃棄物・くずの再生	2.8	5.6	82.9	8.7
44	電気 (熱) 業	90.8	1.3	4.2	3.7
4411	火力発電	79.5	2.3	5.9	12.3
4412	水力発電	65.7	6.1	26.4	1.7
4413	原子力発電	100.0	0.0	0.0	0.0
4419	その他の発電	51.9	2.1	38.1	7.8
4420	送配電	99.3	0.3	0.3	0.1
4430	熱の生産・供給	52.6	5.0	33.1	9.3
45	ガス業	49.3	2.3	23.3	25.2
4500	ガス業	49.3	2.3	23.3	25.2
46	水道業	58.8	11.7	22.8	6.7
4610	水道の生産・供給	63.0	12.9	19.0	5.0
4620	汚水処理及び再生	41.6	9.3	40.0	9.2
4690	その他の水の処理・利用	38.8	1.1	37.8	22.3
47	土木工事業	37.3	8.1	53.9	0.7
4710	建築工事	23.7	9.9	65.6	0.7
4721	鉄道・道路・ずい道・橋梁工事	62.4	3.5	33.8	0.4

付録2　第2次経済センサス個票データベース　　　　　　　　　　239

業種分布（資産）				135 産業 連関部門	40 産業 連関部門
国有	民間	外資	中国資本		
0.00	0.00	0.01	0.00		
0.00	0.03	0.14	0.00		
0.00	0.03	0.10	0.00		
0.00	0.02	0.05	0.00		
0.00	0.01	0.01	0.00		
0.00	0.01	0.01	0.00		
0.03	0.40	0.57	0.14		
0.00	0.03	0.03	0.01		
0.00	0.03	0.03	0.01		
0.00	0.01	0.00	0.00		
0.00	0.01	0.02	0.00		
0.00	0.01	0.01	0.01		
0.00	0.04	0.03	0.01		
0.00	0.03	0.03	0.01	090 その他の製造業	24 (2/3)
0.00	0.05	0.11	0.01		
0.00	0.05	0.07	0.02		
0.00	0.01	0.01	0.00		
0.00	0.01	0.01	0.00		
0.00	0.06	0.12	0.02		
0.00	0.01	0.00	0.01		
0.00	0.00	0.00	0.00		
0.02	0.04	0.09	0.03		
0.00	0.08	0.09	0.03		
0.00	0.06	0.07	0.02	091 廃棄物再生業	24 (3/3)
0.00	0.02	0.02	0.01		
4.74	1.08	1.52	3.48		
1.36	0.49	1.24	1.00		
0.81	0.39	0.10	0.70		
0.10	0.00	0.00	0.06	092 電気（熱）業	25 電力
0.07	0.06	0.08	0.06		
2.28	0.03	0.02	1.53		
0.13	0.11	0.08	0.12		
0.12	0.14	0.36	0.10		
0.12	0.14	0.36	0.10	093 ガス業	39 公務・公共サービス (1/7)
0.33	0.17	0.18	0.27		
0.26	0.12	0.12	0.21		
0.05	0.04	0.05	0.04	094 水道業	39 (2/7)
0.02	0.01	0.01	0.02		
1.86	3.38	0.24	2.66		
0.71	2.46	0.15	1.51	095 建設業 (1/4)	26 建設 (1/4)
0.71	0.53	0.03	0.70		

国民経済業種分類 (GB/T4754-2002)		所有制分布 (売上高)			
		国有	集団	私有	外資
4722	水利・港湾工事	75.2	3.5	20.9	0.4
4723	工場・鉱山建築工事	84.2	2.6	12.0	1.2
4724	配線・配管工事	48.6	13.8	37.0	0.6
4729	その他の土木工事	26.0	6.9	66.2	1.0
48	建築物設備工事業	28.7	12.3	55.5	3.5
4800	建築物設備工事業	28.7	12.3	55.5	3.5
49	内装工事業	7.9	3.5	82.4	6.1
4900	内装工事業	7.9	3.5	82.4	6.1
50	その他の建設業	19.7	5.9	73.0	1.5
5010	工事準備	26.1	4.6	68.1	1.2
5020	建設機械賃貸（オペレーター付）	6.9	5.3	84.7	3.2
5090	他の分類されない建設工事	18.0	6.8	73.8	1.4
51	鉄道業	85.6	2.1	12.3	0.0
5110	鉄道旅客運送	96.8	0.0	3.2	0.0
5120	鉄道貨物運送	88.2	1.1	10.7	0.0
5131	鉄道旅客駅	95.3	3.7	1.0	0.0
5132	鉄道貨物駅	85.0	0.9	14.0	0.0
5139	その他の鉄道運送に附帯するサービス	61.7	10.4	27.9	0.0
52	道路運送業	26.0	7.5	63.8	2.8
5210	都市外道路旅客運送	39.5	12.2	46.8	1.5
5220	道路貨物運送	11.6	6.7	79.6	2.0
5231	道路旅客停留所	35.9	14.3	49.4	0.5
5232	道路の管理保守	75.7	3.7	12.2	8.4
5239	その他の道路運送に附帯するサービス	42.6	11.5	44.2	1.7
53	都市内旅客運送業	50.4	7.6	38.5	3.5
5310	都市内旅客乗合自動車運送	69.9	5.7	20.3	4.0
5320	都市内鉄道旅客運送	95.5	0.1	3.1	1.3
5330	都市内貸切旅客自動車運送	20.3	11.1	65.3	3.3
5340	都市内旅客水運	34.8	14.0	33.9	17.3
5390	その他の都市内旅客運送	41.0	7.0	50.7	1.3
54	水運業	69.5	4.2	21.9	4.4
5411	外航旅客海運	82.2	11.3	4.3	2.2
5412	沿海旅客海運	51.8	10.4	34.4	3.5
5413	内陸旅客水運	29.0	9.0	59.5	2.6
5421	外航貨物海運	93.6	0.9	5.2	0.3
5422	沿海貨物海運	41.3	4.9	43.7	10.0
5423	内陸貨物水運	27.0	14.5	58.4	0.1
5431	旅客水運港湾管理	57.7	16.7	25.0	0.5
5432	貨物水運港湾管理	73.0	3.0	13.5	10.5
5439	その他の水運に附帯するサービス	54.5	7.1	37.5	0.9
55	航空運輸業	79.6	0.7	13.9	5.7

付録2　第2次経済センサス個票データベース　　　　241

業種分布（資産）				135産業 連関部門	40産業 連関部門
国有	民間	外資	中国資本		
0.21	0.09	0.01	0.17		
0.12	0.04	0.02	0.10		
0.07	0.16	0.01	0.11		
0.04	0.10	0.01	0.07		
0.15	0.68	0.14	0.38		
0.15	0.68	0.14	0.38	095 (2/4)	26 (2/4)
0.02	0.35	0.10	0.15		
0.02	0.35	0.10	0.15	095 (3/4)	26 (3/4)
0.04	0.17	0.02	0.10		
0.02	0.06	0.01	0.04		
0.00	0.02	0.01	0.01	095 (4/4)	26 (4/4)
0.02	0.10	0.01	0.05		
0.07	0.01	0.00	0.05		
0.03	0.00	0.00	0.02		
0.03	0.01	0.00	0.02		27 鉄道・水運・航空・郵便 (1/6)
0.00	0.00	0.00	0.00	096 鉄道業	
0.00	0.00	0.00	0.00		
0.00	0.00	0.00	0.00		
1.03	1.62	0.43	1.34		
0.06	0.13	0.02	0.10		
0.06	1.23	0.08	0.56	097 道路運送業	28 道路運送 (1/2)
0.01	0.03	0.00	0.02		
0.87	0.22	0.33	0.65		
0.03	0.01	0.01	0.02		
0.23	0.12	0.09	0.20		
0.08	0.03	0.02	0.06		
0.14	0.01	0.00	0.09		
0.02	0.08	0.06	0.04	098 都市内旅客運送業	39 (3/7)
0.00	0.00	0.00	0.00		
0.00	0.00	0.00	0.00		
0.60	0.39	0.42	0.53		
0.01	0.00	0.00	0.00		
0.00	0.01	0.00	0.00		
0.00	0.01	0.00	0.00		
0.18	0.03	0.00	0.13		
0.06	0.10	0.04	0.08	099 水運業	27 (2/6)
0.04	0.05	0.00	0.05		
0.00	0.00	0.00	0.00		
0.29	0.18	0.37	0.24		
0.02	0.01	0.00	0.02		
0.44	0.20	0.21	0.36		

国民経済業種分類 (GB/T4754-2002)		所有制分布（売上高）			
		国有	集団	私有	外資
5511	航空旅客運送	86.6	0.5	11.2	1.7
5512	航空貨物運送	48.6	1.4	33.2	16.9
5520	航空機使用	69.4	1.9	28.6	0.1
5531	飛行場管理	76.1	1.4	0.6	21.9
5532	航空交通管制	88.5	0.9	10.6	0.0
5539	その他の航空運輸に附帯するサービス	70.7	2.5	22.9	4.0
56	導管輸送業	92.8	0.0	4.4	2.8
5600	導管輸送業	92.8	0.0	4.4	2.8
57	その他の運送サービス業	26.5	3.0	52.5	18.0
5710	荷役運搬	31.7	15.1	49.2	3.9
5720	運送代理	26.0	1.9	52.8	19.3
58	倉庫業	62.1	3.4	28.4	6.1
5810	農産品倉庫	90.6	0.8	8.4	0.2
5890	その他の倉庫	37.8	5.5	45.5	11.2
59	郵便業	84.6	0.8	6.1	8.5
5910	郵便	99.4	0.4	0.2	0.0
5990	その他の文書・小荷物配達	24.7	2.2	29.9	43.1
60	電気通信業	83.4	0.7	7.6	8.3
6011	固定電気通信	81.4	0.4	1.1	17.2
6012	移動電気通信	92.7	0.4	4.6	2.2
6019	その他の電気通信	43.3	2.6	35.7	18.5
6020	インターネット情報サービス	32.4	0.7	47.5	19.5
6031	有線放送伝送サービス	75.9	5.8	17.1	1.2
6032	無線放送伝送サービス	30.9	0.5	8.7	59.9
6040	衛星通信	84.0	1.7	14.2	0.1
61	電子計算機サービス業	10.7	1.9	63.0	24.4
6110	ハードウェア・コンサルタント	16.4	2.8	51.6	29.2
6120	データ処理	7.8	1.9	34.4	55.9
6130	電子計算機の保守・修理	5.0	1.9	79.6	13.5
6190	その他の電子計算機サービス	5.5	1.1	75.0	18.4
62	ソフトウェア業	9.3	2.5	52.0	36.3
6211	はん用ソフトウェアサービス	13.5	1.2	61.8	23.6
6212	専門ソフトフェアサービス	8.4	2.5	49.2	39.9
6290	その他のソフトフェアサービス	9.3	3.3	55.5	31.9
63	卸売業	34.6	3.6	54.4	7.3
6311	穀物・豆類・いも類卸売	60.2	2.3	35.6	1.9
6312	種子・飼料卸売	13.9	5.4	77.7	3.0
6313	綿花・麻類卸売	30.9	20.2	48.7	0.2
6314	家畜卸売	13.8	4.5	81.5	0.3
6319	その他の農畜産物卸売	24.7	10.4	63.6	1.2
6321	米麦・同製品及び食用油脂の卸売	41.3	3.0	45.1	10.6

業種分布（資産）				135 産業 連関部門	40 産業 連関部門
国有	民間	外資	中国資本		
0.29	0.09	0.00	0.23	100 航空運輸業	27（3/6）
0.02	0.03	0.06	0.02		
0.00	0.01	0.00	0.01		
0.12	0.04	0.15	0.09		
0.00	0.00	0.00	0.00		
0.01	0.03	0.00	0.02		
0.10	0.01	0.03	0.07		
0.10	0.01	0.03	0.07	101 導管輸送業	27（4/6）
0.18	0.44	0.43	0.27	102 その他の運送サービス業	28（2/2）
0.04	0.05	0.05	0.04		
0.14	0.40	0.39	0.23		
0.30	0.27	0.29	0.29	103 倉庫業	27（5/6）
0.22	0.02	0.01	0.16		
0.08	0.25	0.28	0.14		
0.12	0.02	0.07	0.08	104 郵便業	27（6/6）
0.12	0.00	0.00	0.08		
0.00	0.02	0.07	0.00		
2.07	0.43	1.16	1.45	105 電気通信業	29 電気通信
0.72	0.20	0.83	0.48		
1.18	0.07	0.08	0.81		
0.06	0.07	0.15	0.06		
0.03	0.06	0.08	0.04		
0.06	0.02	0.01	0.04		
0.00	0.00	0.01	0.00		
0.02	0.00	0.00	0.01		
0.04	0.27	0.31	0.11	106 電子計算機サービス業	30 情報サービス（1/2）
0.03	0.13	0.17	0.05		
0.00	0.01	0.03	0.00		
0.00	0.01	0.00	0.00		
0.01	0.12	0.10	0.05		
0.05	0.47	0.75	0.16	107 ソフトウェア業	30 情報サービス（2/2）
0.01	0.07	0.09	0.03		
0.03	0.31	0.52	0.10		
0.01	0.08	0.13	0.03		
2.59	8.57	5.11	4.91	108 卸売・小売業（1/2）	31 商業（1/2）
0.16	0.06	0.01	0.13		
0.01	0.07	0.04	0.03		
0.02	0.07	0.00	0.05		
0.00	0.01	0.00	0.00		
0.05	0.04	0.00	0.05		
0.11	0.08	0.05	0.10		

国民経済業種分類 (GB/T4754-2002)		所有制分布（売上高）			
		国有	集団	私有	外資
6322	菓子・キャンデー・糖類卸売	20.4	3.0	63.9	12.7
6323	果物・堅果・野菜卸売	4.2	14.9	79.2	1.6
6324	食肉・卵・水産物卸売	18.7	9.3	70.4	1.6
6325	塩・調味料卸売	49.1	5.1	36.8	9.0
6326	飲料・茶卸売	14.6	4.6	64.7	16.2
6327	たばこ卸売	97.5	0.3	2.2	0.0
6329	その他の飲食料品卸売	9.8	3.4	75.5	11.3
6331	織物・ニット製品及び紡織原料の卸売	16.6	2.7	77.3	3.4
6332	衣服卸売	18.9	3.5	66.4	11.2
6333	履物・帽子卸売	14.1	1.7	61.9	22.3
6334	ちゅう房用・衛生用器具及び日用雑貨の卸売	6.6	2.1	83.7	7.5
6335	化粧品及び衛生用品の卸売	5.7	1.4	56.0	37.0
6339	その他の日用品卸売	9.3	3.0	68.2	19.5
6341	事務用具卸売	7.5	1.7	68.2	22.6
6342	運動用具卸売	7.1	1.3	44.1	47.5
6343	書籍卸売	63.8	2.6	33.0	0.7
6344	新聞雑誌卸売	51.0	5.4	38.5	5.1
6345	音楽・映像製品及び電子記録物の卸売	19.2	2.4	74.7	3.7
6346	ジュエリー製品・工芸品及び収集品の卸売	13.9	6.4	66.1	13.6
6349	その他の文化用品卸売	8.3	1.6	65.8	24.3
6351	医薬品卸売	33.5	3.6	57.9	5.0
6352	生薬・漢方製剤卸売	26.6	5.8	63.3	4.3
6353	医療用品・機械器具卸売	10.1	1.2	72.8	16.0
6361	石炭及び同製品の卸売	43.5	3.0	53.2	0.3
6362	石油及び同製品の卸売	81.4	1.2	16.7	0.7
6363	非金属鉱及び同製品の卸売	9.6	3.3	83.4	3.8
6364	金属及び金属鉱の卸売	29.3	2.5	65.9	2.3
6365	建築材料卸売	16.0	2.6	79.7	1.6
6366	化学肥料卸売	17.2	30.5	39.4	12.9
6367	農薬卸売	8.6	40.7	48.4	2.3
6368	農業用フィルム卸売	8.6	24.3	66.6	0.5
6369	その他の化学製品卸売	14.3	3.6	73.3	8.7
6371	農業用用機械卸売	15.2	3.6	79.6	1.6
6372	自動車・オートバイ及び同部品・付属品の卸売	22.1	1.7	51.0	25.3
6373	金物・電工機械器具卸売	6.7	4.8	84.4	4.1
6374	家庭用電気機械器具卸売	6.1	9.6	63.3	21.0
6375	電子計算機・ソフトウェア・附属装置卸売	4.8	3.1	62.4	29.7
6376	電気通信及び放送装置の卸売	17.5	0.4	48.5	33.6
6379	その他の機械設備及び電子製品の卸売	16.5	3.6	57.7	22.2
6380	代理商	46.9	2.6	41.6	8.8
6391	再生資源の回収・卸売	9.5	9.4	80.8	0.4

付録2　第2次経済センサス個票データベース

業種分布（資産）				135 産業 連関部門	40 産業 連関部門
国有	民間	外資	中国資本		
0.01	0.04	0.03	0.02		
0.01	0.04	0.01	0.02		
0.01	0.04	0.01	0.02		
0.02	0.01	0.01	0.02		
0.02	0.17	0.09	0.08		
0.29	0.02	0.00	0.20		
0.01	0.09	0.06	0.04		
0.04	0.28	0.07	0.14		
0.04	0.25	0.20	0.11		
0.00	0.04	0.06	0.02		
0.00	0.03	0.02	0.01		
0.00	0.05	0.09	0.01		
0.01	0.11	0.10	0.04		
0.00	0.06	0.05	0.02		
0.00	0.02	0.05	0.01		
0.03	0.02	0.01	0.03		
0.00	0.00	0.00	0.00		
0.00	0.01	0.00	0.00		
0.01	0.04	0.04	0.02		
0.00	0.05	0.13	0.01		
0.05	0.17	0.06	0.10		
0.02	0.07	0.02	0.04		
0.00	0.08	0.07	0.03		
0.18	0.38	0.01	0.28		
0.41	0.28	0.08	0.38		
0.00	0.04	0.01	0.02		
0.42	1.45	0.26	0.88		
0.06	0.47	0.11	0.23		
0.02	0.22	0.17	0.09		
0.00	0.04	0.01	0.02		
0.00	0.00	0.00	0.00		
0.07	0.50	0.23	0.24		
0.00	0.03	0.00	0.02		
0.05	0.51	1.16	0.14		
0.01	0.64	0.05	0.27		
0.01	0.21	0.27	0.07		
0.01	0.15	0.13	0.06		
0.02	0.15	0.32	0.05		
0.14	0.78	0.75	0.36		
0.20	0.18	0.13	0.20		
0.01	0.15	0.00	0.07		

国民経済業種分類（GB/T4754-2002）	所有制分布（売上高）			
	国有	集団	私有	外資
6399 他の分類されない卸売	24.7	4.0	59.9	11.5
65 小売業	22.5	6.0	63.0	8.5
6511 百貨小売	30.1	13.2	43.2	13.5
6512 スーパー小売	11.5	7.5	48.3	32.7
6519 その他の総合小売	8.7	29.6	57.9	3.8
6521 米麦・同製品及び食用油脂の小売	36.9	8.4	54.2	0.4
6522 生菓子・パンの小売	3.2	13.8	74.1	9.0
6523 果物・堅果・野菜小売	6.6	10.2	82.9	0.2
6524 食肉・卵・水産物小売	22.9	9.7	67.1	0.3
6525 飲料・茶小売	6.2	5.1	86.8	1.9
6526 たばこ小売	40.5	11.2	48.3	0.0
6529 その他の食料品小売	9.5	8.6	79.3	2.6
6531 織物・ニット製品小売	5.0	6.9	87.1	1.0
6532 衣服小売	3.5	3.1	74.1	19.3
6533 履物・帽子小売	5.5	2.0	73.6	18.9
6534 時計・眼鏡小売	12.9	5.7	68.1	13.2
6535 化粧品及び衛生用品の小売	1.0	1.5	82.5	15.0
6539 その他の日用品小売	2.2	7.8	77.8	12.2
6541 文房具小売	15.2	5.9	74.4	4.5
6542 運動用具小売	4.8	1.8	80.5	13.0
6543 書籍小売	79.6	2.3	18.0	0.1
6544 新聞雑誌小売	59.6	6.4	34.0	0.0
6545 音楽・映像製品及び電子記録物の小売	7.9	1.9	87.2	3.1
6546 ジュエリー製品小売	22.1	6.1	69.1	2.7
6547 工芸品及び収集品の小売	10.8	6.0	82.6	0.5
6548 写真機・同附属品小売	11.8	2.3	85.4	0.5
6549 その他の文化用品小売	4.7	2.9	90.3	2.1
6551 医薬品・生薬・漢方製剤小売	23.1	5.7	71.0	0.3
6552 医療用品・機械器具小売	4.2	2.8	90.5	2.5
6561 自動車小売	7.7	3.3	84.3	4.6
6562 自動車部品・付属品の小売	7.4	4.9	85.7	2.0
6563 オートバイ及び同部品・付属品の小売	0.9	1.4	97.3	0.5
6564 自動車燃料小売	73.3	3.1	21.7	1.9
6571 家庭用電気機械器具小売	1.9	4.3	87.2	6.5
6572 電子計算機・ソフトウェア・附属装置小売	1.6	0.9	95.8	1.8
6573 電気通信装置の小売	2.3	1.5	95.7	0.5
6579 その他の電子製品の小売	1.4	1.7	95.2	1.7
6581 金物小売	3.9	5.1	90.6	0.5
6582 家具小売	0.4	7.8	81.7	10.0
6583 塗料小売	3.2	6.0	90.3	0.5
6589 その他の内装材料小売	4.5	4.7	81.2	9.6

付録 2　第 2 次経済センサス個票データベース

業種分布（資産）				135 産業 連関部門	40 産業 連関部門
国有	民間	外資	中国資本		
0.05	0.37	0.14	0.18		
0.42	2.68	1.26	1.31		
0.12	0.38	0.34	0.21		
0.03	0.28	0.40	0.10		
0.00	0.06	0.01	0.03		
0.01	0.01	0.00	0.01		
0.00	0.01	0.00	0.00		
0.00	0.01	0.00	0.00		
0.00	0.01	0.00	0.01		
0.00	0.02	0.00	0.01		
0.01	0.01	0.00	0.01		
0.00	0.02	0.00	0.01		
0.00	0.02	0.00	0.01		
0.00	0.12	0.12	0.04		
0.00	0.01	0.01	0.00		
0.00	0.01	0.01	0.00		
0.00	0.01	0.01	0.00		
0.00	0.03	0.01	0.01		
0.00	0.01	0.00	0.01		
0.00	0.01	0.01	0.00		
0.04	0.01	0.00	0.03		
0.00	0.00	0.00	0.00		
0.00	0.00	0.00	0.00		
0.00	0.03	0.01	0.01		
0.00	0.01	0.00	0.01	108 (2/2)	31 (2/2)
0.00	0.00	0.00	0.00		
0.00	0.01	0.00	0.00		
0.02	0.10	0.00	0.05		
0.00	0.03	0.01	0.01		
0.02	0.57	0.09	0.25		
0.00	0.04	0.00	0.02		
0.00	0.03	0.00	0.01		
0.11	0.13	0.02	0.12		
0.01	0.20	0.09	0.08		
0.00	0.08	0.01	0.03		
0.00	0.04	0.00	0.02		
0.00	0.04	0.00	0.02		
0.00	0.07	0.00	0.03		
0.00	0.05	0.03	0.02		
0.00	0.01	0.00	0.00		
0.00	0.06	0.03	0.02		

国民経済業種分類（GB/T4754-2002）		所有制分布（売上高）			
		国有	集団	私有	外資
6591	露店・市場小売	2.5	15.5	82.0	0.0
6592	通信販売小売	10.2	0.5	70.6	18.7
6593	燃料小売（ガソリンスタンドを除く）	19.2	5.3	72.2	3.3
6594	花小売	2.6	6.6	87.7	3.1
6595	中古品小売	4.5	3.2	92.1	0.2
6599	他の分類されない小売	5.9	5.0	87.3	1.8
66	宿泊業	33.0	6.1	48.7	12.2
6610	観光ホテル	37.0	5.7	43.1	14.2
6620	一般旅館	19.3	7.3	68.0	5.3
6690	その他の宿泊サービス	23.2	9.7	62.4	4.6
67	飲食業	4.3	3.0	75.2	17.6
6710	正餐サービス	4.7	3.4	85.0	7.0
6720	ファーストフードサービス	1.7	0.8	22.3	75.1
6730	飲料及びアイスクリームサービス	3.1	1.9	71.3	23.6
6790	その他の飲食サービス	6.4	4.2	74.4	15.0
68	銀行業	82.1	8.1	8.4	1.4
6810	中央銀行	100.0	0.0	0.0	0.0
6820	商業銀行	81.2	8.4	8.9	1.5
6890	その他の銀行	95.0	3.5	0.9	0.6
69	証券業	49.8	1.4	48.6	0.1
6910	金融市場管理	93.2	0.0	6.3	0.4
6920	証券売買仲介	46.1	1.6	52.2	0.1
6930	証券投資	75.5	0.0	24.2	0.2
6940	証券分析・コンサルタント	28.9	0.7	70.4	0.0
70	保険業	72.4	7.0	18.2	2.4
7010	生命保険	72.2	7.0	18.5	2.3
7020	損害保険・健康保険	75.9	7.2	14.3	2.6
7030	保険に附帯するサービス	30.6	3.3	62.6	3.5
71	その他の金融業	75.9	2.9	18.5	2.7
7110	金融信託・管理	89.4	0.6	9.6	0.4
7120	ファイナンスリース	62.9	0.2	7.7	29.2
7130	財務公司	91.7	3.2	4.4	0.8
7140	郵便貯金	98.5	0.0	1.5	0.0
7150	質屋	10.5	13.1	75.6	0.8
7190	他の分類されない金融活動	43.7	6.2	44.2	5.9
72	不動産業	15.8	7.2	64.0	13.0
7210	不動産開発経営	14.7	6.6	65.0	13.7
7220	不動産管理	25.8	9.4	56.5	8.3
7230	不動産代理・仲介	7.8	3.0	77.3	11.9
7290	その他の不動産活動	26.9	17.6	48.7	6.9
73	物品賃貸業	20.3	4.8	68.4	6.6

業種分布（資産）				135 産業 連関部門	40 産業 連関部門
国有	民間	外資	中国資本		
0.00	0.00	0.00	0.00		
0.00	0.01	0.01	0.00		
0.01	0.04	0.02	0.02		
0.00	0.01	0.00	0.00		
0.00	0.00	0.00	0.00		
0.00	0.09	0.01	0.04		
0.22	0.64	0.68	0.36		
0.19	0.50	0.62	0.29	109 宿泊業	32 宿泊・飲食・旅行・娯楽 (1/4)
0.02	0.12	0.05	0.06		
0.00	0.02	0.01	0.01		
0.02	0.37	0.23	0.15		
0.02	0.32	0.12	0.14		
0.00	0.03	0.10	0.01	110 飲食業	32 (2/4)
0.00	0.01	0.01	0.00		
0.00	0.01	0.01	0.01		
51.33	13.68	6.52	39.43		
0.14	0.00	0.00	0.10	111 銀行業・証券業及びその他の金融業 (1/3)	33 金融・保険 (1/4)
47.48	13.44	6.33	36.78		
3.70	0.25	0.19	2.55		
1.80	0.30	0.01	1.33		
0.01	0.01	0.00	0.01		
0.60	0.28	0.01	0.51	111 (2/3)	33 (2/4)
1.20	0.02	0.00	0.80		
0.00	0.00	0.00	0.00		
1.72	1.22	0.41	1.63		
1.31	0.93	0.27	1.24	112 保険業	33 (3/4)
0.41	0.18	0.14	0.34		
0.01	0.12	0.00	0.05		
2.94	0.63	0.32	2.20		
0.83	0.05	0.01	0.57		
0.06	0.03	0.10	0.04		
0.76	0.08	0.05	0.53	111 (3/3)	33 (4/4)
1.11	0.17	0.00	0.81		
0.00	0.05	0.00	0.02		
0.18	0.25	0.17	0.21		
3.19	16.57	16.60	7.65		
2.73	14.80	14.82	6.76		
0.10	0.65	0.63	0.28	113 不動産業	34 不動産
0.03	0.23	0.15	0.10		
0.33	0.90	1.00	0.51		
0.03	0.14	0.17	0.06		

国民経済業種分類 (GB/T4754-2002)		所有制分布（売上高）			
		国有	集団	私有	外資
7311	自動車賃貸	20.9	4.5	72.7	1.9
7312	農業機械器具賃貸	2.4	27.5	70.1	0.1
7313	建設機械器具賃貸	7.3	4.5	85.7	2.6
7314	電子計算機及び通信機器の賃貸	12.8	1.0	81.5	4.6
7319	その他の機械器具賃貸	34.5	4.5	45.3	15.6
7321	書籍及び音楽・映像製品の賃貸	20.5	13.1	66.3	0.0
7329	その他の文化用品及び日用品の賃貸	9.4	7.6	70.6	12.4
74	**商務サービス業**	**33.1**	**9.1**	**42.9**	**14.9**
7411	企業管理機構	53.8	5.2	26.9	14.0
7412	投資・資産管理	46.6	7.9	25.1	20.5
7419	その他の企業管理サービス	21.6	43.2	25.5	9.7
7421	法律及び法律関連サービス	1.5	2.5	95.5	0.5
7422	公証サービス	15.6	2.0	82.4	0.0
7429	その他の法律サービス	3.6	1.8	90.4	4.2
7431	会計・監査及び税務サービス	2.4	1.2	70.6	25.8
7432	市場調査	7.1	2.3	52.5	38.2
7433	社会経済関連コンサルタント	5.5	3.2	48.8	42.4
7439	その他の専門コンサルタント	9.9	4.7	69.5	15.9
7440	広告	10.5	1.4	68.6	19.5
7450	知識財産権サービス	16.9	2.2	69.7	11.2
7460	職業紹介	43.9	6.6	48.1	1.3
7470	市場管理	12.8	31.7	52.7	2.8
7480	旅行社	34.3	4.5	59.4	1.8
7491	会議及び展示サービス	31.9	1.7	53.0	13.5
7492	包装・荷造サービス	1.3	7.5	81.1	10.1
7493	興信・保安サービス	58.2	21.7	18.8	1.2
7494	事務サービス	11.3	6.2	77.1	5.3
7499	他の分類されない商務サービス	21.5	5.9	65.6	7.0
75	**研究開発業**	**68.9**	**1.3**	**23.9**	**5.9**
76	**専門技術サービス業**	**58.1**	**3.8**	**33.4**	**4.7**
7610	気象サービス	60.4	9.7	29.9	0.0
7620	地震サービス	20.9	8.3	65.6	5.3
7630	海洋サービス	29.4	5.8	51.0	13.8
7640	測量製図	30.5	7.7	60.9	0.9
7650	技術試験	33.5	6.9	45.4	14.2
7660	環境監視観測	30.2	4.5	64.1	1.2
7671	工事管理サービス	61.4	3.6	30.9	4.2
7672	工事探査設計	67.8	3.2	26.2	2.8
7673	企画管理	60.1	4.8	33.8	1.2
7690	その他の専門技術サービス	38.1	3.9	49.4	8.6
77	**科学技術交流普及サービス業**	**41.5**	**4.9**	**49.5**	**4.1**

業種分布（資産）				135 産業 連関部門	40 産業 連関部門
国有	民間	外資	中国資本		
0.01	0.03	0.01	0.02	114 物品賃貸業	35 対事業所サービス (1/3)
0.00	0.00	0.00	0.00		
0.01	0.04	0.03	0.02		
0.00	0.00	0.00	0.00		
0.01	0.06	0.13	0.02		
0.00	0.00	0.00	0.00		
0.00	0.00	0.00	0.00		
11.71	6.64	4.69	10.20	115 商務サービス業 (1/2)	35 (2/3)
4.14	1.07	0.50	3.17		
6.85	3.26	2.13	5.76		
0.25	0.54	0.21	0.38		
0.00	0.02	0.00	0.01		
0.00	0.00	0.00	0.00		
0.00	0.00	0.00	0.00		
0.03	0.04	0.03	0.03		
0.00	0.01	0.01	0.00		
0.11	0.59	1.32	0.20		
0.03	0.16	0.11	0.08		
0.03	0.28	0.12	0.13		
0.01	0.01	0.00	0.01		
0.01	0.05	0.00	0.03		
0.05	0.30	0.09	0.15		
0.04	0.07	0.01	0.06	116 旅行社	32 (3/4)
0.03	0.07	0.04	0.05		
0.00	0.00	0.00	0.00	115 (2/2)	35 (3/3)
0.01	0.01	0.00	0.01		
0.00	0.01	0.00	0.01		
0.11	0.16	0.10	0.13		
—	—	—	—	117 研究開発業	36 科学技術 (1/4)
0.57	1.97	6.82	0.58		
0.00	0.00	0.00	0.00	118 専門技術サービス業	36 (2/4)
0.00	0.00	0.00	0.00		
0.00	0.00	0.00	0.00		
0.00	0.01	0.00	0.00		
0.01	0.03	0.02	0.02		
0.00	0.00	0.00	0.00		
0.26	1.55	6.70	0.21		
0.17	0.12	0.03	0.16		
0.03	0.02	0.00	0.03		
0.10	0.24	0.07	0.16		
—	—	—	—	119 科学技術交流普及サービス業	36 (3/4)

国民経済業種分類 （GB/T4754-2002）		所有制分布（売上高）			
		国有	集団	私有	外資
78	地質探査業	79.5	0.8	19.3	0.4
79	水利管理業	90.3	3.6	6.0	0.0
80	環境管理業	76.7	7.4	14.9	1.0
81	公共施設管理業	55.7	4.5	38.4	1.5
82	住民サービス業	6.2	6.4	84.2	3.1
8210	家事サービス	9.6	2.6	87.1	0.7
8220	託児所	6.8	1.3	90.5	1.3
8230	洗濯染色サービス	13.9	2.9	77.7	5.5
8240	理容美容保健サービス	1.1	1.4	93.0	4.5
8250	浴場サービス	1.2	3.2	93.6	2.0
8260	婚姻サービス	2.4	1.7	91.2	4.7
8270	葬儀サービス	24.9	27.3	46.1	1.7
8280	写真サービス	4.0	3.2	85.9	6.9
8290	その他の住民サービス	10.5	10.9	77.1	1.5
83	その他のサービス業	10.9	6.8	76.1	6.3
8311	自動車・オートバイメンテナンス	6.8	4.2	83.4	5.6
8312	オフィス設備修理	5.5	6.8	71.3	16.4
8313	家電修理	9.6	3.2	80.2	7.0
8319	その他の日用品修理	10.3	2.9	80.7	6.2
8321	建物清掃サービス	6.3	4.6	78.0	11.2
8329	その他の清掃サービス	8.2	5.5	77.0	9.3
8390	他に分類されないサービス	18.1	11.7	65.8	4.4
84	教育	82.5	2.7	14.5	0.2
85	衛生事業	79.0	8.2	12.5	0.2
86	社会保険事業	89.6	4.2	6.2	0.0
87	社会福祉事業	53.4	12.7	33.8	0.1
88	出版業	86.5	1.2	12.0	0.3
89	映像音声情報制作業	80.2	1.9	17.2	0.7
90	文化芸術事業	75.4	3.0	21.3	0.3
91	スポーツサービス業	63.3	1.7	31.8	3.2
92	娯楽業	5.1	3.9	78.1	12.9
9210	室内娯楽活動	1.1	1.6	93.4	3.9
9220	遊園地	28.9	10.2	49.9	11.0
9230	レジャー・トレーニング・娯楽活動	5.5	6.1	60.8	27.7
9290	その他の娯楽活動	7.7	4.6	74.7	13.0
93～97	公共管理と社会組織	68.7	0.9	30.3	0.1

出所：第2次経済センサス個票データベース（クリーニング作業実施済み）より作成した．
注：1）　農林漁業は経済センサスの調査対象ではないため，本表の集計対象では農林漁業が除外されてい
　　　2）　売上高は主営業務収入ベースのものである．なお，法人と企業法人との間に，企業数ならびに
　　　　　産業の所有制分布の計算に従業員数をもちいた．また，資産分布の計算ではこれらの産業を省い

業種分布（資産）				135 産業連関部門	40 産業連関部門
国有	民間	外資	中国資本		
—	—	—	—	120 地質探査業	36（4/4）
—	—	—	—	121 水利管理業	39（4/7）
—	—	—	—	122 環境管理業	39（5/7）
—	—	—	—	123 公共施設管理業	39（6/7）
0.01	0.13	0.02	0.06		
0.00	0.00	0.00	0.00		
0.00	0.00	0.00	0.00		
0.00	0.00	0.00	0.00		
0.00	0.02	0.01	0.01		
0.00	0.05	0.00	0.02	124 住民サービス業	40 その他のサービス（1/2）
0.00	0.00	0.00	0.00		
0.00	0.02	0.00	0.01		
0.00	0.01	0.00	0.00		
0.01	0.02	0.01	0.01		
0.05	0.14	0.07	0.09		
0.00	0.05	0.02	0.02		
0.00	0.00	0.00	0.00		
0.00	0.01	0.00	0.00		
0.00	0.00	0.00	0.00	125 その他のサービス業	40（2/2）
0.00	0.00	0.00	0.00		
0.00	0.01	0.01	0.01		
0.05	0.06	0.04	0.05		
—	—	—	—	126 教育	
—	—	—	—	127 衛生事業	37 教育・衛生・社会事業
—	—	—	—	128 社会保険事業	
—	—	—	—	129 社会福祉事業	
—	—	—	—	130 出版業	
—	—	—	—	131 映像音声情報制作業	38 出版・文化サービス
—	—	—	—	132 文化芸術事業	
—	—	—	—	133 スポーツサービス業	
0.01	0.13	0.21	0.05		
0.00	0.04	0.02	0.01		
0.00	0.01	0.01	0.01	134 娯楽業	32（4/4）
0.01	0.07	0.17	0.02		
0.00	0.01	0.01	0.00		
—	—	—	—	135 公共管理と社会組織	39（7/7）

る．
従業員数の乖離が大きい産業は，太字で示し，法人の登記類型から企業の所有制を推測した．これらのた．

注

1) 自営業も全数調べられたが，法人や産業活動単位の全数調査と異なって，その生産経営状況については，サンプリング調査をもちいても構わないとされた（中華人民共和国国家統計局・国務院第二次全国経済普査領導小組弁公室編 2008）．
2) 鉱工業分野の企業法人は鉱工業企業であるが，『中国経済普査年鑑 2008』（第二産業巻）に公表されている鉱工業の企業数は，『中国経済普査年鑑 2008』（総合巻）より約 7 万社少ない．クリーニングの有無が原因かもしれない．
3) その他のサービス業は，道端の小規模業者の自動車・オートバイ保守・修理，複写機などの事務用機械，家電，電話機，写真機，時計，自転車，日用雑貨などの修理，清掃，ペットサービスなどを含む（国家統計局編 2008）．
4) こうしてクリーニングを実施した後の第 2 次経済センサス個票データベースを，『中国経済普査年鑑 2008』（第二産業巻）に公表されている鉱工業集計と比較してみた．ほとんどの 2 桁業種では，両者の企業数，主営業務収入と資産は非常に近い（徐 2013）．
5) 業種名の日本語訳に当たって，国際標準産業分類（Rev.3），総務省の『日本標準産業分類』，経済産業研究所の JIP 分類などを参考にした．

付録 3
規模以上鉱工業企業個票データベース

　中国規模以上鉱工業企業個票データベース (1998-2007 年) は，規模以上鉱工業企業の全数調査結果である．ただし，2006 年までは規模未満の国有企業も調査対象である．規模以上とは，売上高が 500 万元以上のことであったが，2011 年のデータからは 2,000 万元に基準が引き上げられた[1]．このデータベースは鉱工業統計報告制度の調査表（年報）に基づくものである．

　この大規模データベースにおいて，異常値が記入されているケースがある．集計範囲を統一し，データの信憑性を高めるため，このデータベースに①鉱工業業種，②従業員 8 人以上，③売上高が 500 万元以上，④期間中すべての年次において，総生産高（「工業総産値」），付加価値（「増加値」：総生産高－中間投入＋未払い増値税），中間投入，固定資産取得価値（「固定資産原値」），資産，株主資本がすべてプラスの企業，この 4 つの条件を設けて，クリーニング作業を実施した．その結果，延べ約 156 万社がデータセットに入った．国家統計局が公表している同期間の全国有および規模以上非国有鉱工業企業の集計データと比べてみると，企業数の 77.4%，総生産高の 86.2% に達している．

　このデータベースの利用に際して，主に所有制タイプの判別，業種の統一とデータの実質化の課題が残る．次のように処理した．

(1) 国有企業，内国民間企業と外資企業の判別

　国家統計局が 1998 年と 2005 年に発布した規定（「統計上国有経済資本支配

状況に関する分類方法」と「統計上公有と非公有資本支配経済に関する分類方法」）にしたがって，各企業が企業支配状況を報告している．

2005年の規定では，各企業の支配状況が，国有支配，集団支配，個人支配，香港・澳門・台湾支配および外国支配に詳細に分類されている．その後は，各企業の詳しい所有制タイプを直接に判別することができる[2]．しかし，1998年の規定では，支配状況の分類は国有支配（国有絶対支配と国有相対支配）とその他しかなかった．したがって，残念ながら，1998-2007年の全期間にわたってわれわれが利用できる共通の企業支配状況のデータは，国有支配だけである．

そこで，企業支配状況規定変更前のデータについては，われわれは企業支配状況，払込資本金と登記類型を併用することによって，できる限り企業の所有制判別の精度を上げて，鉱工業企業を国有企業，内国民間企業（集団企業または私有企業）と外資企業に分類した．

具体的には，次の3ステップで企業の所有制タイプを判定した．ステップ1では，企業支配状況をもちいて，国有企業と民間企業に分類する．

ステップ2では，民間企業に対して，各所有制主体の資本金比率を計算して資本支配主体を判断する．

払込資本金では国家，集団，法人，個人，香港・澳門・台湾および外国の内訳が示されている．出資比率に基づけば，企業の所有制別資本支配関係が判明する．われわれは，このステップでは，とりあえず，出資比率50%を基準として，ステップ1の段階で民間企業と判断された企業の中から，内国民間企業と外資企業を割り出す．

厄介な問題は法人資本の最終的な資本支配主体が判明しないことである．Dong and Xu (2009) は法人支配の企業をすべて公有制企業とし，Li et al. (2009) は法人支配企業をすべて民間企業に分類し，Dougherty et al. (2007) は判別できない法人支配企業をすべて私有企業の1つのカテゴリーにした．このように，法人支配の所有制判別が難しい．

われわれは，続くステップ3では，上記の2つのステップで所有制タイプ

が判別できない企業に対して，登記類型に基づいて，資本支配主体を決める．登記類型と企業支配状況の対応関係はすでに付録1で見た．付表1-1にしたがって，まずは登記類型の定義に基づいて一意的に判断できる企業の所有制タイプを判定した．その他の登記類型の企業については，外資系企業は外資企業に，残った企業は内国民間企業に分類した[3]．

このように，鉱工業企業を国有企業，内国民間企業と外資企業に分類した．分類方法からわかるように，国有企業は企業支配状況どおり定義されているが，外資企業は多めに集計され，内国民間企業は少なめに集計されたことに留意されたい．

(2) 業種基準の統一

業種基準が2003年に変化したため，付表3-1にしたがって1994年と2002年の2つの業種基準（国民経済業種分類のGB/T4754-94とGB/T4754-2002）の鉱工業の部分を統一し，統一した鉱工業業種に属しない企業を除外した．中国鉱工業の業種別分類については，徐（2009）の解説も参照されたい．

(3) 実質化

このデータセットにおいて，生産性分析に必要な総生産高，未払い増値税，中間投入，固定資産取得価値，固定資産減価償却，固定資産純額（「固定資産浄値」），従業員数および従業員報酬のデータが示されている[4]．

TFPの計算ではこれらのデータを実質化しなくてはならない．次のように実質化した．

まず，総産出を総生産高と未払い増値税の合計として求め，その1998年価格への実質化には，国家統計局が公表した2桁業種の鉱工業製品出荷価格指数をもちいた．なお，その他の鉱業の価格指数が公表されていないため，非金属鉱のものをもちいた．

また，この価格指数と産業連関表をもちいて，徐（2010b）と同様に，2

付表 3-1　本書の鉱工業産業の業種コード対照表

鉱工業産業	1994 年業種基準コード	2002 年業種基準コード
901 石炭	06	06
902 原油・天然ガス	07	07
903 金属鉱	08；09	08；09
904 非金属鉱	10；11	10；11
905 食料品	13；14；15；2677	13；14；15
906 たばこ	16	16
907 紡織	17（－171）；1890；2851～2854	17
908 衣服・革製品	18（－1890）；19	18；19
909 製材・家具	20；21；2673	20；21；2663
910 製紙・印刷	22；23；2413	22；23
911 石油精製	25	25（－253）
912 石化	2651；266；28（－285）	2614；265；28
913 その他の化学工業	26（－2651－266－2673－2676－2677）；27；3654	26（－2614－265－2663）；27
914 プラスチック・ゴム製品	29；30	29；30
915 窯業・土石製品	31	31
916 鉄鋼	32；342	32
917 非鉄金属	2676；33	253；33
918 金属製品	34（－342－3434－3486－3487）	34
919 自動車	372；375；3782；3784	372
920 電子情報機器	41（－4183）；425	40；415
921 重要装備	3434；351；352；3531；3532；361；362（－3627－3628）；364（－3646）；3671；3683；371；376（－3765）；377；3781；3786；3791；39；401；402；4091	351；352；353；361；362；366；367；371；375（－3752－3753－3755）；376；391；392
922 その他の装備	3486；3487；353（－3531－3532）；354～359；3627；3628；363；3646；365（－3654）；367（－3671）；368（－3683）；373；374；3789；3792；3793；404～409（－4091）；42（－425－428）；4353	354～359；363～365；368；369；373；374；379；393～399；41（－415）
923 その他の製品	24（－2413）；2859；3785；43（－4353）	24；3752；3753；3755；42
924 電力	44	44
925 ガス	45	45
926 水道	46	46（－462）

出所：国民経済業種分類のGB/T4754-94とGB/T4754-2002より作成．
注：1）　括弧の中の「－」は業種を除外することを意味する．
　　2）　鉱工業から除外された業種は，1994年基準の業種では，12木材竹材採運業，171繊維原料一次加工，3765海洋石油プラットフォーム製造，3783バイク修理，4183コンピューター修理，428測量器具及び文化事務用機械修理であり，2002年基準の業種では，43廃棄物再生業，462汚水処理及び再生である．

桁業種の中間投入のデフレーターを計算し，中間投入を実質化した．

労働投入に従業員数をもちいたが，年間法定祝日・労働時間に応じて調整を行った．労働投入コストについて，従業員報酬（賃金と福利費の合計）をもちいた．

実質化した固定資本は次のように求めた[5]．

$$K_t = \begin{cases} K_{t-1} + I_t/q_t & I_t \geq 0 \\ K_{t-1} & I_t < 0 \end{cases} \quad (1)$$

ただし，

$t = 2, 3, \cdots$

K：実質固定資本

I：投資活動を通じて新たに増加した固定資産（名目値）

q：固定資本投資デフレーター（1998年の固定資産価格を1とする）

である．

I は次の手順で求めた[6]．まず，固定資本の定義に基づいて次の等式が成立する．

$$OF_t = OF_{t-1} - SC_t + I_t \quad (2)$$

$$CD_t = CD_{t-1} + D_t - SC_t \quad (3)$$

ただし，

OF：固定資産取得価値

SC：スクラップ・バリュー（scrap value: 廃棄された固定資産の価値）

CD：累積減価償却

D：減価償却

である．

次に，式(2)と式(3)から I_t に関する次の式が得られる．

$$I_t = OF_t - CD_t - OF_{t-1} + CD_{t-1} + D_t = NF_t - NF_{t-1} + D_t \tag{4}$$

ただし，NF_t は固定資産純額である．$NF_t = OF_t - CD_t$ である．
なお，初期（$t=1$）の K は次のように計算した．

$$K_1 = \overline{NF_1}/q_1 \tag{5}$$

ただし，$\overline{NF_1}$ は「固定資産純額年平均余額」である．

実質固定資本は建築と設備に分けて計算したが，各企業の建築・設備比率と固定資本投資デフレーターは2桁業種のものをもちいた[7]．

固定資本コストには，孫・任（2005, 2008）を参考にして，資本サービス価格 p をもちいた．p を次のように計算した．

$$p_t = \frac{[r_t q_{t-1} + \sigma_t q_t - (q_t - q_{t-1})][1 + g_t + h_t - u_t(1+h_t)z_t]}{1 - u_t} \tag{6}$$

ただし，

q：固定資本投資デフレーター（1998年の固定資産価格を1とする）

u：企業所得税率，33% とした

h：増値税率，17% とした

g：固定資産投資方向調節税，1998-99年は10%，2000年以降は0% とした

σ：（経済）減価償却率，建築と設備はそれぞれ 2.3% と 10.5% とした

r：上海証券取引所に上場されている直近の10年期国債の年平均収益率

z：1元投資の原価償却の現在価格，線形減価償却法を採用した

である．z は次のように計算した．

$$z = \frac{1-(1+i)^{-\tau}}{\tau i} \tag{7}$$

ただし,

τ：減価償却期間，建築と設備はそれぞれ30年と13年の法定減価償却期間をもちいた

i：ディスカウント率，rと同じにした

である．

注
1) なお，売上高指標は2004年までは販売高であり，2005年からは主営業務収入に変わった．鉱工業公表統計については，徐 (2009) を参照されたい．
2) 実際に企業法人が記入する「法人単位基本情況」の表式を見ると，2006年以降は国有支配，集団支配，個人支配，香港・澳門・台湾支配および外国支配の選択肢が用意されているが，2005年の表式では選択項目は国有絶対支配，国有相対支配，集団絶対支配，集団相対支配，その他の5項目しかなかった．
3) 実際に，一意的に判断できない企業の登記類型と企業支配状況を2007年の個票データをもちいてマッピングした．結果を見ると，内国民間企業では，集団支配と個人支配が混在しており，外資系企業では，その大半が外資支配であることがわかった．
4) 一部の年次について，中間投入は総産出と付加価値の差額として求めた．
5) I がマイナスになった理由としては，年内減価償却と累積減価償却の計算の不一致が考えられる．なお，Nishimura et al. (2005) は，I がマイナスの場合，実質化せずに前期末の実質資本ストックから $|I|$ を差し引いて，今期末の実質資本ストックを求めた．
6) 1990年代に大規模な資産再評価が実施された．しかし，鉱工業企業個票データベースの期間は1998-2007年であり，関連データの取得も不可能であるので，ここではその影響を捨象した．資産再評価を考慮した場合の固定資本投資計測については，Holz (2006) を参照されたい．
7) 計算方法は徐 (2010b) を参照されたい．

参考文献

日本語文献

今井健一（2002）「中小国有・公有企業の民営化―所有変革のダイナミクス―」今井健一編『中国の公企業民営化』アジア経済研究所．

今井健一（2006）「企業家の企業：非国有企業の勃興」今井健一・渡邊真理子編『企業の成長と金融制度』名古屋大学出版会．

エクスタイン，A．（1980）石川滋監訳『中国の経済革命』東京大学出版会．

袁堂軍（2010）『中国の経済発展と資源配分 1860-2004』東京大学出版会．

王曙光（2002）『海爾集団（ハイアール）』東洋経済新報社．

大橋英夫（2003）『経済の国際化』名古屋大学出版会．

大橋英夫（2008）「外資政策　経済安全保障」関志雄・朱建栄・日本経済研究センター・清華大学国情研究センター編『中国の経済大論争』勁草書房．

大橋英夫編（2013）渡辺利夫・21世紀政策研究所監修『ステート・キャピタリズムとしての中国―市場か政府か』勁草書房．

海外経済協力基金開発援助研究所（1998）「東アジア移行経済（中国とベトナム）の国有企業改革」OECF Research Papers, No. 24.

加藤弘之（2009）「どこへゆく中国の資本主義」加藤弘之・久保亨編『進化する中国の資本主義』岩波書店．

加藤弘之・渡邊真理子（2013）「「国進民退」は起きているか？」加藤弘之・渡邊真理子・大橋英夫編『21世紀の中国　経済編：国家資本主義の光と影』朝日新聞出版．

川井伸一（1990）「中国企業における指導制度―構造と機能」毛里和子編『毛沢東時代の中国』日本国際問題研究所．

川井伸一（1996）『中国企業改革の研究―国家・企業・従業員の関係―』中央経済社．

川井伸一（1998）『中国私営企業と経営―概説と資料―』愛知大学経営総合科学研究所．

金榮愨・権赫旭・深尾京司（2008）「産業の新陳代謝機能」深尾京司・宮川努編『生産性と日本の経済成長：JIPデータベースによる産業・企業レベルの実証分析』東京大学出版会．

黒岩郁雄（2006）「東アジアの国際産業連関と生産ネットワーク」平塚大祐編『東アジアの挑戦―経済統合・構造改革・制度構築―』アジア経済研究所.

黒田昌裕・新保一成・木地孝之（2012）「産業連関表の基本構造と産業連関分析」環太平洋産業連関分析学会編（宍戸駿太郎監修）『産業連関分析ハンドブック』東洋経済新報社.

厳善平（2002）『農民国家の課題』名古屋大学出版会.

黄孝春（2011）「企業体制の再構築」加藤弘之・上原一慶編『現代中国経済論』ミネルヴァ書房.

呉軍華（2008）『中国　静かなる革命』日本経済新聞出版社.

呉敬璉（2007）青木昌彦監訳・日野正子訳『現代中国の経済改革』NTT出版.

小島麗逸（1989）『中国経済統計・経済法解説』アジア経済研究所.

小宮隆太郎（1989）『現代中国経済：日中の比較考察』東京大学出版会.

コルナイ, J.（1984）盛田常夫編訳『「不足」の政治経済学』岩波現代選書.

徐涛（2004a）「中国上場企業の経営者交替と企業業績―国有・民営の比較分析―」『中国経済研究』第2巻第2号.

徐涛（2004b）「中国国有企業における株式会社制度導入の歴史―社会主義理念の変容と経営者支配の形成―」『立命館経済学』第53巻第3・4号.

徐涛（2006）「中国東北国有企業改革の現状と課題―東北振興戦略の進展を踏まえて―」『社会システム研究』第13号.

徐涛（2007）「中国上場企業の国有株放出と「株権分断改革」―政策論争の展開」『北海学園大学経済論集』第55巻第3号.

徐涛（2009）「中国鉱工業企業統計データの吟味」『アジア経済』第50巻第2号.

徐涛（2010a）「中国国家資本の史的考察―鉱工業統計資料による業種別比較分析―」中兼和津次編『歴史的視野からみた現代中国経済』財団法人東洋文庫.

徐涛（2010b）「中国業種・所有制別鉱工業集計データセットの構築」『北海学園大学経済論集』第58巻第3号.

徐涛（2011a）「中国鉱工業企業の参入・退出と生産性の変化―規模以上鉱工業個票データベース（1998-2007）による実証分析―」『中国経済研究』第8巻第2号.

徐涛（2011b）「中国の国家資本政策と経済論争」『北海学園大学経済論集』第59巻第3号.

徐涛（2013）「中国経済における国家資本，国内私的資本と外資の「鼎立」」『北海学園大学経済論集』第60巻第4号.

徐涛（2014）「中国鉱工業企業の地殻変動―規模以上鉱工業企業個票データベース（1998-2007年）に基づく分析―」『北海学園大学経済論集』第62巻第1号.

総務省（2009）『日本標準産業分類（平成19年11月改定）』統計情報研究開発センター.

Qian, Y. and B.R. Weingast（1997）和田義郎訳「制度，政府行動主義と経済発展」青木昌彦・金瀅基・奥野（藤原）正寛編『東アジアの経済発展と政府の役割―

比較制度分析アプローチ』日本経済新聞社.
チャンドラー, A.D. Jr (1979) 鳥羽欽一郎・小林袈裟治訳『経営者の時代―アメリカ産業における近代企業の成立―』東洋経済新報社.
丁学良 (2013) 丹藤佳紀監訳・阿部亘訳『検証:「中国経済発展モデル」の真実―その起源・成果・代償・展望―』科学出版社東京.
中兼和津次 (2002)『経済発展と体制移行』名古屋大学出版会.
中兼和津次 (2011)「価格政策・制度の変遷とその評価」中兼和津次編『NHU 現代中国早稲田大学拠点研究シリーズ 4 改革開放以後の経済制度・政策の変遷とその評価』早稲田大学現代中国研究所.
中川涼司 (2007)『中国の IT 産業―経済成長方式転換の中での役割―』ミネルヴァ書房.
中屋信彦 (2013a)「中国「瞰制高地」部門における公有企業の支配状況調査」『調査と資料』第 118 号.
中屋信彦 (2013b)「体制移行の錯覚と中国の国家資本」『経済科学』第 60 巻第 4 号.
日刊自動車新聞社・日本自動車会議所編 (2013)『自動車年鑑 2013〜2014』日刊自動車新聞社.
深尾京司ほか (2008)「日本経済の成長会計分析」深尾京司・宮川努編『生産性と日本の経済成長:JIP データベースによる産業・企業レベルの実証分析』東京大学出版会.
ブレマー, I. (2011) 有賀裕子訳『自由市場の終焉―国家資本主義とどう闘うか』日本経済新聞出版社.
丸川知雄 (2000)「中小公有企業の民営化:四川省のケース」『中国研究月報』第 54 巻第 4 号.
丸川知雄 (2009)「民間企業―村から世界へ」大橋秀夫・丸川知雄編『中国企業のルネサンス』岩波書店.
丸川知雄 (2013)『チャイニーズ・ドリーム―大衆資本主義が世界を変える』筑摩書房.
三浦有史 (2012)「中国の社会安定と発展モデル転換を阻むインフォーマル・セクターの拡大」『Business Economic Review』3 月号.
ミルグロム, P.・ロバーツ, J. (1997) 奥野正寛・伊藤秀史・今井晴雄・西村理・八木甫訳『組織の経済学』NTT 出版.
ヤーギン, D. (2001) 山岡洋一訳『市場対国家―世界を作り変える歴史的攻防』日経新聞社.
八代尚光 (2011)『新中国企業論―国際化とイノベーションの研究―』文真堂.
矢野剛 (1997)「中国工業における国有企業の行動様式の計量分析―技術変化,技術効率性,配分効率性―」『京都大学経済学会経済論叢別冊 調査と研究』第 14 号.
余勝祥 (2000)「中国の国有企業改革における国有資産管理について」『アジア研究』

第 46 巻第 1 号.
ラヴィーニュ，M.（2001）栖原学訳『移行の経済学―社会主義経済から市場経済へ』日本評論社.
劉徳強（2012）「国有企業改革はどこまで進んだか？国有企業の改革と所有形態の変化」南亮進・牧野文夫編『中国経済入門（第 3 版）世界第二位の経済大国の前途』日本評論社.
凌志軍（2006）漆嶋稔訳『聯想：中国最強企業集団の内幕（上）』日経 BP 社.
林毅夫・蔡昉・李周（1997b）渡辺利夫監訳・杜進訳『中国の経済発展』日本評論社.
林毅夫・蔡昉・李周（1999）関志雄監訳・李粋蓉訳『中国の国有企業改革』日本評論社.

中国語文献

卞歴南（2011）『制度変遷的邏輯：中国現代国営企業制度之形成』浙江大学出版社.
薄一波（1991）『若干重大決策与事件的回顧』中共中央党校出版社.
財政部科研所調研組（2008）「奇瑞汽車的自主創新之路―関于企業自主創新路径及政府扶持政策的調研与思考―」『財政研究』第 8 期.
曹正漢（2006）「中国民営経済発展回顧与展望」史晋川編『中国民営経済発展報告（上冊）』経済科学出版社.
陳琳（2012）『転型時期的外商直接投資技術外溢：企業層面的新視角』復旦大学出版社.
陳凌・曹正漢（2006）「中国民営企業成長：制度与能力」史晋川編『中国民営経済発展報告（上冊）』経済科学出版社.
陳中小路（2013）「2013 央企風暴："老虎和蒼蝇一起打"」『南方週末』1 月 24 日.
大塚啓二郎・劉徳強・村上直樹（2000）『中国的工業改革―過去的成績和未来的前景』上海三聯書店・上海人民出版社.
董輔礽編（1999a）『中華人民共和国経済史（上巻）』経済科学出版社.
董輔礽編（1999b）『中華人民共和国経済史（下巻）』経済科学出版社.
董志凱（2006a）「"二五"計劃的制定与実施前期（1958-1960）」劉国光編『中国十個五年計画研究報告』人民出版社.
董志凱（2006b）「国民経済調整中的計劃工作（1961-1965）」劉国光編『中国十個五年計画研究報告』人民出版社.
杜亮（2009）「"国進民退"之憂」『中国企業家』第 8 期.
房煜（2009）「東星航空為何"非死不可"？」『中国企業家』第 8 期.
顧強・崔巍・李夢娟（2013）「中国集体経済的主要類型」劉迎秋編『中国非国有経済発展道路』経済管理出版社.
国家統計局編（2008）『国民経済行業分類注釈』中国統計出版社.
国家統計局国民経済核算司編（2007）『2007 年全国投入産出調査培訓手冊』中国統

計出版社.
国務院発展研究中心「国有経済的戦略性改組」課題組（1997）「実現国有経済的戦略性改組」『管理世界』第 5 期.
韓適南（2008）「陳光談諸城"壳光"—最自豪是給職工建立社保」『斉魯晩報』10 月 7 日.
賀軍（2009）「鋼鉄業呈"国進民退"？」『中国企業家』第 9 期.
何問陶・倪全宏（2005）「中国上市公司 MBO 前一年盈余管理実証研究」『会計研究』第 6 期.
胡鞍鋼（2012）「"国進民退"現象的証偽」『国家行政学院学報』第 1 期.
胡永泰・海聞・金毅彪（1994）「中国企業改革究竟獲得了多大成功？」『経済研究』第 6 期.
江詩松・龔麗敏・魏江（2011）「転型経済背景下後発企業的能力追赶：一個共演模型—以吉利集団為例—」『管理世界』第 4 期.
姜英爽（2008）「"傻子"三度被鄧小平点名」『南方都市報』3 月 24 日.
劇錦文（2009）『非国有経済進入壟断産業研究』経済管理出版社.
孔翔・Marks, R.E.・万広華（1999）「国有企業全要素生産率変化及其決定因素：1990-1994」『経済研究』第 7 期.
郎咸平（2004a）「質疑 TCL 産権改革方案」劉貽清・張勤徳編『"郎旋風"実録：関于国有資産流失的大討論』中国財政経済出版社.
郎咸平（2004b）「海爾変形記：漫長曲線 MBO 全解析」劉貽清・張勤徳編『"郎旋風"実録：関于国有資産流失的大討論』中国財政経済出版社.
郎咸平（2004c）「在"国退民進"盛筵中狂歓的格林柯爾」劉貽清・張勤徳編『"郎旋風"実録：関于国有資産流失的大討論』中国財政経済出版社.
郎咸平ほか（2006）『中国式 MBO—布満鮮花的陥阱』東方出版社.
李峻峰（2009）「浅析外資併購対我国汽車産業安全的影響」『企業経済』第 1 期.
李利英（2004）「中国国有企業生産率変動趨勢的実証分析：基于対 769 家国有企業跟踪調査様本的判断」『経済科学』第 1 期.
李利英（2005）「我国国有企業改革対企業効率的影響：対現有研究的一個綜述」『経済経緯』第 6 期.
李孟剛編（2012）『産業安全藍皮書　中国産業外資控制報告（2011-2012）』社会科学文献出版社.
李孟剛・蒋志敏・李文興（2006）「中国外資産業控制報告」『国情観察』第 6 期.
李少林（2013）「高端装備製造業」肖興志編『中国戦略性新興産業発展報告 2012』人民出版社.
李曜・袁争光（2008）「後 MBO 上市公司進行高現金分紅了嗎」『南開管理評論』第 11 巻第 1 期.
李祖栄・胡引定・徐川義（2004）「国資監管：成績斐然，挑戦犹存」『企業文明』第 4 期.

林毅夫（2002）「自生能力，経済転型与新古典経済学的反思」『経済研究』第 12 期.
林毅夫・劉培林（2001）「自生能力和国企改革」『経済研究』第 9 期.
林毅夫・譚国富（2000）「自生能力，政策性負担，責任帰属和予算軟約束」『経済社会体制比較』第 4 期.
林毅夫・蔡昉・李周（1995）「国有企業改革的核心是創造競争的環境」『改革』第 3 期.
林毅夫・蔡昉・李周（1997a）「現代企業制度的内涵与国有企業改革方向」『経済研究』第 3 期.
林毅夫・蔡昉・李周（1998）「競争，政策性負担和国有企業改革」『経済社会体制比較』第 5 期.
劉小玄（1997）「国有企業与非国有企業的産権結構及其対効率的影響」林青松・杜鷹編『中国工業改革与効率――国有企業与非国有企業比較研究』雲南人民出版社.
劉小玄（2000）「中国工業企業的所有制結構対効率差異的影響――1995 年全国工業企業普査数拠的実証分析」『経済研究』第 2 期.
陸幸生（2003）「"皇甫平"文章発表的前前後後」『南方週末』2 月 27 日.
羅長遠・張軍（2012）「転型時期的外商直接投資：中国的経験」羅長遠・Guariglia, A. 編『金融発展滞後背景下中国経済快速増長之謎：外商直接投資角色的再思考』北京大学出版社.
馬立誠（2006）『大突破：新中国私営経済風雲録』中華工商聯合出版社.
馬立誠・凌志軍（1998）『交鋒：当代中国三次思想解放実録』今日中国出版社.
毛道維・蔡雷・任佩瑜（2003）「1999-2002 年中国上市公司 MBO 実証研究―兼論 EMBO 対国有企業改革的意義」『中国工業経済』第 10 期.
彭元・胡君霞（2010）「中国上市公司 MBO 長期績効実証研究」『金融与経済』第 9 期.
銭家駿・彭紹仲（1994）「関于国有企業減少冗員問題的調査報告」『中国工業経済研究』第 8 期.
史晋川・王勁松（2006）「中国民営経済的産業結構演進」史晋川編『中国民営経済発展報告（上冊）』経済科学出版社.
孫琳琳・任若恩（2005）「中国資本投入和全要素生産率的估算」『世界経済』第 12 期.
孫琳琳・任若恩（2008）「我国行業層次資本服務量的測算（1981-2000 年）」『山西財経大学学報』第 30 巻第 4 期.
田志龍ほか（2010）「中国汽車市場弱勢後入者的経営戦略―基于対吉利，奇瑞，華晨，比亜迪和哈飛等華系汽車的案例分析―」『管理世界』第 8 期.
涂正革・肖耿（2005）「中国的工業生産力革命―用随機前沿生産模型対中国大中型工業企業全要素生産率増長的分解及分析―」『経済研究』第 3 期.
王華・祝樹金・頼明勇（2012）「技術差距的門檻与 FDI 技術溢出的非線性―理論模型及中国企業的実証研究」『数量経済技術経済研究』第 4 期.
王然（2009）「聯想：新"家族"企業」『経済観察報』9 月 12 日.

呉敬璉（1994）『現代公司与企業改革』天津人民出版社．
呉敬璉（2012）「"国進民退"：中国改革的風険」『中国民営科技与経済』第11-12期．
武力（2006）「第一個五年計劃的制定与実施（1953-1957）」劉国光編『中国十個五年計画研究報告』人民出版社．
呉珊（2011）「中国品牌外資控制状況研究：基于産業安全理論視角的研究総述」『寧夏社会科学』第3期．
呉暁波（2007a）『激蕩三十年——中国企業1978～2008（上）』中信出版社・浙江人民出版社．
呉暁波（2007b）『大敗局 II』浙江人民出版社．
呉暁波（2009）『激蕩一百年——中国企業1870～1977（下）』中信出版社．
謝千里・羅斯基・張軼凡（2008）「中国工業生産率的増長与収斂」『経済学（季刊）』第7巻第3期．
謝千里・羅斯基・鄭玉歆（1994）「論国営工業生産率」『経済研究』第10期．
謝千里・羅斯基・鄭玉歆（1995）「改革以来中国工業生産率変動趨勢的估計及其可靠性分析」『経済研究』第12期．
謝暁萍（2011）「柳伝志資本騰挪謀話語権　聯想控股上市前急変陣」『毎日経済新聞』7月28日．
新華社記者（2006）「国資委：国有経済応保持対七個行業的絶対控制力」（オンライン）http://www.gov.cn/ztzl/2006-12/18/content_472256.htm（2011年3月2日確認）．
楊奎松（2006）「1952年上海"五反"運動始末」『社会科学』第4期．
益智（2003）「中国上市公司MBO的実証研究」『財経研究』第29巻第5期．
于永達・呂氷洋（2010）「中国生産率争論：方法的局限性和結論的不確定性」『清華大学学報（哲学社会科学版）』第25巻第3期．
原小能・宋傑（2007）「外国直接投資企業的外溢効応：基于外資企業問巻調査的研究」『世界経済』第12期．
張厚義（1999）「又一支異軍在突起—改革開放以来私営経済的再生与発展」張厚義・明立志編『中国私営企業発展報告No.1（1978～1998）』社会科学文献出版社．
張軍（2006）『"双軌制"経済学：中国的経済改革（1978～1992）』上海三聯書店・上海人民出版社．
張軍ほか（2006）『転型，治理与中国私人企業的演進』復旦大学出版社．
張維迎（1994）「従現代企業理論看中国国有企業的改革」『経済学消息報』11月17日．
張維迎（1995a）「中国国有企業改革的理性思考」『中華工商時報』1月23日．
張維迎（1995b）「公有制経済中的委託人—代理人関係：理論分析和政策含義」『経済研究』第4期．
張維迎（1995c）「決策権，剰余索取権和績効：中国国有企業改革運作的一個理論分析」『中国社会科学季刊』秋季号．

張維迎（1996a）「国有企業改革出路何在？」『経済社会体制比較』第1期．
張維迎（1996b）「所有制，治理結構与委託─代理関係」『経済研究』第9期．
張文魁（2003）「国資管理体制改革四大要点不容回避」『中国経済時報』2月11日．
張毅（1990）『中国郷鎮企業　艱辛的歴程』法律出版社．
張忠民・朱婷（2007）『南京国民政府時期的国有企業（1927〜1949）』上海財経大学出版社．
鄭京海・劉小玄・Bigsten, A.（2002）「1980-1994期間中国国有企業的効率，技術進歩和最佳実践」『経済学（季刊）』第1巻第3期．
鄭玉歆（1996）「中国工業生産率変動趨勢的估計及其可靠性分析」『数量経済技術経済研究』第12期．
中華人民共和国国家統計局・国務院第二次全国経済普査領導小組弁公室編（2008）「第二次全国経済普査方案」（オンライン）http://www.stats.gov.cn/zgjjpc/jjpc2/pcfa2/t20080813_402503989.htm（2013年1月確認）．
朱鍾棣・李小平（2005）「中国工業行業資本形成，全要素生産率変動及其趨勢化：基于分行業面板数据的研究」『世界経済』第9期．

中国語年鑑・資料集

『1953-1957中華人民共和国経済档案資料選編：工業巻』，中国社会科学院・中央档案館，中国物価出版社，1998年．
『1953-1957中華人民共和国経済档案資料選編：商業巻』，中国社会科学院・中央档案館，中国物価出版社，2000年．
『1953-1957中華人民共和国経済档案資料選編：総合巻』，中国社会科学院・中央档案館，中国物価出版社，2000年．
『1958-1965中華人民共和国経済档案資料選編：工業巻』，中国社会科学院・中央档案館，中国財政経済出版社，2011年．
『二軽工業集体工業歴年統計資料（1949-1982）』軽工業部，内部資料，1983年．
『工商行政管理統計匯編2010』，国家工商行政管理総局，中国工商出版社，2011年．
『工業統計年報』（各年版），国家統計局，内部資料．
『国家統計調査制度』（各年版），中華人民共和国国家統計局，内部資料．
『一九八〇年工業交通統計年報』，国家統計局，内部資料，1981年．
『中国2007年投入産出表』，国家統計局国民経済核算司，中国統計出版社，2009年．
『中国財政年鑑』（各年版），財政部主管，中国財政雑誌社．
『中国工商行政管理統計四十年』，国家工商行政管理局信息中心，中国統計出版社，1992年．
『中国工業経済統計年鑑』（各年版），国家統計局工業統計司，中国統計出版社．
『中国工業経済統計資料：1949-1984』，国家統計局工業交通物資統計司，中国統計出版社，1985年．
『中国国有資産監督管理年鑑』（各年版），『中国国有資産監督管理年鑑』編委会，中

国経済出版社.

『中国海関統計年鑑』(各年版), 中華人民共和国海関総署, 中国海関出版社.

『中国経済普査年鑑 2004』, 国務院第一次全国経済普査領導小組弁公室, 中国統計出版社, 2006 年.

『中国経済普査年鑑 2008』, 国務院第二次全国経済普査領導小組弁公室, 中国統計出版社, 2010 年.

『中国貿易外経統計年鑑 2013』, 国家統計局貿易外経統計司, 中国統計出版社, 2013 年.

『中国統計年鑑』(各年版), 国家統計局, 中国統計出版社.

『中国物価年鑑』(各年版), 『中国物価年鑑』編輯部, 編輯部出版.

『中国郷鎮企業及農産品加工業年鑑』(各年版), 『中国郷鎮企業及農産品加工業年鑑』編輯委員会, 中国農業出版社.

『中国郷鎮企業年鑑』(各年版), 『中国郷鎮企業年鑑』編輯委員会, 中国農業出版社.

『中国郷鎮企業統計資料：1978-2002』, 農業部郷鎮企業局, 中国農業出版社, 2003 年.

『中国証券期貨統計年鑑』(各年版), 中国証券監督管理委員会, 学林出版社.

『中華人民共和国 1995 年第三次全国工業普査資料匯編：国有・三資・郷鎮巻』, 第三次全国工業普査弁公室, 中国統計出版社, 1997 年.

英語文献

Aw, B.Y., X. Chen and M.J. Roberts (2001) Firm-level evidence on productivity differentials and turnover in Taiwanese manufacturing. *Journal of Development Economics*. 66(1).

Bai, C., J. Lu and Z. Tao (2009) How does privatization work in China. *Journal of Comparative Economics*. 37(3).

Brandt, L., C. Hsieh and X. Zhu (2008) Growth and Structural Transformation in China. In: L. Brandt and T.G. Rawski (eds). *China's Great Economic Transformation*. Cambridge University Press.

Caves, D.W., L.R. Christensen and W.E. Diewert (1982) Multilateral comparisons of output, input, and productivity using superlative index numbers. *The Economic Journal*. 92(365).

Chen, K., H. Wang, Y. Zheng, G.H. Jefferson and T.G. Rawski (1988) Productivity change in Chinese industry: 1953-1985. *Journal of Comparative Economics*. 12(4).

Christensen, L.R., D. Cummings and D.W. Jorgenson (1981) Relative productivity levels, 1947-1973: An international comparison. *European Economic Review*. 16(1).

Coelli, T.J., D.S.P. Rao, C.J. O'Donnell and G.E. Battese (2005) *An Introduction*

to *Efficiency and Productivity Analysis*. Springer.
Denisova, I., M. Eller, T. Frye and E. Zhuravskaya (2012) Everyone hates privatization, but why? Survey evidence from 28 post-communist countries. *Journal of Comparative Economics*. 40(1).
Diewert, W.E. and K.J. Fox (2010) Malmquist and Törnqvist productivity indexes: Returns to scale and technical progress with imperfect competition. *Journal of Economics*. 101(1).
Dong, X. and L.C. Xu (2009) Labor restructuring in China: Toward a functioning labor market. *Journal of Comparative Economics*. 37(2).
Dougherty, S., R. Herd and P. He (2007) Has a private sector emerged in China's industry? Evidence from a quarter of a million Chinese firms. *China Economic Review*. 18(3).
Foster, L., J. Haltiwanger and C.J. Krizan (2001) Aggregate Productivity Growth: Lessons from Microeconomic Evidence. In: C.R. Hulten, E.R. Dean and M.J. Harper (eds). *New Developments in Productivity Analysis*. The University of Chicago Press.
Frye, T. and A. Shleifer (1997) The invisible hand and the grabbing hand. *American Economic Review*. 87(2).
Good, D.H., M.I. Nadiri and R.C. Sickles (1997) Index Number and Factor Demand Approaches to the Estimation of Productivity. In: M.H. Pesaran and P. Schmidt (eds). *Handbook of Applied Econometrics: Vol. 2. Microeconomics*. Oxford.
Görg, H. and D. Greenaway (2004) Much ado about nothing? Do domestic firms really benefit from foreign direct investment? *The World Bank Research Observer*. 19(2).
Griliches, Z. and H. Regev (1995) Firm productivity in Israeli industry 1979-1988. *Journal of Econometrics*. 65(1).
Hart, O. (1995) *Firms, Contracts, and Financial Structure*. Clarendon Press.
Holz, C.A. (2006) New capital estimates for China. *China Economic Review*. 17(2).
Huang, Y. (2008) *Capitalism with Chinese Characteristics*. Cambridge University Press.
Hulten, C.R. (2001) Total Factor Productivity: A Short Biography. In: C.R. Hulten, E.R. Dean and M.J. Harper (eds). *New Developments in Productivity Analysis*. The University of Chicago Press.
Javorcik, B.S. (2004) Does foreign direct investment increase the productivity of domestic firms? In search of spillovers through backward linkages. *The American Economic Review*. 94(3).

Jefferson, G.H., L. Mai and J.Z.Q. Zhao (1999) Reforming Property Rights in China's Industry. In: G.H. Jefferson and I. Singh (eds). *Enterprise Reform in China: Ownership, Transition, and Performance*. Oxford University Press.

Jefferson, G.H., T.G. Rawski and Y. Zheng (1992) Growth, efficiency, and convergence in China's state and collective industry. *Economic Development and Culture Change*. 40(2).

Jefferson, G.H. et al. (2000) Ownership, productivity change, and financial performance in Chinese industry. *Journal of Comparative Economics*. 28(4).

Jeon, Y., B. Il Park and P.N. Ghauri (2013) Foreign direct investment spillover effects in China: Are they different across industries with different technological levels? *China Economic Review*. 26(1).

Kornai, J. (1992) *The Socialist System: The Political Economy of Communism*. Princeton University Press.

Lau, K. and J.C. Brad (1990) Technological progress and technical efficiency in Chinese industrial growth: A frontier production function approach. *China Economic Review*. 1(2).

Lee, J. (2009) State owned enterprises in China: Reviewing the evidence. *OECD Working Group on Privatisation and Corporate Governance of State Owned Assets*. OECD.

Li, K., H. Yue and L. Zhao (2009) Ownership, institutions, and capital structure: Evidence from China. *Journal of Comparative Economics*. 37(3).

Li, W. (1997) The impact of economic reform on the performance of Chinese state enterprises, 1980-1989. *Journal of Political Economy*. 105(5).

Lin, J.Y. and G. Tan (1999) Policy burdens, accountability, and the soft budget constraint. *The American Economic Review*. 89(2).

Lin, J.Y., F. Cai and Z. Li (1998) Competition, policy burdens, and state-owned enterprises reform. *The American Economic Review*. 88(2).

Lo, D. (1999) Reappraising the performance of China's state-owned industrial enterprises, 1980-96. *Cambridge Journal of Economics*. 23(6).

Miller, R.E. and M.L. Lahr (2001) A Taxonomy of Extractions, Regional Science Perspectives. In: M.L. Lahr and R.E. Miller (eds). *Economic Analysis: A Festschrift in Memory of Benjamin H. Stevens*. Elsevier Science.

Nishimura, K.G., T. Nakajima and K. Kiyota (2005) Does the natural selection mechanism still work in severe recessions? Examination of the Japanese economy in the 1990s. *Journal of Economic Behavior & Organization*. 58(1).

OECD (2010) *OECD Economic Surveys: China 2010*. OECD.

OECD (2013) *OECD Economic Surveys: China 2013*. OECD.

Pejovich, S. (1990) *The Economics of Property Rights: Towards a Theory of*

Comparative Systems. Kluwer Academic.

Rassweiler, A. (2012) *Many iPhone 5 components change, but most suppliers remain the same, teardown reveals*. (Online) Available from: http://www.isuppli.com/Teardowns/News/Pages/Many-iPhone-5-Components-Change-But-Most-Suppliers-Remain-the-Same-Teardown-Reveals.aspx. (Accessed: 13th May 2013)

Sonis, M., G.J.D. Hewings and J. Guo (2000) A new image of classical key sector analysis: Minimum information decomposition of the Leontief inverse. *Economic Systems Research*. 12(3).

Szamosszegi, A. and C. Kyle (2011) *An Analysis of State-owned Enterprises and State Capitalism in China*. U.S.-China Economic and Security Review Commission.

Tian, X. and X. Yu (2012) The enigmas of TFP in China: A meta-analysis. *China Economic Review*. 23(2).

Woo, W.T. et al. (1993) The efficiency and macroeconomic consequences of Chinese enterprise reform. *China Economic Review*. 4(2).

Woo, W.T. et al. (1994) Reply to comment by Jefferson, Rawski and Zheng. *China Economic Review*. 5(2).

World Bank and the Development Research Center of the State Council, P.R. China (2013) *China 2030: Building a Modern, Harmonious, and Creative Society*. World Bank.

Wu, Y. (1995) Productivity growth, technological progress, and technical efficiency change in China: A three-sector analysis. *Journal of Comparative Economics*. 21(2).

あとがき

　そもそも本書が重要視した所有制と産業の複眼的考察のきっかけの１つは，「中国東北振興戦略と日中間地域協力の新たな可能性―中国・国有企業改革と循環型社会経済の構築を中心に―」（平成 17 年度外務省「日中知的交流支援事業」）プロジェクトの参加に遡る．プロジェクトを主宰したのは私の博士課程指導教官松野周治教授であった．先生からは丁寧な研究指導のみならず，第一汽車，吉林石化，瀋陽重機，哈飛汽車，東北軽合金といった国有企業の調査など，中国現地のフィールドワークの機会をたくさんいただいた．現地調査を通じて，国有企業の性格が業種，所属，規模によって大きく異なると確信した．本書をもって先生への研究報告に代えさせていただき，深く感謝申し上げたい次第である．

　大学院の５年間において，日本政府国費外国人留学生奨学金をいただいた．これは私の研究生活の「糧」になった．心より感謝を申し上げたい．

　本書は今までの研究の総括であるが，発表論文を大幅に添削・修正し，また文脈の流れに沿って論文を分割して各章へ組み換え，内容を拡充した．参考までに各章に部分的に利用・引用した初出論文を記しておく．

　　（序章）
　すべて書き下ろし．
　　（第 1 章）
「中国の国家資本政策と経済論争」，『北海学園大学経済論集』第 59 巻第 3 号，
　　2011 年．
　　（第 2 章）
「中国国有企業における株式会社制度導入の歴史―社会主義理念の変容と経営者
　　支配の形成―」，『立命館経済学』第 53 巻第 3・4 号，2004 年．

「中国上場企業の国有株放出と「株権分断改革」—政策論争の展開」,『北海学園大学経済論集』第 55 巻第 3 号, 2007 年.

「中国の国家資本政策と経済論争」,『北海学園大学経済論集』第 59 巻第 3 号, 2011 年.

(第 3 章)

「中国上場企業の国有株放出と「株権分断改革」—政策論争の展開」,『北海学園大学経済論集』第 55 巻第 3 号, 2007 年.

「中国の国家資本政策と経済論争」,『北海学園大学経済論集』第 59 巻第 3 号, 2011 年.

「中国鉱工業企業の地殻変動—規模以上鉱工業企業個票データベース (1998-2007 年) に基づく分析—」,『北海学園大学経済論集』第 62 巻第 1 号, 2014 年.

(第 4 章)

「中国鉱工業企業の地殻変動—規模以上鉱工業企業個票データベース (1998-2007 年) に基づく分析—」,『北海学園大学経済論集』第 62 巻第 1 号, 2014 年.

(第 5 章)

「中国経済における国家資本, 国内私的資本と外資の「鼎立」」,『北海学園大学経済論集』第 60 巻第 4 号, 2013 年.

「中国経済における国家資本, 国内私的資本と外資の「鼎立」—第 2 次経済センサス個票データベース・産業連関表に基づく分析—」, 学会発表, 中国経済学会全国大会, 2013 年.

(第 6 章)

「中国鉱工業企業の参入・退出と生産性の変化—規模以上鉱工業個票データベース (1998-2007) による実証分析—」,『中国経済研究』第 8 巻第 2 号, 2011 年.

「中国鉱工業企業の地殻変動—規模以上鉱工業企業個票データベース (1998-2007 年) に基づく分析—」『北海学園大学経済論集』第 62 巻第 1 号, 2014 年.

(終章)

「中国国有企業における株式会社制度導入の歴史—社会主義理念の変容と経営者支配の形成—」,『立命館経済学』第 53 巻第 3・4 号, 2004 年.

「中国国家資本の史的考察—鉱工業統計資料による業種別比較分析—」, 中兼和津次編『歴史的視野からみた現代中国経済』財団法人東洋文庫, 2010 年.

(付録 1)

「中国鉱工業企業統計データの吟味」,『アジア経済』第 50 巻第 2 号, 2009 年.

あとがき

「中国経済における国家資本,国内私的資本と外資の「鼎立」」,『北海学園大学経済論集』第60巻第4号,2013年.

(付録2)

「中国経済における国家資本,国内私的資本と外資の「鼎立」」,『北海学園大学経済論集』第60巻第4号,2013年.

(付録3)

「中国業種・所有制別鉱工業集計データセットの構築」,『北海学園大学経済論集』第58巻第3号,2010年.

「中国鉱工業企業の地殻変動—規模以上鉱工業企業個票データベース(1998-2007年)に基づく分析—」『北海学園大学経済論集』第62巻第1号,2014年.

本書の大部分は科研費(課題番号20530250(研究代表者徐涛)),平成24年度北海学園学術研究助成金および日本証券奨学財団平成19年度研究調査助成金の研究成果である.これらの資金がなければ,データ収集と調査分析は不可能であった.また,研究発表に際して,川井伸一教授,故今井健一研究員,加藤弘之教授,丸川知雄教授,厳善平教授,劉徳強教授,中屋信彦准教授,矢野剛准教授をはじめとする研究者や匿名の査読者などから多くの貴重なご意見と知的刺激をいただいた.中兼和津次教授からは東洋文庫の中国経済研究班に参加して研究の視野を広める機会をいただいた.厚く御礼申し上げたい.

本書は「シリーズ 社会・経済を学ぶ」の1冊として出版された.研究成果を教育に還元することができれば,教育研究に携わる人間としてこれ以上ない喜びである.出版に協力してくださった小田清教授をはじめとする学内同僚,出版の機会をくださった日本経済評論社の栗原哲也社長,編集を進めてサポートしてくださった同社の清達二氏に深く感謝申し上げたい.

筆をおくときが来たが,娘のKAIもそろそろニュージーランドから帰ってくるところである.3か月の語学留学の間,たくさんの友達を作り,見識を広めたようである.いつも成績優秀のKAIからは褒め言葉をもらえるかな.気に入った仕事を辞めて北海道赴任の私についてきてくれた妻の毅静の

献身的な支えがなければ，本書の完成は不可能であった．休日も仕事を持ち帰って，部屋中を散らかして，ダイニングテーブルにパソコンと書物を広げて作業する私を，妻はひたすら我慢してくれた．本書の刊行が少しでも償いになればと祈っている．

2014年3月　昨年植えた梅の木のつぼみを眺めながら

甲斐成章

索引

各々の事項についてもっとも詳しい解説・分析がなされているページのみを掲載する．

［あ行］

赤字請負　19
アンチダンピング　106

売上高指標　261

沿海開放都市　103

［か行］

外国直接投資　102
外資　102, 203
　──企業（定義）　198-9, 203, 256-7
　──の脅威，脅威論　125-7, 141
　──系企業　55, 103, 105, 117, 121-5, 195, 198-9, 203
会社化，会社制度導入　36-7, 46, 51, 54
外商投資産業指導目録　106-7
価格双軌制　30, 93
下郷知識青年　76, 93
加工貿易　117-8
仮説的抽出法　144
合作社運動　72
株式合作制企業　90, 203
科龍　80, 94-5
管制高地　3, 49, 151-2, 161
官製資本主義　4
官僚資本主義　4

企業経営請負責任制　20-1
企業支配状況　133, 195, 198-9, 206, 256
企業の所有権　14
企業法人　133, 206-7
基礎電信業務　116
吉利汽車　78-9
規模以上　60, 131, 255

　──鉱工業企業　60
　──鉱工業企業個票データベース　255
行政的独占　191-2
競争的分野　42, 143, 151-2, 161, 181

クリーニング作業　207, 255
黒字請負　19

経営権　12, 20, 22
経営者選任　37, 189
経済センサス集計データ　131
経済特区　102-3, 115

郷営・村営企業　90
鴻海　117-8
高級農業生産合作社　72
工業生産経済責任制　17
鉱工業集計データ　131
公私合営　69
工場長責任制　189
江沢民　1-2, 32, 36, 45
郷鎮企業　89-91, 94
公定価格　30-1
後方連関効果　149, 151-2
公有制経済　41, 46, 202
公有制主導　35-6, 41, 45
　──論争　40
国資委　47-8, 80-2
　──企業　48, 50-1, 54
国進民進　181, 186
国進民退　96-7, 142, 181-2
国有化　11, 67, 71, 164, 168, 172, 174, 176-8
　──企業　163, 168, 177, 180
　──率　165, 168
国有株　52, 80
国有企業（定義）　195, 198-9, 202, 256

──制度　10
　　──の多重目標　12
　　──財産権改革論争　81
国有経済　36-7, 41, 43, 45-8, 132
国有経済の戦略的改組　42, 46
国有控股企業　198
国有資産管理局　50
国有単独出資有限会社　55, 198
国有法人株　52
国有聯営企業　198
呉敬璉　42
ゴシュ逆行列　149
ゴシュ・モデル　149
五小工業　74
五反運動　68-9
国家株　52
国家資本（定義）　202
国家資本主義　4
国家資本の戦略的再編　43, 46, 186
　　──政策　49
国家の経済安全　126
固定資本　259
混合所有　42, 46, 51, 192

[さ行]

最恵国待遇　104
三一重工　77, 125
産業活動単位　206
産業高度化　120-1
産業連関表　143
三資企業　101
三線建設　16
参入　96, 107, 115, 122, 168
　　──企業　163, 172, 174, 177, 180
　　──効果　176, 178, 180
　　──退出　156, 163, 165, 173, 176
　　──率　165
残余コントロール権　14
残余請求権　14
残余利益　14

シェア効果　176, 178
私営企業　76-8, 195, 198-9

自営業　74, 76, 203
　　──偽装　77
市場経済国　106
市場と所有制の連鎖　5
市場保全型連邦制─中国型　3, 94
市場メカニズム　30, 93
自生能力　13
私的企業（定義）　203
指導価格　31
地場企業　121-5, 203
社会主義市場経済　1-2, 32, 46, 79
社会主義システム　9, 12
社隊企業　72-4, 89, 91
　　──偽装　74
上海自由貿易試験区　193
上海浦東　103, 115
私有企業（定義）　198-9, 202-3
重化学工業化　11-2
従業人員　64
集団企業（定義）　198, 202
集団所有　202
　　──化　11, 67, 71
集団所有制企業　90
　　──偽装　78
集団所有制経済　41, 46
重要設備　143
主営業務収入　133
手工業聯合社　71
純参入効果　178, 180
上位企業調査　132
小三線建設　16
小集団企業　72
上納利潤基数請負・超過分比例留保　21
上納利潤逓増請負　21
情報の非対称性　13
情報の不完全性　13
職工　12, 64
所有権無関係説　39
所有権無関係論争　39
所有制調整効果　178, 180
指令性指標　16
進退，マクロ的進退，ミクロ的進退　156-7
新陳代謝　180

索引

人民公社，人民公社運動 72

スピルオーバー 121-5
　産業間（垂直的，前方，後方）―― 123-4
　産業内（水平的）―― 122, 124

政策的負担，社会的政策的負担，戦略的政策負
　担 13, 38-9, 188-9
生産合作社 69, 71
生産組 69
生産性 ⇒TFP
石獅「八大王」事件 74
全人民所有 14
前方連関効果 151-2
戦略的分野 42, 46-9, 56, 96, 107, 134, 140-3,
　151-2, 157, 162, 168, 174, 180-2

双軌制 30
総産出 257
増値電信業務 63, 116
装備一般装備重要装備 136
双保一掛 21
その他の機器 143
ソフトな予算制約 13-4, 38-9
存続企業 163, 168, 174, 176-8
存続効果 178, 180
存続率 165, 168

[た行]

第一汽車 10, 16, 116, 122
大衆資本主義 5
大集団企業 71
退出企業 163, 168, 172, 174, 177-8
退出効果 176, 178, 180
退出率 165
助けの手 3
第２次経済センサス個票データベース 132,
　206
大躍進 15-6, 73
ダンピング 106

地方企業 43
地方工業化 15

抓大放小 35, 46, 79
中央企業 15, 43, 50, 55-6
中央部門管理企業 50
中間投入 259
中国に存在する資本主義 2
趙紫陽 17, 36, 77
張維迎 37

定期減免税優遇 114
鼎立 130, 144
天安門事件 31, 78, 103
電子情報 137
　――機器 137

党委員会指導下の工場長責任制 13, 189
登記類型 90, 133, 195, 198-9
鄧小平 31, 76, 78, 91, 95
東風汽車 16, 116, 122
特許経営 192
特権資本主義 4
鳥かご経済 30

[な行]

内国民間企業（定義） 203, 256-7
内国民待遇 104
内部効果 176, 178, 180
南巡 31, 78, 95, 103
　――講話 31, 78, 103

年広久 76-8

農家経営請負責任制 20, 89, 93
農家聯営 74, 78

[は行]

ハイアール 71, 80

非流通株 52
　――（解消の）改革 52, 190

付加価値 255
不完備契約 14
プリンシパル・エージェント，プリンシパ

ル・エージェント問題　15, 38
プロセス・イノベーション　124
プロダクト・イノベーション　124
文化大革命　69, 73, 76

貿易構造　118
貿易特化係数　119-20
放権譲利　16-7, 19, 21, 29
法人　133, 206-7
　　──株　52

[ま行]

万言書　40-2, 63
万向集団　92-3

見える手　2
見えざる手　2
三つの有利　31
民営化　79-81, 164, 168, 172, 174, 176-8, 189-90, 203-5
　　──企業　163, 177, 180
　　──率　165, 168
民間企業（定義）　203, 256

毛沢東　10, 69, 72
　　──時代　10, 15, 67

[や行]

緩い集権制　98

要素賦存条件　11, 38

[ら行]

リース経営　21
利改税　19
利潤　12
　　──上納の再開　22, 59
略奪の手　4

柳市「八大王」事件　98
流通株　52
林毅夫　11

レオンチェフ逆行列　148
レオンチェフ・モデル　148
レッドキャップ企業　77-9, 90, 202
聯営企業（定義）　196-7
聯想　84-5, 87-9
レントシーキング　31, 97

郎咸平　80
労働投入　259

[欧文]

156プロジェクト　10

A株　52
B株　52
BPS（1株当たり純資産）　80
EMS（電子機器受託製造サービス）　117
Fortune Global 500　105, 190
GATT（関税及び貿易に関する一般協定）　103
H株　52
IPO　51, 193
MBO（経営陣買収）　80-2
NEP（新経済政策）　49
OECD（経済協力開発機構）　60
ROA（総資産利益率）　43
ROE（株主資本利益率）　43
SWF（政府系投資ファンド）　4
TCL集団　80, 82-4
TFP（全要素生産性）　24-5, 60, 124-5, 163, 173, 176-7
WTO（世界貿易機関）　103
　　──加盟　103-6

著者紹介

甲斐成章（かいなりあき）

関西大学経済学部教授．1968年生まれ．立命館大学経済学部卒．同大学大学院経済学研究科博士後期課程修了．博士（経済学）（立命館大学）．

主著：

「中国上場国有企業の民営化と資本再編」アジア政経学会『アジア研究』第52巻第4号，2006年

「中国鉱工業企業統計データの吟味」アジア経済研究所『アジア経済』第50巻第2号，2009年

「中国国家資本の史的考察」中兼和津次編著『歴史的視野からみた現代中国経済』（分担執筆）東洋文庫，2010年

「中国鉱工業企業の参入・退出と生産性の変化―規模以上鉱工業個票データベース（1998-2007）による実証分析―」中国経済学会『中国経済研究』第8巻第2号，2011年

中国の資本主義をどうみるのか
　国有・私有・外資企業の実証分析　　シリーズ 社会・経済を学ぶ

| 2014年7月30日 | 第1刷発行 |
| 2024年3月21日 | 第2刷発行 |

著　者　　甲　斐　成　章
発行者　　柿　﨑　　　均
発行所　　株式会社 日本経済評論社
〒101-0062 東京都千代田区神田駿河台1-7-7
電話 03-5577-7286／FAX 03-5577-2803
E-mail: info8188@nikkeihyo.co.jp

装丁＊渡辺美知子　　　　太平印刷社／根本製本

落丁本・乱丁本はお取替いたします　　Printed in Japan
価格はカバーに表示してあります

Ⓒ KAI Nariaki 2024
ISBN978-4-8188-2335-8

・本書の複製権・翻訳権・上映権・譲渡権・公衆送信権（送信可能化権を含む）は，㈱日本経済評論社が著作権者より委託を受け管理しています．

・JCOPY〈（一社）出版者著作権管理機構　委託出版物〉
本書の無断複写は著作権法上での例外を除き禁じられています．複写される場合は，そのつど事前に，（一社）出版者著作権管理機構（電話 03-5244-5088, FAX 03-5244-5089, e-mail: info@jcopy.or.jp）の許諾を得てください．

シリーズ社会・経済を学ぶ

価格表示は既刊

木村和範　格差は「見かけ上」か　所得分布の統計解析
所得格差の拡大は「見かけ上」か．本書では，全国消費実態調査結果（ミクロデータ）を利用して，所得格差の統計的計測にかんする方法論の具体化を試みる．　**本体3000円**

古林英一　現代社会は持続可能か　基本からの環境経済学
環境問題の解決なくして人類の将来はない．環境問題の歴史と環境経済学の理論を概説し，実施されている政策と現状を環境問題の諸領域別に幅広く解説する．　**本体3000円**

小坂直人　経済学にとって公共性とはなにか　公益事業とインフラの経済学
インフラの本質は公共性にある．公益事業と公共性の接点を探りつつ，福島原発事故をきっかけに浮上する電力システムにおける公共空間の解明を通じて，公共性を考える．　**本体3000円**

小田　清　地域問題をどう解決するのか　地域開発政策概論
地域の均衡ある発展を目標に策定された国土総合開発計画．だが現実は地域間格差は拡大する一方である．格差是正は不可能か．地域問題の本質と是正のあり方を明らかにする．　**本体3000円**

佐藤　信　明日の協同を担うのは誰か　非営利・協同組織と地域経済
多様に存在する非営利・協同組織の担い手に焦点をあて，資本制経済の発展と地域経済の変貌に伴う「協同の担い手」の性格変化を明らかにし，展望を示す．　**本体3000円**

野崎久和　通貨・貿易の問題を考える　現代国際経済体制入門
ユーロ危機，リーマン・ショック，TPP，WTOドーハラウンド等々，現代の通貨・貿易に関する諸問題を，国際通貨貿易体制の変遷を踏まえながら考える．　**本体3000円**

甲斐成章　中国の資本主義をどうみるのか　国有・私有・外資企業の実証分析
所有制と産業分野の視点から中国企業の成長史を整理し，マクロ統計資料と延べ約1千万社の企業個票データをもちいて，国有・私有・外資企業の「攻防」を考察する．　**本体3000円**

越後　修　企業はなぜ海外へ出てゆくのか　多国籍企業論への階梯
多国籍企業論を本格的に学ぶ際に，求められる知識とはどのようなものか．それらを既に習得していることを前提としている多くの類書を補完するのが，本書の役割である．

笠嶋修次　貿易自由化の効果を考える　国際貿易論入門
貿易と投資の自由化は勝者と敗者を生み出す．最新の理論を含む貿易と直接投資の基礎理論により，自由化の産業部門・企業間および生産要素間での異なる経済効果を解説する．

板垣　暁　日本経済はどのように歩んできたのか　現代日本経済史入門
戦後の日本経済はどのように変化し，それにより日本社会はどう変化したのか．その成長要因・衰退要因に着目しながら振り返る．

市川大祐　歴史はくり返すか　近代日本経済史入門
欧米技術の導入・消化とともに，国際競争やデフレなど様々な困難に直面しつつ成長をとげた幕末以降から戦前期までの日本の歴史について，光と陰の両面から考える．